UNE MINUTE
QUARANTE-NEUF SECONDES

DU MÊME AUTEUR

LE PROCÈS TOUVIER, hors-série *CHARLIE HEBDO* n° 1, 1994.

LE PROCÈS PAPON, hors-série *CHARLIE HEBDO* n° 6, 1998 ; éditions Les Échappés, 2017.

LE TOUR DE FRANCE DU CRIME, hors-série *CHARLIE HEBDO* n° 11, 1999.

MÉMÉ FEMME PRATIQUE, Le Cherche Midi, 1999.

LA FACE KARCHÉE DE SARKOZY, avec Philippe Cohen et Richard Malka, Vents d'Ouest / Fayard, 2006.

SARKO Ier avec Philippe Cohen et Richard Malka, Vents d'Ouest / Fayard, 2007.

CARLA & CARLITO, avec Philippe Cohen et Richard Malka, Glénat, coll. "12bis", 2008.

LA VÉRITABLE HISTOIRE DU PETIT JÉSUS, hors-série *CHARLIE HEBDO*, 2014.

ISBN 978-2-330-12716-9

RISS

Une minute quarante-neuf secondes

récit

ACTES SUD
CHARLIE HEBDO
LES ÉCHAPPÉS

aux innocents, vivants, morts ou fous

PROLOGUE

Il est impossible d'écrire quoi que ce soit. On pourra photographier, interviewer, filmer ou dessiner. Mais enfiler des mots les uns après les autres comme des perles sur un fil, en s'imaginant qu'on obtiendra un ravissant bijou, est vain. Se croire capable de partager cette expérience avec les autres est une entreprise perdue d'avance. On ne transmet pas une désagrégation. On ne raconte pas un délitement. Il faudrait fabriquer des mots nouveaux pour écrire la biographie de chaque parcelle de chair qui fut retirée de nos corps. Et autant de récits pour toutes les miettes de viande découpée par des milliers de fourmis qui emportèrent sur leur dos un bout de nos tripes et de nos vies. Chaque phrase sera une fausse victoire car il faudra en écrire des milliers d'autres, qui jamais ne suffiront à esquisser le portrait de l'abîme.

À quoi bon écrire ou dessiner. Nos efforts s'effondreront en direction du néant. L'instant où il faudra reposer la plume sera cruel car il sonnera la fin de l'illusion. Celle d'espérer échapper à la solitude. On aimerait n'avoir jamais joué à ce jeu dangereux où l'on imaginait triompher du silence. Le sortilège de l'écriture ou du dessin commence à l'instant où avance le crayon vers la feuille, et il ne s'achèvera que lorsque la totalité prendra fin.

Même épuisé, on a envie de tout détruire. Autour de soi la multitude s'arroge le droit de défaillir, de fuir, de gémir, de réclamer, de conspuer ou de diffamer. Les pleurnichards me dégoûtent, les geignards me révoltent, les nombrilistes me révulsent. Chaque microbe se croit le centre d'un monde qui n'a jamais existé. Sans demander notre avis, ils se sont positionnés au milieu de tout et, par là même, ont expulsé les autres vers le dehors. En se retirant, la sauvagerie a laissé place à la vulgarité. Elle fut l'autre violence infligée à nos personnes. Elle s'est assise à la table des disparus et les a souillés de sa laideur. Il n'est pas possible de décrire la fureur qu'elle a fait bouillonner en moi sans être traversé des pieds à la tête par le désir d'écraser ceux qui ont sali notre journal. Car en lui nous avions jeté pendant vingt-trois ans la totalité de notre énergie, comme des bûches dans une chaudière chauffée à blanc, jamais rassasiée, toujours prête à exploser. Jusqu'à ce mois de janvier, où elle atteint son point d'incandescence ultime.

Il n'est pas sûr qu'il faille permettre à tous de lire ces lignes. Peut-être certains en souffriront-ils. Mais il faut pourtant les écrire, pour la satisfaction d'au moins un seul. L'écriture est un égoïsme dont le seul but est la délivrance de celui qui s'y prête. Les autres peuvent pleurer. Ils seront convoqués au détour des phrases, comme des fous et des cavaliers sur un échiquier où ils ne gagneront rien. La vérité fera encore saigner ceux qui croyaient que tout était fini. Car cela ne finira jamais.

Terrorisme, fanatisme religieux, intolérance primitive. Nos tourments personnels auraient dû avoir l'élégance de s'effacer derrière la nécessité impérieuse de lutter pour des valeurs communes. Mais l'obscénité de notre époque, l'égocentrisme infantile érigé en valeur moderne d'épanouissement ont libéré des flots de narcissisme victimaire aussi déplacé que morbide. Seules la charité et la compassion nous ont été autorisées. Il ne fallait pas se révolter, ne pas désigner de responsables, ni tendre le doigt en direction des lâches et des coupables. Et encore moins dénoncer le prosélytisme de croyances archaïques, de concepts réactionnaires, afin de ne pas heurter ceux qui les pratiquent et veulent les propager pour se sentir moins seuls, enfermés qu'ils sont dans leur pensée moyenâgeuse et totalitaire.

Tout cela fut déjà décrit, et il ne sert à rien de le radoter.

La violence. Elle n'a pas disparu. On l'a supportée. On l'a encaissée. On l'a absorbée. Tapie dans nos entrailles, elle attend le moment d'en sortir. Comme un volcan endormi pendant des millénaires, un jour elle explosera de nouveau à la face du monde. Ou peut-être jamais. Ceux qui croient qu'elle est derrière nous n'ont pas compris qu'elle est maintenant à l'intérieur de nous. Il n'y aura pas de reconstruction. Ce qui n'existe plus ne reviendra jamais.

UN CORPS

Il était allongé au fond de la pièce. Son visage était immobile. Son corps était figé. Ses mains étaient crispées. Sa bouche était scellée. Son sang s'était immobilisé. Le silence s'était emparé de lui. Plus aucun son ne franchirait ses lèvres. Plus aucune pensée ne germerait de son cerveau éteint. Ses bras ne s'ouvriraient plus vers personne. Et ses mains ne viendraient plus à la rencontre des nôtres. L'énergie mystérieuse qui avait brûlé pendant des années dans les tréfonds de son être s'était évanouie. Lui que j'avais vu sourire, entendu parler, parfois grommeler. Il ne ferait plus rien de tout cela. C'était lui et ce n'était plus lui. Son visage était le sien mais son expression ne s'adressait plus à moi. Je n'étais même pas sûr de bien le reconnaître. Sous ses traits creusés, sous sa peau devenue blanche, on devinait un crâne. Un autre s'était emparé de lui. C'était donc cela, la mort. Vidé de son énergie, dépossédé de ses émotions, délesté de son intelligence. La mort l'avait dépouillé. Il était cette dépouille. Il fut mon premier mort. Le premier que je voyais de ma vie. Autour, les femmes marmonnaient en égrenant leur chapelet des "Je vous salue Marie pleine de grâce, vous êtes bénie entre toutes les femmes et Jésus le fruit de vos entrailles". Dans cette pièce qui fut sa chambre, je fixais le corps silencieux de mon grand-père. Il était mort. Il n'y avait plus rien à dire. Seulement le regarder. Allongé dans son lit pour la traditionnelle veillée, sans prononcer un mot, il me parlait encore. À cet instant, le dernier en sa compagnie, il m'enseigna une dernière chose. Une chose qu'on ne dit pas à un enfant de onze ans. Mais dans la vie, on ne choisit pas le moment des découvertes. Ce soir-là, je fis connaissance avec elle. La mort. Elle ne te quittera plus. Elle t'accompagnera le long de ta vie, comme une ombre, deux pas derrière toi. Tu apprendras à ne pas en avoir peur. Tu apprendras à vivre avec elle. Tu apprendras à la comprendre. Je n'étais pas conscient de ce que mon grand-père me transmettait. Ni à quel point il me sauverait.

Puis vint le moment du départ. Mon père me fit signe de me lever et de lui dire au revoir. D'aller baiser son front. Je m'exécutai et me dirigeai vers lui pendant que se poursuivait la litanie des prières. À chaque pas qui me rapprochait de lui, il devenait plus grand. Son visage et sa tête étaient maintenant énormes. Arrivé à sa hauteur, à quelques centimètres de son crâne, je me penchai et je baisai la peau froide de son front.

Cette mort, dans l'intimité de la famille, était la première qui entrait dans ma vie. Elle m'avait ouvert les portes d'une contrée qu'à onze ans on ne connaît pas. Elle n'était qu'une initiation et conservait encore tous ses secrets. Elle m'avait, pour cette fois, épargné des tourments que je connaîtrais plus tard. Que d'autres morts se chargeraient de m'enseigner.

LE VIDE

7 janvier 2016, 11 heures

Les mois de janvier seront pour toujours froids et gris. Quand arrive cette période de l'année, certains d'entre nous se claquemurent chez eux, ou s'envolent loin de la France, à la recherche d'un autre ciel, plus bleu, plus jaune, plus vert, plus violet. De n'importe quelle couleur pourvu qu'il ne soit pas du même gris que celui de la rue Nicolas-Appert. Ce gris qui dure toute la journée, le même à 10 heures du matin, 14 heures ou 17 heures. Un gris qui brouille vos repères et vous égare au point de ne plus savoir si vous avez devant vous douze heures ou une heure à vivre.

C'est seulement trois ans après l'attentat que je pris le temps de parcourir, archivées pour l'éternité dans les intestins d'internet, les actualités du 7 janvier que j'avais refusé de regarder en direct. Avec trente-six mois de retard, je découvrais les images filmées de deux silhouettes noires devant un immeuble qui fut notre terrier et d'où nous fûmes chassés après avoir été débusqués et déchiquetés comme des proies sous les crocs de leurs prédateurs.

Leur voiture est garée devant la porte d'entrée que presque tous les jours je franchissais pour accéder à notre refuge. La ruelle discrète que j'aimais emprunter pour me rendre au journal est encombrée de véhicules dont certains occupants manient des armes à feu qu'ils font retentir. Puis, arrivent des ambulances colorées noyées au milieu d'une foule de gens appelés à la rescousse. Ces images que je ne connaissais pas s'invitent dans mon esprit et déjà encombrent les souvenirs précieux qu'à toute force je protégeais depuis trois ans du regard des autres.

Aujourd'hui a lieu la première cérémonie de commémoration du 7 janvier. À l'endroit même où était garé le véhicule de nos assassins. Des étiquettes fixées sur le sol gris de cette rue sans âme indiquent à chacun sa place. Celle du président de la République, de Mme le maire de Paris, du préfet, des membres du journal. Le protocole nous a installés à la place de nos tueurs. Même lieu, même rue, même froid que ceux du 7 janvier. Identique à celui qui enveloppa mon torse quand le brancard où j'avais été hissé me transporta sur ce trottoir que j'avais foulé deux heures auparavant, avant d'être enfourné dans une ambulance. Tout semble réuni pour rejouer la scène. Figurants de notre propre vie.

Vissée suffisamment haut sur la façade du bâtiment de nos anciens locaux pour éviter d'être dégradée, une plaque proclame les noms des victimes. Comme pour les élèves, devenus soldats et tués pendant la guerre de 1914, dont les patronymes étaient inscrits sous le préau de mon école, il faut lever la tête pour lire ceux de nos amis. Aujourd'hui, ils nous surplombent et nous surveillent.

La cérémonie peut commencer. Elle officialise la mémoire publique alors que la nôtre se terre dans les méandres de notre cervelle, apeurée par le jugement du monde. Depuis le premier jour, elle a reçu l'ordre de ne rien oublier. Sans bruit ni dépôt de gerbe. Pendant une minute on se fige en silence alors que pétaradent dans nos souvenirs les coups de feu tirés à l'endroit où nous sommes réunis. On dépose un bouquet de fleurs tristes sur le bout de trottoir où les tueurs avaient pris le temps de remplacer le chargeur de leur arme avant de s'engouffrer dans leur voiture et disparaître.

Cette année-là, on nous fit une étrange proposition. Visiter les locaux entièrement rénovés de ce qui fut notre journal. Hésitant, le petit groupe des familles des victimes gravit les marches que leur parent, blessé ou mort, avait empruntées en sens inverse, ce mercredi de janvier. Je retrouve les couloirs sombres de l'immeuble, et les briques moches des murs qui prétendaient leur donner un aspect rustique.

La porte d'entrée de nos anciens bureaux se dresse devant nous. Le responsable de l'immeuble l'ouvre. Dans un silence monacal à peine troublé par le bruissement des murmures, nous pénétrons lentement sur les lieux du massacre, comme on entre dans un funérarium pour visiter un défunt. Tout ce qui existait a été démonté. Seuls subsistent les poteaux porteurs du bâtiment. Les cloisons qui séparaient nos bureaux ont disparu. Malgré ce remaniement impitoyable, je les devine devant moi. Et sur le sol, la place des victimes. Inquiètes de fouler la scène du crime, les familles s'agrègent les unes aux autres. Une silhouette se rapproche de moi et, comme à confesse, me demande à voix basse : "Il était où ?" Le lieu exact où son proche a perdu la vie.

Où ? Je ne sais quoi lui répondre. Il me semble soudain revivre ce moment, des années auparavant, quand une veuve m'avait imploré de l'emmener à la morgue, voir son époux défunt. J'avais hésité, mais c'était son mari, et je ne me sentais ni le droit ni la force de l'en priver. La scène se répétait. À ce proche d'un disparu du 7 janvier aussi, comment pouvais-je refuser mon aide ? Notre petit journal fut ce jour-là transformé en morgue, et cette fois encore, je me résignai à satisfaire cette demande. Bien que devant nous ne subsistât qu'un grand vide, j'étais en mesure de désigner ce qu'on venait de me demander. À voix basse, je lui indiquai dans quelle direction poser les yeux. Il n'y avait pourtant plus rien à voir, à part des murs repeints et un revêtement au sol tout neuf.

Les minutes qui s'écoulaient devenaient longues et de plus en plus lourdes. Lentement et sans bruit, comme s'ils craignaient de réveiller leurs défunts, les visiteurs se retirèrent. La lourde porte qui scellait l'entrée se referma derrière nous.

LA HONTE

1986, début juillet

Un coup d'épaule aurait suffi pour l'ouvrir, tant elle bringuebalait sur ses gonds. Bien que vieille et fragile, on lui devait pourtant quelques égards, à la grande porte en bois de la morgue municipale. Car, dans une morgue, on n'entre pas comme dans un moulin. Dans une morgue, il y a des gens. Entreposés chacun sur un plateau métallique qu'on fait glisser sur des roulettes bien huilées, dans ce grand et majestueux frigo en inox, dont le froid miraculeux protège les corps des pensionnaires de la décomposition.

À l'intérieur, on découvrait une grande salle où trônait, en son exact milieu, la table des autopsies. Au sol et au mur, seule fantaisie, des carreaux, des carreaux et encore des carreaux, de taille identique, monotones et gris. La lumière du jour entrait par des fenêtres situées en hauteur, pour empêcher les curieux d'y jeter un œil. Des mouches tapaient sans arrêt contre les vitres et, au sol, bourdonnaient en faisant des tourniquets celles à bout de souffle qui agonisaient d'épuisement. Même les mouches finissent à la morgue. La poussière qui recouvrait la table témoignait de la rareté des autopsies, dans cette ville qui, en été, voyait sa population multipliée par douze avec l'afflux des touristes attirés par la mer.

Dans une pièce attenante, sans porte pour la séparer de la première, se dressait le grand frigo doté de trois places disposées les unes au-dessus des autres. Les poignées se déployaient en deux temps, comme celles de l'antique réfrigérateur de mes grands-parents.

Dehors le soleil éblouissait les yeux de sa lumière et assommait les têtes de sa chaleur. Il faisait bon et frais dans cette petite morgue dressée au milieu du cimetière.

“Je veux voir mon mari.”

Elle voulait voir son mari.

“Mais, madame, vous savez, votre mari est à la morgue, ça va être difficile de…

— Je veux voir mon mari !

— Ce que je veux vous dire, madame, c'est que votre mari a été transporté ce matin et qu'il n'a pas été préparé pour être visité tout de suite.

— Je veux voir mon mari.

— Écoutez, chère madame, je ne sais pas si c'est une bonne idée d'aller voir votre mari à la morgue car…

— JE VEUX VOIR MON MARI !”

L'affaire devenait de plus en plus délicate pour le jeune assistant funéraire que j'étais, en ce début du mois de juillet. J'avais pris mes fonctions depuis seulement trois jours dans cette agence de pompes funèbres de La Baule, afin de remplacer en urgence un employé tombé malade. Je ne connaissais rien à ce métier mais on m'avait rassuré : “T'en fais pas, t'auras rien à faire à part répondre au téléphone.

En juillet, il ne se passe pas grand-chose ici." Mauvais pronostic.

Elle voulait toujours voir son mari. C'était bien légitime car le matin même, alors qu'elle sortait de son domicile à ses côtés, son époux s'était effondré dans la rue, terrassé par une crise cardiaque. Le décès constaté, le corps de celui qui était un mari encore bien vivant quelques instants auparavant fut aussitôt transporté par les services des pompes funèbres dans la petite morgue de la ville. C'est là, le temps d'effectuer les formalités administratives, que le malheureux allait séjourner dans le froid du grand frigo, aux côtés de ses nouvelles amies, les mouches mortes de la salle d'autopsie.

"Je veux voir mon mari TOUT DE SUITE."

L'arrivée dans le magasin de pompes funèbres de tous les enfants du défunt ne fit qu'alourdir l'atmosphère déjà pesante. Enfoncé dans mon fauteuil derrière mon bureau, j'avais désormais face à moi la famille au complet, aussi déterminée qu'un gang au guichet d'une banque qui exige qu'on lui livre la caisse. Les frères et sœurs, qui escortaient leur mère, reformulèrent la demande en des termes plus diplomatiques.

"Serait-il possible pour notre mère de revoir une dernière fois notre père ?"

Que répondre ? Le métier d'assistant funéraire consistait précisément à assister les familles dans leurs démarches mortuaires, mais j'étais bien le dernier des types dans toute la galaxie à qui il aurait fallu poser cette question. Je ne savais absolument pas quoi faire pour soulager cette famille dans la douleur. Pire, j'avais le sentiment très déplaisant d'avoir été enrôlé par la Mort elle-même pour l'aider à accomplir sa sinistre besogne.

J'étais inquiet pour une autre raison. Satisfaire cette demande, c'était courir vers l'inconnu car je n'avais pas la moindre idée de l'état de l'infortuné époux, là-bas, dans son grand frigo métallique où il était désormais un peu chez lui. Était-il présentable pour être exposé à la vue de ses proches encore sous le choc de sa disparition brutale ? M'enfonçant de plus en plus dans mon fauteuil, encerclé par tous les membres de la famille, je déposai les armes.

"Puisque vous y tenez..."

Au volant de la Renault 4L de l'entreprise de pompes funèbres, je pris la tête de l'expédition, suivi de la voiture du mort où étaient entassés ses enfants et sa femme. Quelques kilomètres plus loin, le cortège fit halte devant le commissariat. Je descendis de mon véhicule, et me présentai au bureau où était conservée la clef de la morgue municipale. En échange d'une signature au bas d'un registre, j'en pris possession et ressortis du bâtiment. Le petit convoi reprit la route. Au bout nous attendait la morgue ensoleillée. Par la vitre baissée, je voyais sur les chemins sablonneux des familles au complet trottinant comme des canards vers leur mare, avec dans leurs sacs de toile des flacons de crème solaire, des boissons fraîches et des slips de rechange, indispensables en fin de journée quand le sel et le sable collent aux fesses et à tout le reste. Les gens vivants ne savent pas qu'ils sont vivants. Ils bougent, ils marchent, ils mangent, ils pètent, ils rotent, ils baisent, ils font pipi, ils font caca, ils dorment, ils vont à la plage, ils attrapent des coups de soleil, ils s'engueulent, ils s'amusent, ils pleurent, ils rient, ils jouissent de tout ce que la vie leur donne. Mais ne s'en rendent pas compte. Ils vivent comme des bêtes, inconscients de leur existence. Quand la mort s'approche d'eux, ils se réveillent. Trop tard. Le dernier épisode de leur vie leur tend un miroir dans lequel ils se découvrent enfin. L'existence est une succession de petites morts. Tous nos gestes sont ceux d'un futur mort. Vivant et déjà tellement mort.

Je sortis de ma Renault 4L, suivi par la famille du défunt. J'enfonçai la grosse clef dans la serrure, la fis tourner deux fois et poussai la vieille porte en bois de la morgue du cimetière.

La petite délégation entra lentement dans ce lieu qui n'avait pas été conçu pour accueillir des familles en deuil, mais plutôt des médecins légistes, des substituts du procureur, des étudiants en médecine et des employés des pompes funèbres. La veuve et ses enfants furent accueillis par les petits carreaux gris, les mouches qui gémissaient sur le sol et le ronron du grand congélateur en inox dans lequel attendait l'objet de leur impatience.

Il était dans le premier tiroir situé le plus près du sol. Après avoir vérifié que tous les protagonistes étaient bien là, en arc de cercle devant la porte du somptueux frigo, après leur avoir demandé une dernière fois s'ils se sentaient prêts à voir ce qu'ils réclamaient depuis le matin, et certain qu'il n'était plus possible de faire marche arrière, je saisis la poignée du premier tiroir. Je la tirai d'un coup sec et ouvris lentement la porte métallique. La lumière s'introduisit progressivement dans l'alvéole, éclairant l'extrémité du plateau à roulettes sur lequel reposait le mari refroidi.

La première chose que j'aperçus du macchabée fut ses chaussettes, élégantes et de belle facture. On devinait l'homme de goût qu'il avait été. Ses deux pieds, légèrement tournés l'un vers l'autre, portaient des chaussettes de couleur grise, mais anthracite sur les orteils et les talons. J'imaginai le défunt ce matin même, assis sur le bord de son lit, enfilant ses belles chaussettes bicolores. Quelques heures plus tard, ses chaussettes se retrouvaient dans une morgue, examinées sous toutes leurs coutures par un assistant funéraire fraîchement embauché. Quatre-vingt-dix pour cent des péripéties qui modifient le cours de notre vie sont le fruit du hasard. Les dix pour cent restants sur lesquels on impose nos décisions ne concernent que des choses mineures : le choix de notre conjoint, le crépi de notre pavillon, le modèle des couches de nos enfants, la couleur de nos chaussettes. Et puis c'est tout. Tout le reste est le fruit du grand bordel de la vie plus communément appelé "le hasard". Vous êtes né par hasard, vous vivez par hasard, vous mourez par hasard. Vous vous retrouvez, par hasard, croque-mort un beau jour de juillet en train d'ouvrir la porte métallique d'un frigo où repose le corps d'un type dont vous avez rencontré, par hasard, la famille le matin même dans le bureau d'une agence des pompes funèbres où on vous avait expédié par hasard aussi. Le hasard est le meilleur ami de l'homme, même si souvent il le met dans la merde.

Je saisis alors les deux extrémités du tiroir et les tirai vigoureusement vers moi. Le corps du défunt apparut en son entière longueur aux yeux de l'assistance muette. Il portait encore son beau costume qu'il avait dû enfiler avec le même soin que ses chaussettes. Tout sur lui semblait intact : sa chemise, son pantalon, sa veste, sa cravate, sa chevalière, et bien sûr ses magnifiques chaussettes bicolores. Conformément aux usages de la profession, les croque-morts dépêchés sur le lieu du drame avaient transporté le défunt à la morgue, puis avaient découpé l'arrière de sa veste et de sa chemise à l'aide de ciseaux, comme pour desserrer ses vêtements qui semblaient l'empêcher de respirer. Cette pratique donnait au mort un air débraillé. Lui qui, avant de descendre dans la rue, s'était apprêté pour être le plus élégant possible avait désormais l'allure d'un SDF allongé sur son carton.

Ce spectacle saisissant fit réagir l'assistance qui se croyait prête à affronter la vue du défunt, mais pas cette vision pitoyable.

"MON MARIIIIII !!!" hurla la veuve.

"MON MARIIIIIIIIIIII !!!" ajouta-t-elle, pour ceux qui à l'autre bout du cimetière ne l'auraient pas entendue la première fois. Les enfants furent moins bruyants et surent contenir leur émotion.

Le plus discrètement possible, je tentai de me mettre en retrait de quelques centimètres, pour accorder à la famille un peu d'intimité. Ce petit mouvement pathétique ne fit que trahir le malaise indescriptible qui venait de m'envahir. Si j'avais pu, je me serais glissé sous les carreaux de la morgue. Si j'avais pu, je me serais fait aussi petit que les mouches mortes sur le sol. Si j'avais pu, j'aurais pris mes jambes à mon cou et me serais enfui de ce moment abominable. En ouvrant le sinistre frigo de mes propres mains, en tirant vigoureusement le lourd tiroir recouvert d'un cadavre, en offrant à la vue de la famille ce tas inerte et minable qu'était devenu leur père et mari, je fus étreint par un sentiment de culpabilité jamais rencontré auparavant dans ma courte vie. Comme si j'avais été un peu responsable de la mort de ce mort. À la culpabilité se mêla aussitôt la honte. Honte d'être en vie quand les autres ne le sont plus. Honte de continuer à jouir de l'existence quand les autres commencent à se décomposer. Honte d'appartenir aux vivants quand les autres n'appartiennent plus à rien du tout.

Durant les années qui allaient s'écouler après ce jour de soleil gris, je garderais en mémoire l'instant de honte ressentie devant cette famille endeuillée comme le plus épouvantable de toute mon existence. Même à mon pire ennemi, je n'aurais pas souhaité de vivre une telle épreuve. Honte et culpabilité, ensemble entremêlées comme des serpents, que seul un coup de hache peut séparer. Rien de pire ne m'était arrivé jusqu'alors. Rien de pire ne pourrait désormais m'arriver dans la vie.

LES TACHES

Quelques mois plus tôt avait eu lieu la levée des scellés. Pour la première fois, j'allais revoir l'endroit que j'avais fui ce mercredi de janvier. Depuis l'attaque, personne n'y avait remis les pieds, à part les magistrats et les enquêteurs. Mais avant de nous laisser entrer, des types en combinaisons blanches passèrent devant nous à la queue leu leu. Eux seuls étaient pour le moment habilités à accéder à la scène du crime. C'était une équipe de nettoyage. Pendant près d'une heure ils remplirent leur mission, consciencieusement, méticuleusement. Puis, leur besogne accomplie, ils réapparurent avec des sacs poubelles remplis d'objets jugés irrécupérables car souillés de notre sang. Ils les jetèrent sans ménagement dans leur camionnette et démarrèrent en direction d'une déchetterie.

Cette pénible séance achevée, notre tour arriva. Six mois après, j'allais découvrir ce qu'il restait du local de notre journal. J'y pénétrai avec l'intuition que je ne serais pas surpris par ce que j'allais y voir. Je franchis la porte d'entrée comme je l'avais fait si souvent, sans émotion particulière. Pour me convaincre peut-être que rien ne s'y était passé. Curieusement, certaines choses n'avaient pas bougé. Il fallait presque faire un effort pour imaginer les événements survenus ici. Les balles des armes automatiques et le désordre du massacre semblaient avoir ignoré ces objets chanceux. Toujours à la même place, des livres, des piles de journaux, des affiches, intacts, comme si de rien n'était.

Des années auparavant, j'avais été témoin d'un spectacle presque identique à Bethléem. Des affrontements violents avaient secoué la ville pendant plusieurs jours et, après le retrait des troupes israéliennes, il était de nouveau possible d'y revenir. J'avais remarqué une petite maison dont le mur s'était effondré durant les combats. La pièce était désormais ouverte sur la rue et on pouvait voir son contenu comme à travers le trou d'une serrure. C'était un salon banal, semblable à tous les autres qu'on trouve dans les maisons palestiniennes, avec un grand canapé kitch aux moulures surchargées, et au-dessus, accrochée sur le mur, cernée d'un cadre rococo, l'incontournable photo de la mosquée al-Aqsa. Démodée mais douillette, cette pièce confortable avait été traversée par une rafale de mitrailleuse lourde. D'énormes impacts avaient troué les murs aussi cruellement que de gros boutons d'acné sur un visage juvénile. Le bois des moulures du canapé avait explosé au contact des balles. Au milieu de ce désordre, un objet miraculeusement négligé par la furie des tirs attira mon attention. Sur une petite étagère, à la droite du canapé, attendait, encore debout, un petit verre de café. Il devait être bien froid maintenant, et une fine couche de poussière s'était déposée à la surface du liquide. Son propriétaire n'avait pas eu le temps de le boire et l'avait abandonné à son sort. La chance avait souri à ce petit verre de café toujours rempli, et il avait survécu à l'assaut, contrairement au canapé qui était désormais bon à jeter. Dans cette pièce autrefois protégée des regards indiscrets, qu'on pouvait maintenant lorgner depuis la rue, cohabitaient le banal et l'exceptionnel. Le dérisoire et le tragique. Un petit verre de café froid délicatement évité par la mitraille.

En avançant pas à pas dans les locaux de notre journal, je fus saisi par la même émotion que devant le salon déchiqueté de Bethléem. Au mur étaient encore affichés les dessins proposés par les dessinateurs pour la couverture, pendant le bouclage du numéro, deux jours avant l'attaque. Les visages caricaturés des personnalités du moment regardaient la salle de rédaction et les vestiges du désastre avec un sourire amusé, inconscients de la signification de ce qui s'était déroulé sous leurs yeux. Comme le petit verre de café épargné de Bethléem, ils attendaient le retour de leurs propriétaires. Mais plus personne ne viendrait boire le petit verre de café abandonné. Ni décrocher les dessins oubliés dans la salle de rédaction.

En examinant l'endroit de plus près, je découvrais progressivement les traces du carnage. Les tables blanches que j'avais choisies au moment de notre arrivée dans ces locaux, six mois plus tôt, avaient été jetées à terre. Le passage des balles les avait transpercées et de longues déchirures faisaient apparaître leur bois en charpie. Comme si la main d'un géant les avait griffées de colère. Sur leurs pieds métalliques, on distinguait des trous béants. D'un côté, le métal avait été enfoncé par la balle, de l'autre il était tordu vers l'extérieur, comme une boîte de conserve. J'avais déjà remarqué ce phénomène au musée de l'Armée des Invalides. Dans une vitrine est exposée la cuirasse resplendissante d'un cavalier français tué à Waterloo. Le boulet d'un canon l'avait traversé de part en part. En percutant le malchanceux soldat, le gros projectile avait retourné le métal de la cuirasse vers l'intérieur de son corps, et en ressortant de l'autre côté avait repoussé vers l'extérieur la coque protectrice fixée sur son torse. Les montants métalliques des tables de la rédaction avaient désormais le même aspect. Après le passage des balles, sur le champ de bataille plus modeste de notre journal.

Je remarquai peu de trous sur les murs. J'avais beau les scruter de long en large pour y trouver des impacts que j'avais imaginés nombreux, je fus glacé de constater qu'ils étaient rares, comparés à la soixantaine de douilles identifiées par les enquêteurs sur le sol. Les coups de feu avaient été tirés avec soin et atteignirent donc presque tous leurs cibles. Cette fois, le hasard n'avait pas eu son mot à dire. La mort avait frappé précisément, consciencieusement.

Dans le silence de ce lieu coupé de tout depuis des mois, la poussière avait pris possession des ordinateurs, tables, chaises, vêtements abandonnés, livres et journaux. Des lattes du parquet avaient disparu. Les équipes de nettoyage qui nous avaient précédés les avaient arrachées. Elles avaient lavé du mieux possible les taches de sang séchées. Mais quand elles étaient trop épaisses, après avoir bruni et durci depuis des mois, et que les hommes en combinaison blanche ne purent les effacer complètement, ils firent le choix radical d'arracher le revêtement du sol. À plusieurs endroits de la pièce, il en manquait de larges morceaux. Stupidement, j'espérais retrouver enfoncée dans le sol, là où je m'étais couché, la balle qui m'avait traversé. Ici aussi, le parquet avait été retiré par les redoutables nettoyeurs. Avec le même soin, ils avaient inspecté les plaques du faux plafond. L'une d'entre elles était absente. Démontée. Trop tachée.

LES PETITS MOIGNONS

1977

Allongé sur le sol de la cour de l'école, notre copain s'agitait en tous sens, comme parcouru par un courant électrique semblable à celui utilisé en temps de guerre pour faire parler les prisonniers récalcitrants. Son corps tressautait tel un ver de terre accroché à un hameçon en guise d'appât pour la pêche. Notre camarade était devenu cet asticot autour duquel nous avions formé un cercle pour mieux l'observer. Dans nos courtes vies d'enfants, aucun d'entre nous n'avait vu un truc pareil. C'était peut-être le plus grand événement de notre existence : un de nos copains agonisait devant nous.

La maîtresse s'approcha, intriguée par cet attroupement. Elle écarta le groupe d'élèves et observa la scène sans aucune émotion. Une crise d'épilepsie. Elle revint tranquillement avec un verre d'eau, s'agenouilla devant le malheureux en transe et posa le verre sur ses lèvres. Peu à peu, ses spasmes s'estompèrent, le gamin rouvrit les yeux et il reprit lentement ses esprits. Sa crise était passée. Ce n'était pas encore aujourd'hui que nous verrions quelqu'un mourir sous nos yeux. Pour de vrai.

Fascinés par ce spectacle inédit, nous en avions oublié la raison de notre rendez-vous. Ce matin-là, jour férié, l'école avait été exceptionnellement ouverte pour que les élèves se retrouvent et participent aux commémorations du 8 mai 1945. Qui avait eu cette drôle d'idée ? Qu'allions-nous faire dans une cérémonie qui célébrait la fin de la Seconde Guerre mondiale, où il était prévu de nous faire défiler ?

Arrivée sur les lieux, notre classe prit place entre les anciens combattants de 14-18 et ceux des autres conflits. Entourés de drapeaux bleu, blanc, rouge, sur lesquels les noms des régiments étaient brodés au fil doré, nous nous mîmes en marche aux côtés des poitrails couverts de médailles scintillantes et colorées. À notre passage, le public, le long des avenues, applaudissait ces hommes qui avaient combattu pour la France. Et nous avec. Qu'avions-nous fait pour mériter ces acclamations ? Notre présence au milieu de ces estropiés était incongrue et injuste. Nous n'avions participé à aucune guerre et, dans ces années 1970, rien ne présageait que nous deviendrions un jour des soldats. Il était évident qu'aucun de nous ne connaîtrait la guerre. Aucun de nous ne serait défiguré par des éclats d'obus comme ces hommes qui exhibaient au public leurs silhouettes brisées et leurs corps rafistolés. Aucun de nous ne serait mutilé par des balles. Aucun de nous ne finirait accroché à des cannes. Il fut un temps de nos vies où de cela nous étions persuadés.

Sur le mur de l'école, juste au-dessus des bancs où prenaient place les maîtresses pour nous surveiller pendant les récréations, était fixé un tableau noir entouré d'un cadre dont la dorure s'était évanouie sous les rayons du soleil. On pouvait encore y lire, d'une écriture blanche faite de pleins et de déliés, les noms de quatre ou cinq garçons, anciens élèves de l'école. À côté de leurs patronymes on devinait deux dates : "1914-1918". Ils étaient morts durant la Première Guerre mondiale. Pendant que nous jouions aux billes, protégés du soleil par les branches des tilleuls, les noms de ces écoliers "morts pour la France" nous toisaient du haut de leur gloire. Eux étaient morts pour la France. Et nous, pour qui et pour quoi serions-nous prêts à mourir ?

Dans l'excitation de la cour de récréation où nous échangions nos vignettes Panini et faisions avancer d'un coup de pouce nos agates, peu d'entre nous prêtaient attention à ces malheureux. Mais parfois nous croisions leurs noms qui semblaient nous interpeller silencieusement : "Si tu n'es pas sage, tu finiras comme nous, à Verdun ou au Chemin des Dames." Ils nous foutaient les jetons, ces noms de cadavres oubliés quelque part dans un no man's land de la Somme ou de l'Argonne. Nous étions sur cette terre depuis seulement huit ou neuf ans, et déjà on nous obligeait à songer à notre propre perte. Progressivement, inexorablement, s'installait dans nos têtes cette idée inconcevable. Un jour il y aurait la guerre.

Je prenais conscience qu'autour de moi, tous les adultes avaient connu ou participé à une guerre. La maison de ma mère avait été traversée par une bombe. Les quatre frères de ma grand-mère étaient partis en 1914. Ceux de la génération suivante avaient été écrasés par les Stuka à Sedan. D'autres furent prisonniers en Silésie, exploités par les paysans allemands en manque de main-d'œuvre. Les plus jeunes étaient partis en Algérie et ne disaient pas encore tout ce qu'ils avaient vu se commettre là-bas au nom de la France.

Il en était ainsi. Il n'était pas possible de vivre une existence entière sans connaître la guerre. Comme l'automne succède à l'été et le printemps à l'hiver, une guerre surviendrait dans les saisons de nos vies. Nous aussi, nous partirions un jour quelque part pour ne jamais revenir. Nous aussi, nos noms seraient un jour inscrits sur un mur.

La guerre était une affaire d'adultes. Les enfants n'étaient pas concernés. Il suffisait peut-être de rester enfant le plus longtemps possible et, logiquement, la guerre et ses mutilations nous seraient évitées. C'est ce que j'espérais, quand j'entendais autour de moi les adultes témoigner.

Une vieille dame, amie de mes parents, vint nous rendre visite un dimanche après-midi. Elle avait près de quatre-vingts ans et vivait seule depuis des décennies. En 1914, son mari était parti sur le front et n'était jamais revenu. Non parce qu'il avait été tué, mais parce qu'il s'était enfui avec une autre femme. La malchance prend des formes parfois bien cruelles. Depuis cet abandon, la jeune fille qu'elle avait été en 1914 était devenue cette vieille femme ridée au seuil de la mort, assise devant moi, dans le salon de notre appartement familial. Les enfants polis ne se mêlent pas des discussions des adultes. Mais rien ne les empêche de les écouter. Elle relatait à mes parents ses souvenirs de la guerre de 14. Tout en suivant son récit d'une oreille faussement distraite, j'avais entamé un paquet de gaufrettes à la vanille. Les biscuits étaient ornés de devises aussi diverses que distrayantes, du genre “Chose promise, chose due”, “Le silence est d'or”. On pouvait s'enrichir l'esprit tout en se goinfrant de gâteaux, et oublier que nos dents de lait recouvertes de sucre étaient lentement creusées par des caries, comme celles qui avaient déjà donné à certains de mes camarades de classe des sourires de vieillards édentés.

Lorsque la grand-mère, qui parlait de choses que je ne comprenais pas, commença à décrire ce que les soldats allemands faisaient subir aux enfants, je ralentis ma consommation de gaufrettes car leur bruit croustillant sous mes dents m'empêchait de bien entendre ce qu'elle disait. Avec une conviction inébranlable, comme si c'était arrivé hier, comme si elle-même en avait été témoin, elle affirmait que les soldats allemands s'emparaient des petits garçons et des petites filles et que, pour satisfaire leur cruauté teutonique, d'un coup de baïonnette ou de hache, ils leur coupaient les mains. Les mains ! Les malheureux marmots se retrouvaient avec deux petits moignons sanguinolents pour le plus grand plaisir de leurs bourreaux. Voilà, assurait-elle, sûre de son fait, ce qu'elle avait connu pendant la guerre de 14.

Le récit de ces exactions était à peine croyable. Moi qui pensais naïvement que les enfants n'étaient pas concernés par la guerre, je découvrais, tétanisé, que rien ne me protégerait si demain un conflit survenait dans notre pays. J'avais beau être un gosse, la hache d'un soldat sanguinaire pouvait à tout instant trancher mes petits poignets. C'est vrai qu'en les examinant de plus près, je constatais qu'ils n'étaient pas bien épais, mes petits poignets, tout en finissant d'avaler une dernière gaufrette. L'horreur de ce récit, associée à la surconsommation de vanille, provoqua en moi une nausée, un écœurement, tant physique que moral. Je reposai les gaufrettes que je m'apprêtais à engloutir, n'ayant plus goût à avaler quoi que ce soit.

Il fallait s'y résoudre : petits et grands, nous pouvions tous être déchiquetés et mutilés par la guerre. Elle avait laissé ses traces, que j'avais déjà observées sur les corps des adultes de mon entourage. L'un d'entre eux, cousin de mon grand-père, était venu nous rendre visite.

C'était un homme grand, encore bien droit pour son âge, mais sa silhouette était encombrée par quelque chose de dérangeant. Son bras gauche était collé à son torse, paralysé. Un de ses yeux était fixé toujours dans la même direction, pendant que le deuxième roulait dans son orbite en tous sens au gré de la curiosité de son propriétaire. Son nez ressemblait à une pomme de terre aplatie par un presse-purée. Sa mâchoire semblait coincée, mal recollée après avoir été brisée par une force mystérieuse. C'était une gueule cassée. Fracassée, écrabouillée, pulvérisée.

Il se disait qu'une grenade ennemie avait atterri dans sa tranchée et lui avait explosé à la face. Il fallait se contenter de cette version, car il eût été inconvenant de lui demander de raconter pour la énième fois les détails de son martyre. Comme si le seul épisode intéressant de son existence avait été cette cruelle grenade allemande. Comme si, en dehors de cette souffrance, personne n'avait d'autre sujet de conversation à lui proposer. Le regard figé de son œil de verre donnait une sévérité à son expression qui était injuste car il n'était pas cet homme-là. Prisonnier pour le reste de sa vie de ce masque tragique.

La guerre était une chose étrange, bien réelle quand on voyait ses méfaits sur les corps et les chairs, mais énigmatique et impénétrable. C'était un cataclysme lointain qui se déroulait là-bas, à l'est du pays, mais lointain aussi car il était difficile de se représenter sa cruauté. Sans autres indices que ces faces brisées, ces récits sordides, et quelques noms inscrits sur les murs d'une école, j'allais devoir me débrouiller seul pour comprendre ce qu'était la violence.

Dans un grand livre d'histoire de France qu'on m'avait offert, les illustrations très réalistes étaient presque aussi convaincantes que le récit des petits moignons de la vieille dame. On y voyait Clemenceau dans les tranchées, les croisés aux portes de Jérusalem, Jeanne Hachette du haut de ses remparts, ou Saint Louis mourant de la peste. Une image retint mon attention. Elle représentait des navires de guerre de la Première Guerre mondiale dont les canons tiraient au milieu des embruns de la mer du Nord. À la vue de cette vignette colorée, il me semblait entendre le tonnerre de la bataille. En l'examinant, je pensai au mari d'une amie de la famille, qui avait été marin en 1914. Malgré son sonotone, il était sourd comme un pot. Il avait probablement combattu sur un de ces cuirassés et avait dû approcher son oreille trop près d'un canon. D'une manière ou d'une autre, la guerre mutilait. Les corps, les bras, les jambes et les tympans. Il ne pouvait en être autrement.

J'avais aussi élaboré un scénario pour expliquer le nez tordu de la gueule cassée de la famille. Un obus était passé si près de son visage qu'il lui avait aplati le nez comme de la pâte à modeler. Ces théories étaient fantaisistes mais avaient l'avantage de me rassurer car elles expliquaient l'inexplicable. Elles permettaient d'atténuer l'angoisse que la guerre diffusait dans mon esprit en donnant des réponses que les adultes étaient incapables de fournir.

Des années plus tard, je croiserais d'autres moignons. Au Mozambique, à l'occasion d'un reportage sur les mines antipersonnel qui estropiaient des centaines de personnes chaque année. Mon rédacteur en chef et moi avions été invités par une ONG spécialisée dans la confection de prothèses pour les étourdis qui avaient mis le pied au mauvais endroit. On nous expliquait comment fonctionnaient les mines antipersonnel, comment on détectait les mines antipersonnel, comment on soignait les blessures causées par les mines antipersonnel. Nous passions nos journées en compagnie des mines antipersonnel, nos nouvelles amies. Le temps nous semblait long, à côtoyer ces malchanceux raccourcis mais équipés de superbes prothèses réalisées en bois et en pneus de camion. Parfois, l'envie de dire une connerie pour nous libérer de cette tristesse oppressante nous démangeait. Pour être supportable, le drame appelle souvent le comique à l'aide. À la fin de la journée, de retour à l'hôtel, nous étions pris de fous rires aussi incontrôlés qu'irrationnels. Rien de ce que nous avions vu pendant la journée n'était drôle, mais il fallait absolument se délester de l'emprise de cette tragédie. Quelle autre issue pour cela que l'humour ?

On nous faisait marcher avec précaution sur de petits sentiers étroits préalablement nettoyés de la présence des mines. Il ne fallait pas s'en écarter car autour aucun déminage n'avait été effectué et des armes mortelles attendaient sournoisement depuis des années d'exploser sous les pas du premier venu. À un mètre de nous, un crâne humain et quelques os dispersés, blanchis par le soleil, témoignaient que la mort était toujours tapie sous une fine couche de terre à quelques centimètres de nos pieds. L'histoire des petits moignons des enfants de la guerre de 14 avait peut-être été inventée pour émouvoir l'opinion publique de l'époque. Ce crâne humain était bien réel. Et tout le monde s'en fichait. Un mort de plus ou de moins sur cette terre, qu'est-ce que ça change ? Tué par une mine, une balle, un obus, un coup de baïonnette ou une crise cardiaque, qu'est-ce que ça peut faire ? Qu'est-ce que nos mémoires retiendront de toutes ces morts violentes ? On pourrait écrire un livre dédié à chaque victime, pour ne pas les oublier, pour comprendre leur sacrifice, pour alerter les générations futures – comme on dit – et les dissuader de répéter les mêmes erreurs.

Mais nul ne lira ces livres. Quand les témoins disparaîtront, ces drames innombrables ne seront plus incarnés par personne. Les curieux devront se contenter de récits approximatifs, de dates inexactes, de lieux oubliés. Après, plus rien. À part quelques os éparpillés dans les herbes d'un champ. Sans aucun nom, sans aucune date, sans aucune histoire.

ADIEU

Soudain ma sacoche apparut devant moi. Comment avait-elle traversé ce chaos sans que rien ne l'atteigne ? Sur la table où je l'avais posée ce 7 janvier, la poussière qui la recouvrait et des saletés non identifiées qui la souillaient témoignaient que quelque chose d'anormal s'était déroulé ici. Je l'ouvris, espérant y trouver, tel un trésor, un objet à sauver. Je ne découvris que l'exemplaire du journal *Libération* daté du 7 janvier récupéré dans ma boîte aux lettres ce matin-là. Je poursuivis l'inspection de ma sacoche en quête d'une nouvelle trouvaille. Depuis des mois je n'avais cessé de penser à elle. Ma trousse. Elle devait être là-bas, quelque part dans cette salle de rédaction abandonnée, et de ma chambre d'hôpital, je m'étais mis en tête de la chercher, la retrouver et la rapporter sur mon bureau. Elle m'avait suivi depuis le collège, j'y rangeais mes crayons, mes ciseaux et mes pinceaux depuis tant d'années. Adolescent, à l'aide d'une loupe traversée par les rayons du soleil, j'avais fait fondre le plastique de cette trousse banale pour y graver, une à une, les lettres de mon prénom. Un jour, alors que retentissait la sonnerie de midi, mon voisin de cours me la subtilisa sans que je ne m'en rende compte. Après le déjeuner, il me la rapporta et m'expliqua qu'il l'avait malencontreusement confondue avec ses affaires. En écoutant ses explications filandreuses, je voyais bien qu'il mentait et tentait de contenir son amusement. Connaissant sa propension à fomenter des mauvais coups, je repris possession de ma trousse prudemment. Lentement, je l'ouvris, me préparant à y trouver une bestiole crevée ou une merde de chien. Il en aurait été capable. Il était écarlate, son visage commençait à se tordre d'un rictus irrépressible. J'examinai en détail ma trousse mais n'y décelai rien d'anormal. Crayons, ciseaux et gommes étaient tous présents, y compris une petite boîte de cachous, ronde, de couleur jaune, où je rangeais des bricoles sans intérêt. Je la saisis délicatement. Me voyant faire, mon acolyte était au bord de l'apoplexie, se retenant d'exploser de rire. Je soulevai le couvercle de la petite boîte en fer-blanc et je compris. Elle était remplie de sperme. Ce con s'était branlé dedans ! Rentré à son domicile à midi, pendant que je restais déjeuner comme tous les jours à la cantine du collège, il en avait profité pour se masturber dans sa chambre et déverser le produit de ses turpitudes dans la boîte de cachous de ma trousse. Alors qu'il se tenait les côtes, je jetai la petite boîte le plus loin possible de moi et me précipitai dans les sanitaires pour me laver les mains.

Conservée pendant des années, toujours à mes côtés jusque dans les locaux du journal, cette trousse mémorable avait cette fois disparu pour de bon. Sur les lieux d'un tel drame, cet épisode incongru revenait à ma mémoire comme les débris d'un naufrage surnageant dans l'écume. Sous mes yeux, ma vieille trousse de collégien me faisait ses adieux, enfermée dans les sacs poubelles que les équipes de nettoyage lançaient brutalement dans leur camionnette, pour les emporter à la décharge. Adieu branlette, adieu vieille trousse, adieu ma vie d'avant.

L'hystérie médiatique s'empara de nos destins comme on épingle des souris blanches sur une paillasse pour les disséquer à loisir. Nous devions répondre à toutes les questions, posséder toutes les réponses, sur la liberté d'expression, le terrorisme, l'intolérance religieuse, l'actionnariat ou le sexe des anges. Cette période tragique pour le pays et le respect pour nos morts nous imposaient de répondre du mieux possible à ce maelstrom journalistique. Mais les souvenirs personnels nous encombraient. Les épisodes de la vie ne se rangent pas comme les couverts sur la table : les bons moments à droite et les mauvais à gauche. Tout s'entrechoque avec l'obligation de cohabiter. Ainsi naît l'humour. Le rire s'amuse de ces mariages inattendus, lorsque la gravité rencontre le ridicule, que la tristesse embrasse le loufoque et que le sérieux s'abandonne avec la légèreté. L'humour ne fuit pas la tragédie de la vie mais, au contraire, se l'approprie pour la rendre supportable. L'humour est parfois la seule issue pour espérer échapper à la folie. L'humour flottait devant moi comme une bouée de sauvetage providentielle.

Car durant cette période où tout semblait se dérober sous mes pieds, une autre question me rongeait la cervelle, en plus de toutes les autres qu'on nous jetait à la figure : n'allais-je pas, peu à peu, inexorablement et subrepticement, perdre la raison ? La confusion de l'existence, son désordre permanent, a le pouvoir de faire défaillir les esprits les plus solides.

Malgré toute sa puissance, l'humour suffirait-il à me protéger des assauts incessants de la colère et du doute ? Durant les jours et les semaines qui suivirent, il a fallu apprendre, vite et seul, à vivre en compagnie du pire et du dérisoire.

Reprendre sa place dans la vie. Reprendre les choses à zéro pour vérifier qu'on n'a rien oublié, qu'on n'a rien inventé, qu'une table est bien une table, qu'une porte est bien une porte, qu'un vivant est bien vivant et qu'un mort est bien mort. Je me replaçai donc à l'endroit exact où je me tenais à l'instant du commencement. Je n'avais pas rêvé. Tout cela avait bien été réel. Je m'étais trouvé effectivement à cet emplacement, quand la porte s'était soudain ouverte. Et ce type cagoulé avait bien été là, juste en face de moi.

Revenir sur les lieux avait pour objectif premier de me rassurer. Car depuis janvier, je n'avais cessé de faire défiler dans ma tête le film de la tragédie au point de me demander parfois si je ne commençais pas à perdre les pédales. À répéter toujours les mêmes choses, n'étais-je pas en train de les inventer ? N'étais-je pas en train de tourner le dos à la réalité pour en écrire une autre, qui n'existait que dans mon imagination ?

La question n'est pas absurde. Quand on se surprend à marmonner en silence du matin au soir tous les détails de cette journée à un auditeur invisible, jamais rassasié d'entendre le même récit, encore et encore jusqu'à la fin de sa vie. Comme ce jeune Libérien que j'avais interviewé onze ans auparavant lors d'un reportage pour le journal. Les gens lui demandaient de raconter toujours la même histoire, celle d'une nuit où ses copains furent tués à ses côtés et dont il était le seul rescapé. Je ne voulais pas finir comme ça, devenir une attraction qui répéterait toujours la même chose pour satisfaire la curiosité suspecte de son auditoire, davantage intéressé par le comment que par le pourquoi.

Revenir sur place avait aussi un autre but. Me réapproprier les lieux où nous avions fait notre journal. Ici, nous étions chez nous. On nous en avait délogés par les armes et nous avions dû nous enfuir, dans l'horreur et la peur. Il fallait que je revienne aussi pour cette raison. Je ne partirais pas d'ici sous la contrainte mais seulement après l'avoir décidé moi-même. Il était hors de question que notre destin et celui de notre journal soient dictés par deux terroristes. Passé la tristesse, l'épuisement et l'abattement, il fallait se relever et reprendre le combat. Mon retour dans les locaux de ce qui avait été notre journal serait aussi le point de départ de cette renaissance. Il était impératif de rétablir le lien avec ce qui avait été, afin de poursuivre ce qui devait être. À partir de cet instant, il était possible de tout recommencer.

UN MIRACLE

1971

Il fallait arriver à l'heure à l'école. Tous les matins, accompagnés de leur mère, les enfants se pressaient devant le portail métallique de l'institution catholique. Quand leurs progénitures étaient suffisamment grandes, les mamans confiantes les laissaient à l'entrée se débrouiller pour retrouver le chemin de la classe. Une fois dans l'enceinte de l'établissement, les gamins remontaient l'allée principale, passaient devant la cantine, et arrivaient devant deux préfabriqués installés pour accueillir leurs salles de maternelle.

Ce jour-là, j'arrivai un peu en retard. La sonnerie avait retenti et l'allée principale s'était vidée. Les élèves étaient déjà assis à leur place et commençaient à répéter les mots que leur désignait la maîtresse. Au-dessus du tableau noir, sur des étiquettes parfaitement alignées étaient inscrites des syllabes qui, telle la pierre de Rosette, permettraient bientôt à ces gosses de déchiffrer l'écriture mystérieuse des adultes. On ne fait pas avancer les hommes comme un troupeau de zébus dans la savane. L'instinct ne suffit pas. La discipline et l'obéissance sont indispensables au progrès humain.

Le retard de quelques minutes après la sonnerie était une première entorse à l'organisation méticuleuse de notre existence. Cette anomalie aurait dû éveiller en moi la crainte de la punition mais, curieusement, il n'en fut rien. C'était même assez excitant. Le désordre aussi peut devenir source de grande jouissance.

Après le bâtiment principal, on découvrait sur la droite un promontoire édifié en meulières, recouvert de lierre, où une niche avait été aménagée pour que trône une statue de la Sainte Vierge. L'école était une institution catholique. Il fallait bien que ça se voie. En plus de la chapelle où notre maîtresse nous avait emmenés pour apprendre à faire notre signe de croix, cette grotte de Lourdes miniature achevait de conférer à ces lieux la sainteté qu'ils méritaient.

Abritée des intempéries dans son alvéole, la Sainte Vierge voyait passer tous les jours des centaines de marmots, qui ne savaient pas encore ce que la vie leur réserverait. Qu'allaient-ils devenir, tous ces gamins braillards aux genoux écorchés, à la morve généreuse et aux dents de lait déjà pleines de caries ? Les gosses, faudrait pas que ça grandisse car avec l'âge, c'est des soucis. Elle en savait quelque chose. Ceux qui défilaient sous ses yeux deviendraient PDG comme papa ou mère au foyer comme maman. Mais qui sait, peut-être truands, délinquants, chômeurs, toquards, bons à rien, proxénètes ou putes. La Sainte Vierge savait qu'elle ne pourrait pas tous les sauver.

Même en plâtre, la Sainte Vierge, c'est vraiment la Sainte Vierge. On ne déconne pas avec ça. Et lorsque vous passez devant la statue de la Sainte Vierge, il est conseillé d'éviter de faire n'importe quoi car elle vous voit et vous entend.

Alors que je passais devant elle et qu'il restait vingt mètres avant d'atteindre la porte de ma classe, il se produisit une chose étrange. Un murmure arriva à mes oreilles. Je parcourus des yeux les lieux autour de moi pour en identifier l'origine. En vain. À nouveau le murmure se fit entendre. Il fallait se résoudre à l'évidence. J'entendais des voix. Et, à ma grande surprise, elles provenaient de la grotte de la Sainte Vierge. Mais qui donc essayait de me parler ainsi ? Le diable ou le Bon Dieu ? Si le démon est capable de vous séduire en adoptant des apparences rassurantes, il est plus rare que Dieu s'amuse à prendre les traits de Lucifer sans risquer de porter un coup sévère à sa crédibilité. Quand on entend des voix sans savoir si elles émanent du paradis ou de l'enfer, il est préférable de faire la sourde oreille.

Mais les murmures se répétaient, comme pour m'attirer loin de la classe. Je me figeai et me tournai vers le calvaire d'où ils provenaient. Je m'approchai. Progressivement, la voix prit forme humaine. Derrière le promontoire, apparut une tête d'enfant. Une bonne bouille bien joufflue, nourrie aux Choco BN et au Banania. C'était un élève de ma classe. Une seconde tête apparut. Au lieu de suivre leurs camarades, ces deux gamins s'étaient éclipsés et s'étaient planqués derrière ce monticule.

Ils me proposèrent de les rejoindre. Devant moi m'attendait la salle où travaillaient déjà les autres. À ma droite s'offrait une autre possibilité. J'hésitai. Entre l'ordre et le désordre, entre le connu et l'inconnu. Entre le confort paresseux de l'obéissance et l'inconfort exaltant de la liberté.

Je les rejoignis. Nous étions désormais trois. Trois gosses planqués derrière la grotte de Lourdes miniature, excités à l'idée de ne pas être là où nous aurions dû être. D'autres élèves en retard arrivaient à leur tour, accompagnés par leurs mères qui avaient pris la précaution de les conduire elles-mêmes, jusqu'à la porte de la classe, comme on emmène un prisonnier à son cachot pour s'assurer qu'il ne s'échappe pas. Nous riions de voir ce spectacle car c'était celui dont nous étions les acteurs quelques minutes plus tôt.

Nous décidâmes d'explorer un peu plus cette opportunité enivrante. Entre le mur de l'enceinte de l'école et le préfabriqué de la classe, se trouvait un espace d'au moins cinquante centimètres. Cinquante minuscules centimètres où les trois insectes que nous étions pouvaient se glisser pour échapper à leurs prédateurs. La jouissance de l'interstice, de la petite aspérité où on s'engouffre, par laquelle on s'échappe et où, pour la première fois de sa vie, on se sent libre. C'était suffisant pour des gosses pas plus gros que nous. C'était suffisant pour découvrir un monde nouveau. Le bâtiment était équipé de vasistas que la maîtresse entrouvrait pour aérer la classe et évacuer les odeurs fétides d'une trentaine de gosses pas toujours bien lavés. Planqués entre le mur de pierres et le préfabriqué, nous entendions par ces ouvertures la maîtresse donner ses consignes aux enfants. Nous ne pûmes réprimer des rires. Ce qui s'y passait nous semblait ridicule. C'est seulement à l'extérieur d'un système qu'on prend conscience de sa dimension dérisoire et qu'on ouvre les yeux sur ce qui était devant nous et que nous ne percevions pas.

Sans le savoir je venais d'apprendre à supporter ma propre existence. La démarche ne consistait pas à surplomber le monde pour le regarder avec mépris, mais à le tenir à distance, en délimitant un périmètre de sécurité entre lui et moi, pour me préserver d'en être prisonnier. Ce petit pas de côté qui évite d'être englouti par cette mélasse gluante qu'est la vie avec toutes ses misères. Pas besoin d'attendre la mort et un hypothétique paradis pour atteindre ce détachement. Ce petit pas de côté, c'était déjà apprendre un peu à mourir. Et on peut très bien y parvenir de son vivant.

Finalement, mes deux complices et moi rejoignîmes notre classe. Comme prévu, la maîtresse nous gronda. Elle avait compris que nous étions responsables des bruits qu'elle avait entendus entre le mur de l'école et le préfabriqué de la classe. On s'était bien amusés à jouer à l'école buissonnière, mais il fallait rentrer dans le rang et filer droit comme les autres. Tous les élèves avaient fait ce que la maîtresse leur avait demandé : "Prenez une feuille et dessinez la maison de vos parents." Un truc dans le genre. Alors j'ai fait comme eux. J'ai pris une feuille, j'ai sorti mes crayons de couleur, et je me suis mis à dessiner.

LES INTRUSES

Quelques mois après l'attentat, alors que le journal avait emménagé dans de nouveaux locaux, la responsable des abonnements s'adressa à moi, le visage blême. D'une voix basse elle me dit : "Viens voir." Je la suivis dans le local où étaient entreposés les anciens numéros vendus par correspondance. Elle saisit plusieurs exemplaires et les ouvrit lentement. Au fur et à mesure qu'elle les dépliait, de petits morceaux de papier déchiquetés tombaient sur le sol comme des flocons de neige. Cette vision nous glaça le sang. Immédiatement, nous comprîmes ce que cela signifiait. Ce paquet de journaux était transpercé d'un petit trou. Une fois ouvert, je lui dis : "Là, au fond !" Un objet métallique, difforme et gris était fiché dans le papier blessé. Je m'appliquai à extraire délicatement cette chose étrange. Quand je l'eus recueillie dans le creux de ma main, nous pûmes l'identifier. C'était une masse informe, un morceau de métal écrasé, du plomb déformé par les objets percutés pendant sa course folle. C'était une balle du 7 janvier. Elle s'était perdue et avait atterri dans cette liasse de journaux. Personne ne l'avait remarquée. Elle avait jailli dans le fracas d'une détonation et s'était endormie à nos côtés en silence.

Trois ans et deux mois s'étaient écoulés. À la fin d'une journée de bouclage harassante et exigeante, j'attendais de relire les pages du numéro en cours. Mon regard s'attarda sur des reliures fabriquées pour conserver les anciens exemplaires du journal. Je remarquai une boîte commandée à un artisan des années auparavant, mais jamais commercialisée. Elle avait toujours traîné dans les locaux et personne n'y prêtait plus attention depuis longtemps. Elle avait suivi les différents déménagements, avait traversé toutes les épreuves pour se retrouver ici, sur cette étagère avec d'autres reliures. Je la tirai pour l'examiner. Immédiatement, j'aperçus quelque chose d'anormal. Un trou. Le tissu et le carton de cette boîte étaient déchirés. En la remuant, j'entendis à l'intérieur le bruit d'un objet qui rebondissait contre ses parois. Lentement, je l'ouvris. Elle contenait un exemplaire du journal *Libération*. Déchiqueté. Au fond, roulait de long en large une petite balle. Quasiment intacte, comme si elle venait de sortir du canon qui l'avait tirée. Elle avait transpercé la boîte, puis le journal, rebondi sur le fond probablement posé contre un support très dur, était revenue en sens inverse et avait traversé de nouveau le papier du quotidien. Avant de retomber sur le fond, en bout de course. Horrible petite balle du 7 janvier, elle s'était glissée parmi nous. Malgré les blindages, malgré les vigiles, elle était parvenue à s'introduire dans les nouveaux locaux du journal, comme un passager clandestin. Depuis des mois, elle nous avait surveillés, observés, écoutés, et nargués du fond de sa boîte, trop contente d'avoir échappé à notre vigilance. Elle était à nos côtés et nous ne le savions pas. Les traces du 7 janvier étaient encore autour de nous, comme pour nous rappeler le destin auquel nous avions échappé. Les mois écoulés depuis janvier 2015 nous donnaient l'illusion que le plus dur était maintenant derrière nous. Mais le 7 janvier n'était ni derrière nous, ni devant nous, ni au-dessus de nous, ni au-dessous de nous. Nous étions à l'intérieur du 7 janvier.

Le numéro transpercé de *Libération* datait de novembre 2011, juste après l'incendie de *Charlie Hebdo*. Le dessin de la couverture représentait un imam fanatique armé d'une hache, et qui coupait un crayon dressé vers le ciel comme s'il s'agissait d'un arbre. J'avais réalisé ce dessin. Le hasard avait projeté la balle sur la tête du religieux illuminé. Une partie de son visage avait disparu.

Je refermai délicatement la reliure sans signaler sa présence aux autres membres du journal. Pour ne pas les perturber. Mais peut-être aussi pour ne rien partager avec eux. Car depuis la première découverte, je me surprenais à faire glisser mon regard sur les meubles, espérant y croiser un nouvel objet blessé. Mes yeux furetaient le long des étagères comme à Pâques dans les herbes quand les enfants cherchent des œufs. Pour ressentir à nouveau les palpitations qu'une trouvaille interdite vous procure. Quand le hasard jette dans vos bras la cause de vos frayeurs et que votre obstination finit par en triompher. Chacune de ces découvertes avait défié mes peurs mais aussi procuré le plaisir de les terrasser. Car si autour de moi, tous luttaient pour s'éloigner de leurs souffrances, de mon côté, je faisais le chemin inverse. Je craignais que le temps n'épuise ma mémoire et qu'un jour ce que j'avais vécu n'ait disparu de moi. L'oubli me serait plus douloureux que d'avoir le cœur tordu par la rencontre fortuite avec un de ces petits morceaux de plomb. Jamais je ne tournerai le dos à ce jour de janvier.

LES TROIS COPAINS

2003

Le gendarme de l'ambassade me prévint tout de suite : "Préparez du cash. Des petites coupures de préférence. Pendant votre trajet, vous rencontrerez des barrages et pour les franchir vous devrez payer ceux qui les gardent." Il avait raison. Le trajet entre Abidjan et la frontière libérienne allait être long. Depuis que le pays avait sombré dans la guerre civile, avec des rebelles venus du nord et des incursions sur les territoires frontaliers par des Libériens sans pitié, s'aventurer vers l'ouest du pays n'était pas sans risques. Après une semaine perdue pour obtenir l'autorisation de circuler auprès de militaires ivoiriens amusés de me voir tous les jours quémander le précieux laissez-passer, le voyage allait enfin pouvoir commencer.

Une Mercedes des années 1980 importée d'Europe pour finir sa carrière en Afrique, comme tant d'autres, serait notre véhicule. La première partie du trajet se déroula sans problème sur une route en suffisamment bon état pour nous permettre de rouler à vive allure. Mais à mi-chemin, des planches hérissées de clous, disposées en travers de la chaussée, nous stoppèrent net. Des jeunes, appelés "patriotes", avaient pris cette initiative pour s'assurer que parmi les passagers qui empruntaient cette route, "leur" route, ne se dissimulaient pas des rebelles. Ils nous firent signe de baisser la vitre. Pendant que l'un d'eux ouvrait le coffre et vérifiait qu'on ne transportait pas des armes destinées à renforcer leurs ennemis, je demandai innocemment ce qui se passait à celui qui avait introduit sa tête par la vitre de la voiture et dont l'haleine indiquait qu'il avait passé la journée à s'enivrer.

Il m'expliqua que sa démarche était patriotique, que c'était pour protéger le pays des assaillants. Le canon de son fusil de chasse était entré lui aussi par la fenêtre de notre voiture et jouxtait le visage cuit par le soleil de son propriétaire aviné dont il eût été imprudent de sous-estimer le patriotisme. C'est à ce moment que je choisis de suivre le conseil du gendarme de l'ambassade. "Vous avez raison de faire ça. Vous avez raison d'être vigilant", lui dis-je. Joignant le geste à la parole, je lui serrai la main pour l'encourager et lui témoigner mon admiration pour son abnégation. Au cœur de ma paume étaient plaqués quelques billets préparés à l'avance. Sentant la texture unique du papier-monnaie et sans même en vérifier le montant, il me sourit, réconforté par ces paroles d'encouragement sincères. Il sortit son fusil de chasse ainsi que sa tête de l'habitacle et fit signe à ses courageux compagnons de tirer les planches de clous vers le bord de la route afin de nous laisser repartir.

Bien que nous ayons franchi cet obstacle avec succès, je sentais mon chauffeur inquiet. Chaque kilomètre nous rapprochait de la frontière libérienne et l'état de la route était de plus en plus dégradé.

De grandes flaques d'eau s'étaient formées après qu'une pluie tropicale s'était abattue sur la région. Agrippé à son volant, il les franchissait avec prudence, craignant de tomber dans un nid-de-poule plus profond que les autres. Au bout d'un moment, il perdit patience et s'engouffra dans une flaque qui semblait superficielle. Le nez de la voiture piqua vers le fond de ce qui était en réalité un énorme trou, et l'eau rouge qui y stagnait submergea le capot, le pare-brise et le toit de notre Mercedes blanche.

Aussitôt, un tintement métallique se fit entendre. Le visage du chauffeur, déjà crispé, se décomposa encore plus : "Il y a un bruit dans le moteur." Notre voiture, qui roulait et chauffait depuis trois heures, n'avait visiblement pas apprécié de plonger dans cette mare d'eau fraîche. Désormais, le moteur tintait en permanence et rien ne nous donnait l'assurance que nous parviendrions à bon port.

La nuit tombait. Nous nous arrêtâmes le long de la route déserte et à pied nous atteignîmes le village le plus proche. On nous mit en contact avec un mécanicien. Dans le silence de la forêt immense qui nous encerclait, les cris des animaux se répondaient, semblant ricaner de notre sort. Le crépuscule qui montait les mettait en joie alors que l'inquiétude commençait à nous gagner.

Pour une raison obscure, le mécanicien nous proposa de réaliser une vidange. La nuit avait désormais tout envahi, et cette étrange réparation enfin achevée, nous repartîmes, espérant que ce remède de cheval allait guérir notre moteur souffreteux. Mais le tintement lancinant et obsédant était toujours là : "Dinguedinguedingueding..." Il restait une vingtaine de kilomètres à parcourir avant d'atteindre notre objectif. Nous roulions prudemment vers l'ouest en priant pour que la mécanique ne rende pas l'âme, et qu'on ne se retrouve pas nez à nez avec des rebelles libériens.

Soudain, éclairé par nos phares, apparut devant nous un soldat en armes, debout derrière un mur de sacs de sable. Pendant une fraction de seconde, nous ne fûmes pas en mesure d'identifier son uniforme et notre destin sembla scellé. Puis je remarquai trois couleurs cousues sur la manche de son treillis : bleu, blanc, rouge. Un soldat français. Il faisait partie de ce qu'on appelait la force Licorne et sa mission consistait à surveiller la frontière avec le Liberia. Il s'informa par radio de la situation du secteur, puis nous confirma qu'on pouvait poursuivre notre chemin. Encore quelques kilomètres et nous atteignîmes enfin notre destination, un village de vacances déserté depuis le début de la guerre. Épuisé, je me calai au fond d'un grand lit aux draps moites. La lumière éteinte, je pouvais voir dans l'obscurité se glissant sous le jour de la porte d'entrée fermée à double tour, ondulant lentement, de gros vers luisants qui éclairaient le sol de leur halo diaphane.

Le lendemain, nous nous rendîmes à notre rendez-vous. L'objet de ce voyage était de réaliser un reportage sur le travail du HCR, dont un poste était installé à quelques kilomètres de la frontière libérienne. Dans ce secteur vivaient de nombreux civils libériens, qui avaient fui leur pays ravagé par la guerre civile et s'étaient réfugiés en Côte d'Ivoire. Le HCR avait pour mission de les répertorier et de leur délivrer des cartes d'identité mises à jour pour mieux garantir leurs droits et leur faire bénéficier de la distribution de vivres. Mais l'armée ivoirienne s'inquiétait que parmi eux se soient glissés des guerriers libériens qui attendaient une bonne occasion de ravager la région.

Chaque fois que je partais en reportage à l'étranger, je rangeais mon appartement. Non pas que l'obsession de la propreté me possède, mais si par malheur je ne revenais pas, au moins ma famille et mes proches n'auraient pas à passer l'aspirateur à ma place, à ranger mes caleçons et à laver la vaisselle oubliée dans l'évier. Quand on part, on ne doit déranger personne. On ne meurt pas, on s'efface. On ne disparaît pas, on se retire. Sans incommoder quiconque.

On a beau avoir une carte de presse et claironner que la liberté d'expression est sacrée, c'est très facile de mourir en reportage. Pas besoin d'aller dans une zone de guerre. Un accident dans une voiture mal entretenue ou dans un avion mal révisé. Une imprudence dans un quartier où il n'est pas conseillé de traîner. Un policier zélé. Un militaire excité. Ce jour-là, ce fut un militaire.

Dans une voiture flanquée des trois énormes lettres “ONU”, nous circulions à travers un dédale de petits chemins au cœur d'une immense plantation de palmiers, dont les feuilles masquaient la lumière du soleil et nous baignaient dans une légère obscurité. La responsable du HCR était une Américaine aussi grande que maigrichonne, qui avait été en poste au Liberia voisin à l'époque déjà sous l'emprise du sanguinaire Charles Taylor. Assise à côté du conducteur, elle décida de signaler notre présence à un poste d'observation tenu par des militaires ivoiriens. La paranoïa est parfois bonne conseillère. Après avoir atteint le sommet de la petite butte occupée par l'armée ivoirienne, nous tombâmes nez à nez avec un groupe de soldats qui interrogeaient un suspect. L'homme était probablement un réfugié libérien qui avait eu l'imprudence de s'aventurer dans ce secteur. Il avait reçu l'ordre de se déshabiller et n'avait été autorisé à garder que son slip. Qu'avaient-ils envisagé de lui faire subir au moment de notre arrivée imprévue ? Furieux d'avoir été surpris par des intrus, un des militaires s'empara de sa kalachnikov et la brandit dans notre direction. Instinctivement, je baissai la tête. Le coup de feu retentit. La balle passa au-dessus de notre véhicule car, à l'ultime seconde, le militaire irrité reprit ses esprits et pointa son arme vers le ciel. Estomaquée de constater qu'une voiture de l'ONU avait été prise pour cible, la responsable du HCR fonça immédiatement vers le petit campement de l'armée ivoirienne où siégeait le capitaine qui commandait ce soldat surexcité. Elle lui décrivit la scène, espérant du gradé une réaction ferme. Le capitaine ivoirien lui répondit, fataliste : "Ah oui, je vois de qui vous parlez. Mais lui, vous savez, il ne m'obéit pas, il fait toujours un peu ce qu'il veut..."

Se retrouver en face d'une arme prête à faire feu n'est pas une sensation très agréable. On est nu comme un ver, vulnérable comme un escargot sans coquille. Plus rien ne vous protège des balles, plus rien ne vous protège de l'arbitraire. Le bouclier protecteur de la loi n'existe plus. Victime d'un préjudice physique ou psychologique, personne ne vous défendra, nul avocat ne se risquera à faire valoir vos droits devant des tribunaux où rien n'est sûr. L'insécurité est d'abord juridique et ensuite physique. Vous allez mourir car vous êtes déjà mort juridiquement. La destruction de votre corps conclut la négation de votre existence légale. Il est difficile pour le citoyen d'une démocratie de s'imaginer dans une telle position de vulnérabilité. En démocratie, chacun possède des droits qui le protègent et lui permettront de se défendre et de faire comparaître les coupables. Malheureusement, trop peu d'entre nous ont conscience du niveau de protection que l'État de droit leur accorde. Car ils sont rares les endroits sur terre où existe un tel luxe.

En reportage, c'est souvent quand on s'y attend le moins que les problèmes déboulent de nulle part. C'est en France, en province, que je me retrouvai pour la première fois de ma vie dans la ligne de mire d'une arme à feu. Alors qu'un soir j'avançais dans une rue peu éclairée, et que devant moi marchaient deux ou trois fêtards bruyants, un type ouvrit sa fenêtre et brandit un pistolet dans ma direction. Il ne fit pas feu, espérant que son geste menaçant suffirait à faire taire ceux qui l'importunaient, mais je ne pris pas le risque d'attendre ses explications et me jetai aussitôt à plat ventre sur le goudron de la rue, derrière une voiture.

Quelques années plus tard, au Venezuela, alors que nous interviewions les habitants d'un quartier populaire de Caracas, un groupe d'individus masqués chevauchant des motos fit irruption. Sur chaque siège arrière se dressait un passager armé d'un pistolet, et tous commencèrent à faire feu. Quand vous voyez des femmes et des hommes, pourtant habitués à ce genre de situation, détaler comme des lapins dans toutes les directions, vous ne leur demandez pas pourquoi et vous faites la même chose. Courir ventre à terre en se demandant si une moto ne va pas vous rattraper pour vous mettre à la portée d'un flingue est une expérience que je n'avais pas imaginé vivre quand, quelques années auparavant, j'avais poussé la porte d'un journal satirique pour présenter des dessins prétendument rigolos.

Le soldat ivoirien avait eu tout le loisir de nous tirer comme du gibier. Être transformé en animal est une sensation curieuse. Une métamorphose. Il n'a pas tiré sur nous. Le danger avait disparu aussi vite qu'il avait surgi. Et d'un seul coup, vous redevenez un être humain.

À la crainte d'une attaque fulgurante en provenance du Liberia, s'ajoutait celle des exactions entre civils. Depuis des années, dans un esprit généreux qui l'honorait et dont certains pays européens auraient pu s'inspirer, la Côte d'Ivoire avait accueilli un grand nombre de travailleurs immigrés venus des pays frontaliers pour profiter de la prospérité économique ivoirienne. Maliens et Burkinabés s'étaient installés ici depuis des décennies, sans aucun cadre juridique, travaillant la terre et vivant du fruit de leurs récoltes. Et voilà qu'à l'occasion de cette crise, les populations locales, qui les avaient autorisés à exploiter des parcelles des années plus tôt, se retournaient contre eux, à coups de badine et parfois de machette. Usant de la force, les autochtones les chassaient du jour au lendemain pour récupérer les surfaces agricoles valorisées par le labeur de ces immigrés.

Dans l'enceinte d'une petite église, une centaine de Maliens attendaient d'être rapatriés vers leur pays d'origine. Ils s'étaient réfugiés sous le clocher supposé protecteur de l'édifice, attendant fébrilement qu'arrivent les autobus affrétés par Bamako qui les sortiraient de cette fourmilière chaque jour plus menaçante. Pour me convaincre que leur crainte n'était pas imaginaire, l'un d'entre eux releva son maillot. Son dos était lacéré d'énormes cicatrices. Sa peau avait éclaté sous chaque coup de badine infligé par des locaux pour qu'il reparte chez lui. Cette tactique rudimentaire avait porté ses fruits. Ces travailleurs immigrés s'étaient regroupés dans cette église et, comme Anne du haut de ses remparts, ils espéraient chaque jour voir monter à l'horizon la poussière des autobus que leur envoyait leur pays pour les sauver et les ramener chez eux.

Des récits encore plus glaçants me furent contés. Dans une ville portuaire proche, deux jeunes Libériens réfugiés furent pourchassés dans les rues. Ils réussirent à semer leurs poursuivants en se glissant derrière la palissade d'une maison. Mais le propriétaire fut pris de terreur en voyant ces individus sur son terrain. Convaincu qu'ils étaient des "assaillants" qui voulaient l'attaquer, il se jeta sur eux armé d'une machette et les découpa. C'était le genre d'histoires qui se racontaient dans la région, témoignant de la fébrilité des esprits, prêts à s'enflammer à la moindre étincelle.

C'est alors qu'on me proposa de rencontrer un jeune Libérien qui avait échappé de peu à la mort. Le récit qu'on me fit de son calvaire était aussi affreux que celui des deux malheureux débités à la machette.

Des hommes de sa communauté lui transmirent ma requête. Il fallait respecter ce protocole car ils voulaient s'assurer que mes intentions n'étaient pas mauvaises et que je ne parlerais pas avec légèreté du drame vécu par un des leurs. Les précautions que prenaient ses proches me mirent en alerte. Intuitivement, je compris. On ne parle pas à un homme qui a échappé à la mort comme à n'importe qui. On ne parle pas à un rescapé comme s'il était aussi vivant que les autres vivants. Sans le savoir, j'entrevis ce que des années plus tard j'allais vivre à mon tour. Un rescapé ne pourra plus jamais être intégralement vivant. Un rescapé est comme un chêne touché par la foudre. À moitié vivant. À moitié mort.

Le lendemain, ils réapparurent et m'informèrent que l'intéressé était d'accord. La rencontre se fit très simplement, à l'ombre d'un arbre, avec pour seuls fauteuils deux gros rochers. Un pansement entourait encore le moignon de son bras droit. La peau de son front était couverte de cicatrices rondes, marquée au fer rouge, comme si on avait composté sa tête à la manière d'un ticket de métro.

C'était le soir d'un jour pluvieux. Lui et ses deux camarades marchaient sur un chemin quand ils furent stoppés par un groupe d'Ivoiriens pas plus âgés qu'eux. Comme pour nous en voiture, ils voulurent vérifier qu'ils ne détenaient pas d'armes. Leur zèle patriotique prit alors une tournure dramatique. Ils donnèrent l'ordre aux trois copains libériens de se coucher sur le sol, les uns sur les autres. La pluie ne cessait de tomber et l'obscurité rendait la scène invisible. Un des Ivoiriens prit son fusil de chasse, une pétoire aussi antique que celle du patriote qui avait contrôlé notre Mercedes. Il ne disposait que d'une seule cartouche. En les empilant les uns sur les autres, les patriotes ivoiriens espéraient que leur unique munition suffirait pour traverser leurs trois futures victimes. Le coup retentit.

La gerbe de plombs traversa le premier Libérien, puis le deuxième, les tuant sur le coup. Arrivés en bout de course, les projectiles touchèrent la main du dernier Libérien qui était en dessous des deux autres. N'ayant pas de cartouche supplémentaire, les tueurs ne purent faire feu une seconde fois. Pour l'achever, ils le frappèrent avec le canon de leur fusil, marquant son crâne et son front de profondes cicatrices. Convaincus que ce traitement l'avait fait trépasser, les tueurs l'abandonnèrent sous la pluie, coincé sous les deux autres victimes.

Ayant fait le mort, et après s'être assuré que ses assassins avaient disparu, le Libérien survivant se dégagea des cadavres de ses copains qui le recouvraient. Il se mit à marcher le long de la route. Le lendemain matin, un Français expatrié de passage en voiture vit sa silhouette titubante qui, de sa main valide, tenait l'autre pendante comme un morceau de viande, tranchée par les plombs des tueurs. À l'hôpital, il n'y avait plus rien à faire pour la sauver et il fut amputé. Avec son moignon emmailloté d'une gaze blanche, le rescapé me fit le récit de cette nuit d'horreur qui fut la dernière de la vie de ses copains.

Son témoignage était terminé. Son récit avait été factuel, presque sans émotion. Des gamins s'étaient approchés de nous, intrigués de voir dans ce coin reculé un Blanc qui dessinait sur un petit carnet.

Pendant qu'il m'avait fait son récit, un petit lézard n'avait cessé de sautiller à ses côtés. Il se figeait, lorgnait autour de lui, puis balançait sa tête de bas en haut pour nous impressionner. Parfois il se tournait dans notre direction pour mieux observer le jeune homme assis en face de moi. Son moignon ne semblait pas émouvoir le petit reptile. Quand ce lézard se séparait de sa queue pour semer un prédateur, qui se souciait du petit moignon dont il héritait à la place de son membre perdu. Chacun sa vie, chacun sa merde, chacun son moignon.

Plus loin une mère expliquait à sa fille le maniement du pilon pour moudre les aliments dans le mortier. Après lui avoir montré le geste, elle passait l'outil à sa fille, pas plus grande que le récipient, pour qu'elle apprenne à le lancer en l'air, puis le plonger dans le fond pour écraser le mil. La seule préoccupation de cette petite fille était de se préparer à la vie qui l'attendait. Qu'en avait-elle à faire, d'un pauvre type estropié qui, à quelques mètres d'elle, répondait aux questions d'un Blanc ? Elle n'avait certainement jamais entendu parler de ces enfants dont les soldats allemands coupaient les mains. Les moignons, ce sont des affaires d'adultes, pas d'enfants.

Son témoignage, ça devait faire la dixième fois qu'il le racontait. D'autres journalistes étaient déjà venus à sa rencontre, et avaient publié son récit dans la presse anglo-saxonne. Il commençait à être habitué, presque lassé de raconter son histoire cauchemardesque. C'était peut-être la première fois de sa vie qu'on s'intéressait à lui. Mais ceux qui venaient l'interviewer étaient davantage intéressés par sa mort, à laquelle il avait échappé, qu'à son existence à laquelle il n'avait jamais pu échapper. La banalité ennuie alors que le malheur excite.

Quelles questions allais-je lui poser ? Jusqu'où faut-il décrire un tel crime ? A-t-on le droit d'infliger à un rescapé de se remémorer les détails les plus atroces de ce qu'il a vécu ? On veut toujours en savoir plus sur ces moments qui mettent l'homme au bord de l'abîme. Comme s'il fallait se préparer à se retrouver un jour dans la même situation. Plusieurs questions se cachent à l'intérieur d'autres questions. Ce qu'il a vécu et, en même temps, ce qu'il ressent quand il le raconte. Deux dimensions se chevauchent : le drame proprement dit et sa présence dans sa mémoire. Quelle impression cela fait-il de raconter la mort de ses copains, de détailler la douleur causée par les chairs déchirées, de décrire les cadavres de vos amis qui vous recouvrent ? Culpabilisez-vous d'être vivant alors que vos copains ne le sont plus ? Ces questions, je n'osais les lui poser. Car il est toujours tentant de s'intéresser aux souffrances les plus abominables, plutôt qu'aux raisons qui en sont la cause. Le contexte politique d'une crise est souvent plus ennuyeux à comprendre que la description méticuleuse des horreurs qui en résultent. Par respect pour cet homme et ses deux copains, je préférais ne pas m'aventurer au-delà de ce périmètre infranchissable. Tant pis pour le reportage. Tant pis aussi pour moi. Je devrais me débrouiller par moi-même pour trouver les réponses à ces questions invisibles.

Là-bas, les survivants survivent seuls. Rien pour les aider, ni psychologiquement et encore moins matériellement. Là-bas, les rescapés n'ont que leurs yeux pour pleurer et l'avenir devant eux pour se relever. Le courage des survivants, c'est d'oublier qu'on est un survivant. C'est d'arrêter de survivre comme un survivant et de vivre à nouveau comme un vivant.

L'humilité de ce type, je ne l'ai jamais oubliée. Depuis, plus personne ne lui demande pourquoi il a ce moignon à la place de sa main. Autour de lui, on ne sait déjà plus le nom de ses copains. Lui seul s'en souvient, lui seul garde en mémoire les bons moments passés entre eux, les discussions qui échauffaient leurs esprits, leurs engueulades, leurs rires, leur vie et leur sourire. Ces effusions, il ne peut les partager avec personne d'autre que lui-même. Devenu l'unique gardien de sa propre mémoire, quand à son tour il disparaîtra, alors tout disparaîtra.

On croit qu'il faut courir au bout du monde pour trouver ce qu'on pense absent au bout de sa rue. Au bout de ce voyage, au bout de la route, au bout des chemins de terre rouge, au bout des sentiers qui mènent à des villages cachés, j'avais rencontré ce pauvre homme. Comme si l'épreuve de ce voyage incertain devait me permettre d'atteindre l'inatteignable. Comme s'il fallait venir de si loin jusqu'ici, comme un pénitent sur les genoux en pèlerinage au cœur des ténèbres. Alors qu'en réalité, les ténèbres ne sont pas plus là-bas qu'ailleurs. Elles sont partout, en bas de chez vous, chez le voisin d'à côté, ou derrière une porte qui s'ouvre un beau matin de janvier.

L'HÉSITATION

7 janvier 2015, 11 heures 33 minutes 47 secondes
La porte s'est ouverte. Il tenait la poignée dans sa main droite. Sa main gauche était occupée à serrer la crosse de ce qui était visiblement une arme, toute noire, et dont le canon était pointé vers le sol. Cet homme, de taille moyenne, était entièrement vêtu de noir. Son pantalon était noir, ses chaussures étaient noires, son gilet pare-balles était noir, sa cagoule était noire. Car il portait une cagoule. Il n'est pas courant d'avoir en face de soi un homme cagoulé. Les deux ouvertures prévues pour les yeux étaient suffisamment grandes pour que je puisse distinguer sa peau. Il avait le teint clair. J'appris trois ans plus tard, en suivant le procès du frère d'un autre terroriste, que ce modèle de cagoule s'achète dans les magasins d'accessoires pour motos et qu'il se vend sous le nom de "cagoule chouette", car les deux grandes ouvertures prévues pour les yeux évoqueraient ceux du rapace. Il venait d'entrer et se dressait devant nous, la tête recouverte de son équipement de motard. Avant d'ouvrir la porte, il ne savait probablement pas ce qu'il trouverait derrière, lui qui n'avait jamais mis les pieds dans un journal. Alors, pendant une seconde, peut-être deux, il nous regarda. Et nous aussi.

Il semblait surpris de constater qu'il y avait autant de monde dans cette salle de taille modeste. Il venait de découvrir ce qu'était la rédaction d'un journal. Mais son étonnement, probable et fugace, fut aussitôt balayé par son devoir. Il devait tuer. Rien d'autre. Ne pas penser, ne pas réfléchir, ne pas douter. Comme un conquistador qui tombe sur une tribu inconnue cachée au cœur de la forêt, d'abord figé par la stupeur mais qui très vite reprend ses esprits pour jouer le rôle qu'on attend de lui. Exterminer. Tous, les uns après les autres. Bras armé d'une mission sacrée qui ne doit pas être distraite par le frémissement de ses émotions terrestres.

Avant l'apparition de cet homme, les personnes réunies étaient assises, un peu serrées, autour de quatre tables blanches qui, collées les unes aux autres, formaient un grand plateau. J'en avais choisi le modèle après avoir mesuré les distances entres les murs et vérifié que la place pour les installer était suffisante. Je les avais ajustées pour qu'elles soient toutes à la même hauteur, au moyen d'un système de vis pas très efficace, puisque j'avais dû m'y reprendre à plusieurs fois.

Nous nous regardions. Quelques secondes plus tôt, on avait entendu deux claquements en provenance de l'entrée. Qu'est-ce qui pouvait faire un bruit pareil ? Je crus un instant qu'un matériel défectueux s'était cassé ou avait explosé. Nous avions fait l'acquisition de radiateurs d'appoint car le chauffage collectif était insuffisant pour donner à nos locaux une température agréable en ce mois de janvier 2015. Un de ces radiateurs venait peut-être de rendre l'âme. On avait encore acheté de la daube, maugréais-je dans mon coin, quelques secondes avant que la porte ne s'ouvre.

Mais le policier présent à nos côtés et chargé de protéger l'un d'entre nous n'était pas de cet avis. En entendant ces deux claquements, il se leva soudain et s'adressa à l'assemblée pour l'avertir : "Ça, c'est pas normal." Toutes les personnes présentes dans la salle de rédaction se levèrent à leur tour, inquiètes de voir le policier se mettre en alerte, sortir son pistolet et le pointer en direction d'une deuxième entrée située à gauche de la première. Alors la porte s'ouvrit, et l'homme en noir apparut.

À cet instant, nous avons tous compris.

C'était la fin.

Notre fin était arrivée.

Un homme habillé de noir, équipé d'une arme de guerre, était désormais devant moi. Jusqu'à présent, c'était seulement à la télévision ou au cinéma que j'en avais aperçu, dans des fictions où les héros étaient des braqueurs de banques ou des policiers surarmés. Protégés par le filtre de l'imaginaire, on pouvait ingurgiter impunément toutes les horreurs proposées par le septième art. Il n'y avait rien à craindre de ses marionnettes qui s'agitaient pour nous distraire.

La porte ouverte, l'écran de la fiction s'est déchiré. À peine trois mètres me séparaient maintenant de cette créature infernale imaginée par un scénariste de série B. Après avoir pénétré par effraction dans nos vies, elle faisait maintenant partie de nous. Plus rien ne pouvait nous en protéger. Elle allait s'introduire à l'intérieur de chacun d'entre nous et nous tuer les uns après les autres.

Le premier plaisir d'un tueur, c'est de voir tomber les gens. D'user de son pouvoir pour métamorphoser les humains, vivants et debout sur leurs jambes, en objets inertes allongés sur le sol. De les renverser comme les quilles au bowling. Le plaisir du tueur, c'est de faire un strike avec ses semblables. Sous les drapeaux pendant la guerre d'Algérie, mon père avait croisé un appelé du contingent que sa hiérarchie avait retiré des opérations et rapatrié sur le continent. Il avait dû commettre là-bas des choses que l'armée elle-même ne pouvait assumer. Il expliqua à mon père : "Quand tu tires et que tu vois tomber les gens comme des sacs, tu jouis !" Faire s'effondrer des humains, les transformer en masses immobiles, les briser comme un enfant vicieux qui se délecte de casser ses jouets, d'autres humains sont capables d'aimer ça. Tout existe chez l'humain.

Si on prive le tueur de ce plaisir, est-ce que cela vous donnera une chance de vous en tirer ? Aller dans le sens de son adversaire comme au judo, pour mieux lui échapper, en se jetant au sol pour accélérer ce que le tueur veut obtenir, sans qu'il soit nécessaire de recevoir une balle pour ça, est-ce suffisant pour augmenter vos probabilités de survie ?

Pendant la période des classes du service militaire, on apprenait à plonger à terre dès qu'on entendait crier "Grenade !". Il n'est pas facile d'imaginer se faire tirer dessus. On reste pétrifié, immobile comme un lapin pris dans les phares d'une voiture et on attend de se faire écrabouiller. Durant un exercice de nuit, on nous fit traverser un bois sans nous prévenir de rien. Nous avancions prudemment armés de nos fusils, lorsqu'un type apparut sur notre gauche et fit feu dans notre direction. Nous l'observâmes, incrédules, puis nous poursuivîmes notre chemin. Au fur et à mesure de notre avancée, d'autres gars planqués dans l'obscurité surgissaient, de-ci de-là, nous tirant dessus avec des balles à blanc ou nous balançant des grenades à plâtre. Et chaque fois nous ne savions pas quoi faire alors que nous avions notre fusil entre les mains. Tout le groupe fit le même trajet en se comportant de manière identique, sans la moindre réaction.

L'exercice était censé éveiller notre combativité. Ce fut un échec total. Personne n'avait compris ce qu'on attendait de nous, c'est-à-dire nous mettre en position de combat et répliquer avec nos armes. Cela faisait à peine trois semaines que nous avions été incorporés. Trois semaines plus tôt nous étions encore des civils et nous ne connaissions rien des armes ni de l'esprit militaire. Combats, attaques, offensives, étaient pour nous des mots encore abstraits. Ce simple exercice, où rien ne nous avait été expliqué au préalable, aurait dû nous métamorphoser en bêtes de guerre. Dans la clairière, au bout du chemin qu'on nous avait fait traverser, le capitaine s'adressa à nous à la lumière du clair de lune : "Vous êtes des nuls, je n'ai jamais vu une bande de nuls pareils."

Il avait raison, mais lui aussi était un gros nul. Qu'est-ce qu'il s'imaginait, qu'en trois semaines on allait devenir des Rambo ou des Clint Eastwood en treillis ? Le monde des armes est une planète inconnue des civils. Il faut du temps pour en comprendre la logique. Et même bien entraîné, personne n'est réellement préparé à se retrouver en face d'un flingue qui veut vous tuer.

Qu'il s'agisse du terrorisme, de la maladie ou du réchauffement climatique, on se rassure en se disant que c'est chez le voisin, que la bombe tombera, que l'inondation surviendra, ou que le cancer frappera. Mais on ne se rend pas service en éludant le danger. Qu'est-ce que ça coûte d'y réfléchir ? Qu'est-ce que ça coûte de se préparer à mourir puisque tout finira ainsi ? Refuser d'imaginer sa perte est une petite lâcheté mêlée d'une grande vanité. Celle de se croire un peu trop immortel.

Après les attentats du 13 novembre 2015, les pouvoirs publics ont diffusé des consignes pour informer la population de la conduite à tenir en cas d'attaque. Il n'est pas facile pour des responsables politiques de dire à leurs administrés qu'ils peuvent se faire assassiner. Nos sociétés sont devenues tellement aseptisées que le moindre imprévu prend des proportions intolérables. Dès qu'on pète de travers ou qu'on glisse sur une peau de banane, on ouvre des cellules de soutien psychologique. Cette tendance qui se veut rassurante ne l'est pas. En voulant protéger, on vulnérabilise. On nous parle comme à des gosses, on nous console comme des gosses, on nous infantilise comme des gosses. À force de crier au loup à tort et à travers, on ne sait plus distinguer ce qui est regrettable de ce qui est tragique, ce qui est douloureux de ce qui est insupportable, ce qui est triste de ce qui est traumatisant. Tout est mis au même niveau, tout a la même valeur. Car le mot "victime" a envahi notre vocabulaire. "Victime" est un mot qui désigne aussi bien celui frappé par une gastroentérite que celui renversé par une bagnole ou que ceux qui se font massacrer dans leur journal.

À l'hôpital où je fus par la suite évacué, un type vint me rendre visite. Il travaillait au ministère des Affaires étrangères, et m'informa que j'allais être pris en charge par un "Fonds d'indemnisation des victimes". Je n'avais jamais entendu parler de cette institution. C'est à cette occasion qu'on me qualifia pour la première fois de "victime". Je n'avais jamais pensé me définir ainsi. J'étais blessé, j'étais chanceux, j'étais convalescent, j'étais mal en point, j'étais triste, j'étais honteux, j'étais mélancolique, j'étais déterminé, j'étais en colère, j'étais abattu, j'étais vivant, j'étais mal rasé, j'étais énervé, j'étais dessinateur, j'étais en pyjama, j'étais sous morphine, j'étais seul. J'étais vivant. Mais pas "victime". Victime est un mot qui vous range aux côtés des chiens battus victimes de leurs maîtres, des enfants martyrs victimes de leurs parents, des licenciés pour causes économiques victimes des lois du marché. Le mot "victime" est un faux ami qui ne vous aide pas mais au contraire vous met la tête sous l'eau et vous noie.

"Innocent", j'étais innocent. Pas victime.

"Innocents", nous l'étions tous. Nous n'avions rien fait pour mériter d'être fusillés. "Innocent" délimite deux mondes impossibles à mélanger. Celui des coupables et celui des non-coupables. "Innocent" est le mot qui nous protégerait des amalgames que tentent les avocats crapuleux dans les prétoires, quand ils prétendent que les assassins qu'ils défendent sont autant "victimes" des injustices de la société que ceux qu'ils ont massacrés gratuitement. "Victime" est un mot qui permet à l'infamie de mettre les innocents dans la même cellule que celle des coupables.

"Innocent" et rien d'autre.

J'hésitai. J'avais envie de me jeter au sol mais j'hésitai. Pendant une fraction de seconde je fus traversé par une décharge d'angoisse qui me parcourut des pieds à la tête. J'ai frissonné d'hésitation. J'y vais ou j'y vais pas ?

Quand j'étais gosse, le lundi était la pire journée de la semaine, car en fin d'après-midi, la classe se transportait en autocar à la piscine municipale. Il n'y avait rien de plus pénible à mes yeux. J'avais horreur de cette piscine, de ses odeurs d'eau de Javel et de chlore, des serviettes de bain mouillées dans nos sacs en plastique, des bruits qui résonnaient sous la voûte au-dessus des bassins. Tout me dégoûtait dans cette piscine. On grelottait dans l'eau à faire des exercices pour apprendre à nager, c'était long, c'était chiant. Et tout ça en groupe, avec les élèves de notre classe, chacun dans son petit slip minable, tremblotant au bord du bassin sous les hurlements du maître nageur. Le pire fut le plongeoir. On nous fit gravir les marches qui menaient à son sommet d'où, un par un, nous devions nous jeter dans le vide, comme des petits pingouins par grappe du haut de leur banquise. À chaque élève qui sautait, la colonne d'enfants avançait aussi inexorablement qu'au supermarché quand on fait la queue à la caisse. Je voyais mon tour arriver et l'angoisse me tenaillait de plus en plus. Une fois que l'élève devant moi se fut jeté à l'eau, je me retrouvai seul au bord du plongeoir. C'était mon tour. J'avais devant moi le vide et derrière moi toute la classe qui attendait que j'exécute l'ordre du maître nageur. J'hésitai. Un frisson de trouille m'envahit. L'eau était claire et je pouvais voir par transparence le fond du bassin ce qui donnait l'impression que la hauteur du saut serait immense. Une fois élancé dans les airs, je serais entre ciel et terre, attaché à rien, sans aucune maîtrise de mon existence. Cette perspective était au-dessus de mes forces. Je n'y arriverais pas. Je ne sauterais pas dans ce vide où j'avais l'impression que je tomberais sans interruption pour le reste de ma vie.

Face à cet homme en noir, j'étais soudain confronté à la même hésitation. J'y vais ou j'y vais pas ? Je retrouvais cette trouille enfantine. L'instant était non seulement terrifiant car il était le dernier de ma vie, mais en plus il me faisait l'affront de m'humilier de nouveau comme un gosse en me replaçant en haut du plongeoir. Il fallait que je saute. Mais pour y parvenir, quelqu'un devait m'aider. Soudain vous sentez dans votre dos la main d'un camarade qui vous pousse brutalement et à cause de lui vous basculez dans le bassin. Révolté, vous avez envie de lui crier dessus et en même temps de lui dire merci. Sans lui je n'y serais jamais allé.

Il fallait que je me pousse moi-même dans le dos. Pour décider une dernière fois ce que serait ma vie. Pour choisir mon destin jusqu'à l'ultime seconde.

Je me jetai dans le vide.

Il n'y avait pas beaucoup de place libre dans cette pièce exiguë, à part sur ma droite, un espace dégagé qui pouvait me recevoir. J'y plongeai et m'y étalai de tout mon long. Je n'étais même pas caché. L'homme en noir a dû voir sur sa gauche un type se jeter au sol dans sa direction, à deux mètres de lui. Ça ne me protégeait de rien du tout, comme je pus le constater par la suite. Mais au moins j'avais surmonté cette crainte enfantine du vide. J'étais désormais à plat ventre, mon visage enfoncé dans mes bras croisés, les yeux fermés. J'étais prêt. Il ne me restait plus qu'à attendre mon exécution.

Tout cela avait duré une seconde ou deux durant lesquelles le temps fut suspendu, comme après avoir basculé du haut du plongeoir, on flotte dans le vide.

Et, soudain, tout reprend sa vitesse normale.

On touche l'eau de la piscine et on coule pour toujours.

Alors les coups de feu ont commencé à retentir.

1 MINUTE 49 SECONDES

11 heures 33 minutes 47 secondes, ils entrent
11 heures 33 minutes 48 secondes, je suis vivant
11 heures 33 minutes 49 secondes, je suis vivant
11 heures 33 minutes 50 secondes, je suis vivant
11 heures 33 minutes 51 secondes, je suis vivant
11 heures 33 minutes 52 secondes, je suis vivant
11 heures 33 minutes 53 secondes, je suis vivant
11 heures 33 minutes 54 secondes, je suis vivant
11 heures 33 minutes 55 secondes, je suis vivant
11 heures 33 minutes 56 secondes, je suis vivant
11 heures 33 minutes 57 secondes, je suis vivant
11 heures 33 minutes 58 secondes, je suis vivant
11 heures 33 minutes 59 secondes, je suis vivant
11 heures 33 minutes 60 secondes, je suis vivant
11 heures 34 minutes 01 seconde, je suis vivant
11 heures 34 minutes 02 secondes, je suis vivant
11 heures 34 minutes 03 secondes, je suis vivant
11 heures 34 minutes 04 secondes, je suis vivant
11 heures 34 minutes 05 secondes, je suis vivant
11 heures 34 minutes 06 secondes, je suis vivant
11 heures 34 minutes 07 secondes, je suis vivant
11 heures 34 minutes 08 secondes, je suis vivant
11 heures 34 minutes 09 secondes, je suis vivant
11 heures 34 minutes 10 secondes, je suis vivant

11 heures 34 minutes 11 secondes, je suis vivant
11 heures 34 minutes 12 secondes, je suis vivant
11 heures 34 minutes 13 secondes, je suis vivant
11 heures 34 minutes 14 secondes, je suis vivant
11 heures 34 minutes 15 secondes, je suis vivant
11 heures 34 minutes 16 secondes, je suis vivant
11 heures 34 minutes 17 secondes, je suis vivant
11 heures 34 minutes 18 secondes, je suis vivant
11 heures 34 minutes 19 secondes, je suis vivant
11 heures 34 minutes 20 secondes, je suis vivant
11 heures 34 minutes 21 secondes, je suis vivant
11 heures 34 minutes 22 secondes, je suis vivant
11 heures 34 minutes 23 secondes, je suis vivant
11 heures 34 minutes 24 secondes, je suis vivant
11 heures 34 minutes 25 secondes, je suis vivant
11 heures 34 minutes 26 secondes, je suis vivant
11 heures 34 minutes 27 secondes, je suis vivant
11 heures 34 minutes 28 secondes, je suis vivant
11 heures 34 minutes 29 secondes, je suis vivant
11 heures 34 minutes 30 secondes, je suis vivant
11 heures 34 minutes 31 secondes, je suis vivant
11 heures 34 minutes 32 secondes, je suis vivant
11 heures 34 minutes 33 secondes, je suis vivant
11 heures 34 minutes 34 secondes, je suis vivant
11 heures 34 minutes 35 secondes, je suis vivant
11 heures 34 minutes 36 secondes, je suis vivant
11 heures 34 minutes 37 secondes, je suis vivant
11 heures 34 minutes 38 secondes, je suis vivant
11 heures 34 minutes 39 secondes, je suis vivant
11 heures 34 minutes 40 secondes, je suis vivant
11 heures 34 minutes 41 secondes, je suis vivant
11 heures 34 minutes 42 secondes, je suis vivant
11 heures 34 minutes 43 secondes, je suis vivant
11 heures 34 minutes 44 secondes, je suis vivant

11 heures 34 minutes 45 secondes, je suis vivant
11 heures 34 minutes 46 secondes, je suis vivant
11 heures 34 minutes 47 secondes, je suis vivant
11 heures 34 minutes 48 secondes, je suis vivant
11 heures 34 minutes 49 secondes, je suis vivant
11 heures 34 minutes 50 secondes, je suis vivant
11 heures 34 minutes 51 secondes, je suis vivant
11 heures 34 minutes 52 secondes, je suis vivant
11 heures 34 minutes 53 secondes, je suis vivant
11 heures 34 minutes 54 secondes, je suis vivant
11 heures 34 minutes 55 secondes, je suis vivant
11 heures 34 minutes 56 secondes, je suis vivant
11 heures 34 minutes 57 secondes, je suis vivant
11 heures 34 minutes 58 secondes, je suis vivant
11 heures 34 minutes 59 secondes, je suis vivant
11 heures 34 minutes 60 secondes, je suis vivant
11 heures 35 minutes 01 seconde, je suis vivant
11 heures 35 minutes 02 secondes, je suis vivant
11 heures 35 minutes 03 secondes, je suis vivant
11 heures 35 minutes 04 secondes, je suis vivant
11 heures 35 minutes 05 secondes, je suis vivant
11 heures 35 minutes 06 secondes, je suis vivant
11 heures 35 minutes 07 secondes, je suis vivant
11 heures 35 minutes 08 secondes, je suis vivant
11 heures 35 minutes 09 secondes, je suis vivant
11 heures 35 minutes 10 secondes, je suis vivant
11 heures 35 minutes 11 secondes, je suis vivant
11 heures 35 minutes 12 secondes, je suis vivant
11 heures 35 minutes 13 secondes, je suis vivant
11 heures 35 minutes 14 secondes, je suis vivant
11 heures 35 minutes 15 secondes, je suis vivant
11 heures 35 minutes 16 secondes, je suis vivant
11 heures 35 minutes 17 secondes, je suis vivant
11 heures 35 minutes 18 secondes, je suis vivant

11 heures 35 minutes 19 secondes, je suis vivant
11 heures 35 minutes 20 secondes, je suis vivant
11 heures 35 minutes 21 secondes, je suis vivant
11 heures 35 minutes 22 secondes, je suis vivant
11 heures 35 minutes 23 secondes, je suis vivant
11 heures 35 minutes 24 secondes, je suis vivant
11 heures 35 minutes 25 secondes, je suis vivant
11 heures 35 minutes 26 secondes, je suis vivant
11 heures 35 minutes 27 secondes, je suis vivant
11 heures 35 minutes 28 secondes, je suis vivant
11 heures 35 minutes 29 secondes, je suis vivant
11 heures 35 minutes 30 secondes, je suis vivant
11 heures 35 minutes 31 secondes, je suis vivant
11 heures 35 minutes 32 secondes, je suis vivant
11 heures 35 minutes 33 secondes, je suis vivant
11 heures 35 minutes 34 secondes, je suis vivant
11 heures 35 minutes 35 secondes, je suis vivant
11 heures 35 minutes 36 secondes, ils sortent
Je suis vivant
Je ne suis pas mort

LE CŒUR

7 janvier 2015, 11 heures 56 minutes 06 secondes
Depuis plusieurs jours son cœur s'emballait sans prévenir. Elle sentait en elle un tambour qui roulait de plus en plus fort, à sa guise, la nuit, le jour, n'importe quand. Pour élucider ce phénomène, son cardiologue posa des capteurs sur son torse. "Gardez-les pendant trois jours et revenez me voir." Les données enregistrées durant cette période permettraient de savoir si les sautes d'humeur du précieux organe cachaient une anomalie grave. Ce matin-là, ficelée de câbles électriques reliés aux ventouses collées sur sa peau, elle vit son mari entrer dans la chambre avant de partir au travail : "Bois du café fort pour faire péter tes relevés", lui dis-je, me croyant malin. Puis je la laissai seule dans notre appartement, en route vers mon journal.

En fin de matinée, un coup de téléphone retentit. Elle décrocha. Une voix inconnue l'interrogea à propos de son mari. "Mon mari ? Mais il est à son travail." À l'autre bout, la voix mystérieuse lui balança en pleine figure : "Le journal a été attaqué." Et l'interlocuteur lui raccrocha au nez, l'abandonnant à son sort. Elle alluma la télévision.

Une tuerie venait d'avoir lieu à Paris dans un journal. Dans le journal où travaillait son mari. À cet instant, son petit cœur se mit à tambouriner sous sa poitrine, comme un animal qui veut sortir de sa cage. La télévision diffusait l'interview d'un dessinateur du journal. C'étaient des images d'archives, mais la panique lui fit perdre son sang-froid. Elle crut que ce dessinateur était vivant. Et puisque la télé ne montrait aucune image de son mari, cela signifiait donc qu'il était mort. La télévision était incapable de lui venir en aide et n'avait rien à lui montrer d'utile à part le spectacle de son ignorance.

Devant cette télé-concierge qui ânonnait des phrases vides d'informations et exhibait des images dépourvues de signification, elle s'effondra sur le parquet de son salon. Elle se mit à bredouiller sans personne pour l'écouter dans cet appartement, à part son petit cœur qui tapait toujours aussi fort et semblait vouloir lui dire quelque chose. Le téléphone retentissait, exigeant qu'on le décroche toutes les deux secondes. Dans le combiné, des voix lui parlaient qui ne disaient rien de ce qu'elle voulait entendre. Était-il mort ou vivant ? Personne ne savait rien, mais tous ces perroquets jacassaient, à la télé, au bout du combiné.

Au milieu de ce concert d'ignorance, une voix réussit à se frayer un chemin. "Qui êtes-vous ?", demanda-t-elle sèchement, épuisée par les politesses qu'elle devait à tous ces inconnus alors que personne n'avait la politesse de lui dire ce qu'elle voulait savoir. "Il est vivant", lui répondit la voix qui était celle du maquettiste du journal attaqué. Elle s'écroula encore plus bas, exténuée par un soulagement qui s'abattit sur elle comme un plafond sur sa tête. Mais aussitôt le petit cœur, toujours cerné de capteurs, se remit à battre de plus belle, car elle ne savait rien de précis sur l'état de son mari. Était-il dans le coma, était-il à l'agonie, qu'avait-il subi exactement ? Une autre angoisse prit le relais de la première qui venait d'être chassée. Exténuée, elle prit la décision de se rendre chez son cardiologue pour qu'il lui enlève tous ces fils qui l'encombraient.

Dans le bus qui la transportait, elle parlait seule, comme ces fous qui errent dans les couloirs du métro et que les voyageurs évitent du regard. Ce que les passagers assis à ses côtés pensaient d'elle, elle s'en foutait. Elle n'était plus de leur monde. Un autre venait de l'aspirer dans un gouffre. Quand elle arriva à destination, son cardiologue vit tout de suite qu'elle n'était pas dans son état normal. Il l'interrogea. Elle fondit en larmes et lui expliqua que son mari travaillait dans le journal qui venait d'être attaqué. Le médecin fut terrassé par cette nouvelle et commença à fulminer contre ceux qui avaient fait ça. Il se ressaisit et reprit son travail de praticien, lui enleva les capteurs et examina les données collectées. "Je peux vous dire exactement à quelle heure vous avez appris la nouvelle. À 11 heures 56 minutes et 06 secondes." Sur l'électrocardiogramme qu'il venait d'imprimer on voyait à cette seconde précise le trait faire un bond comme s'il avait décelé un tremblement de terre. En une seconde son petit cœur capricieux était passé de 79 à 173 battements par minute. Même si parfois il s'emballait sans raison, son médecin la rassura. Son cœur était en bonne santé.

L'aiguille de l'appareil, en tressautant à l'instant où elle apprit la nouvelle, avait tracé un pic vertigineux sur le papier du relevé. Les mois qui suivirent, parfois, je le sortais du classeur où il avait été archivé. Je le dépliai et le regardai comme un parchemin précieux. Unique trace de cet événement indescriptible, à l'instant même où il se réalisa. Unique preuve, sûre et incontestable, que cela avait bien existé. Que ce jour avait bien percuté nos vies.

L'ATTENTE

On croyait avoir attendu une heure, alors que dix minutes à peine venaient de s'écouler. On croyait avoir été oubliés, alors que les secours étaient déjà en route. Dans la pièce ensanglantée, je perçus autour de moi quelques murmures timides. De-ci, de-là, des bribes de phrases et de mots arrivaient à mes oreilles. Je ne voyais pas les personnes qui les prononçaient mais en les entendant, je fus soulagé de découvrir qu'elles étaient en vie. Elles commençaient à se répondre entre elles, si faiblement qu'on les comprenait à peine. Comme si elles craignaient d'importuner quelqu'un. Comme si, dans ce silence, quelqu'un méritait encore cet égard.

Il n'y avait plus personne à déranger. La vie avait quitté cet endroit. Les tueurs aussi.

Il ne restait plus qu'à attendre. Attendre les secours comme on attend son train sur le quai d'une gare. Impuissant et impatient. Ils arriveraient bien un jour ou l'autre. Mais quand ils entreront enfin dans cette foutue pièce, qui sera encore vivant ? Après avoir attendu le coup fatal qui n'était pas arrivé, il me fallait attendre les secours qui, eux non plus, n'arriveraient peut-être jamais. On n'en voyait pas le bout. Attendre était la seule activité qui me persuadait d'être encore vivant.

Enfant, c'était l'inverse. Les attentes me donnaient l'impression de mourir à petit feu. Chaque dimanche matin, la messe à l'église semblait durer une éternité. Même sur sa croix, le Christ n'avait pas dû patienter aussi longtemps avant de pousser son dernier souffle. Alors je contemplais les ornementations de l'église. Les sculpteurs qui les avaient créées avaient eu l'intuition que la première vertu de leur travail serait de distraire les fidèles somnolents. Sur ma gauche se dressaient trois statues disposées dans un retable du XVIe siècle. J'étais fasciné par les torsades que le sculpteur avait ciselées pour représenter les boucles des barbes des personnages, ainsi que par le drapé des étoffes. Je parcourais des yeux les courbes de leurs vêtements de pierre et m'arrêtais sur les chapiteaux au-dessus de leur tête, sculptés dans un style gothique flamboyant qui s'envolait vers la voûte. Cette dentelle minérale, que j'examinais sans relâche pour en déceler les raffinements, parvenait à me faire oublier le temps de la messe qui s'écoulait avec une lenteur exaspérante. L'appel du prêtre pour la communion sonnait comme la cloche de l'école pour la récréation. L'attente arrivait enfin à son terme.

Mais sur le sol de cette pièce où gisait mon corps, encerclé par le silence de ceux que les tueurs avaient fait taire, il n'y avait rien à regarder pour alléger la pesanteur de cette attente insupportable. Et surtout pas les plis des vêtements des martyrs autour de moi.

Du début à la fin, j'étais resté immobile. Dès l'instant où je fus touché par un projectile, je me mis en apnée. Je cessai de respirer normalement et retins mon souffle le plus longtemps possible pour que le tueur juste à côté de moi qui faisait feu sur les membres de la rédaction ne remarque pas ma cage thoracique monter et descendre. J'étais convaincu que, s'il avait aperçu mon corps frémir d'un millimètre, il m'aurait achevé. Arrivé au bout de ce que je pouvais supporter, je fis entrer très lentement un peu d'air dans mes poumons en prenant garde qu'aucun mouvement de mon torse ne fût perceptible. À la manière de ces plongeurs qui descendent à des profondeurs invraisemblables sans l'aide d'aucune bouteille d'oxygène, j'essayais de survivre grâce à mes ultimes réserves d'air.

Les coups de feu claquaient sans interruption. Le vacarme des cartouches qui explosaient et propulsaient chaque fois une balle à travers la pièce ne s'arrêterait jamais. Pourtant, au bout d'un moment, les détonations s'espacèrent, puis cessèrent enfin. Dans l'odeur âcre de la poudre qui avait envahi les lieux, une voix s'éleva qui semblait s'éloigner vers la sortie. Elle déclama une phrase de revendication que je ne perçus pas intégralement, à part le mot "Yémen". Puis à nouveau cette voix se fit entendre, mais cette fois tout près de moi. Elle prononça le nom d'un dessinateur que visiblement les assaillants recherchaient. Le seul dont ils voulaient s'assurer qu'il faisait partie des victimes.

Deux ou trois coups de feu retentirent encore. Les derniers. Puis le silence.

Que se passait-il autour de moi ? Les tueurs déambulaient peut-être dans les locaux à la recherche de blessés à achever. Je fus bien inspiré de ne pas bouger d'un millimètre car un des survivants avec lequel je pus échanger par la suite m'indiqua que, de sa position, il voyait les pieds des tueurs qui allaient et venaient de victime en victime pour vérifier qu'elles étaient bien toutes mortes. Et toujours pas un bruit. Pas un souffle.

Soudain des détonations déchirèrent le silence oppressant. Éloignées et manifestement à l'extérieur du bâtiment. Dans la rue. Peut-être une nouvelle fusillade entre des policiers et nos tueurs. Impossible de le savoir. La sinistre pétarade s'éloigna progressivement. Quelques tirs encore dans le lointain. Puis le silence à nouveau. Après plusieurs minutes, sans savoir ce qu'il y avait autour de nous, sans savoir si les assaillants avaient été deux, trois, quatre ou six, j'ouvrais grandes mes oreilles, à l'affût du moindre indice qui me donnerait l'assurance que plus personne d'hostile ne se trouvait dans l'immeuble. J'entendis alors ces voix familières.

Je décidai de me retourner. M'appuyant sur mon épaule intacte, je pivotai lourdement et me retrouvai sur le dos. Je ne voyais pas mieux ce qu'il y avait autour de moi. Je n'avais que les dalles grises et carrées du faux plafond à observer. C'était peut-être mieux ainsi. Des silhouettes commencèrent à se mouvoir. J'aperçus une des filles du journal qui tentait d'aider ceux qui pouvaient encore l'être. Elle commença à pleurer. Ses sanglots me submergèrent de tristesse et de colère. Je ne les supporterais pas. C'était au-dessus de mes forces. Je lui demandai d'arrêter ses larmes, et à la place d'entreprendre quelque chose de plus utile : "Appelle plutôt les secours !" Cette instruction était dérisoire, mais il fallait agir immédiatement pour reprendre les choses en main. Peut-être aussi pour ne pas me noyer à mon tour dans mes propres pleurs. Un visiteur, miraculé après s'être couché sur le sol, ce qui l'avait sauvé lui aussi, s'était remis debout. Il déambulait comme un spectre dans cette pièce à l'air blanchi par la poudre dont l'odeur agressive encombrait nos narines. "Mais faites quelque chose, appelez les pompiers", lui ordonnais-je comme un policier à un carrefour, agacé par l'inertie des automobilistes embouteillés.

Je prononçai ces phrases avec fermeté mais à voix basse. Car autour de moi régnait un effrayant silence. Naïvement, je croyais que si j'avais pu en réchapper, d'autres aussi avaient eu cette chance. Mais curieusement, ils ne gémissaient pas, ils n'appelaient personne. Je dus me résoudre à admettre l'abominable évidence. Ce silence n'était pas celui que le savoir-vivre impose d'accorder aux autres quand on ne veut pas les déranger. Ce silence était celui d'un faire-part. Celui de la mort. Un silence fabriqué par la mort elle-même. Un silence qui n'a pas la même odeur que les autres silences. Il n'est pas consenti, il n'est pas obtenu, il n'est pas naturel. Il se glisse autour de votre cou et lentement se resserre. C'est un silence qui veut encore vous tuer.

Je me remémorai toutes les personnes présentes dans la salle de rédaction avant le début de la tuerie. Lui, lui, lui, elle, lui… La liste était insupportablement trop longue. Aucun de ceux dont je venais de passer en revue les noms ne disait rien. Je ne les entendais pas. On ne les entendrait plus jamais.

Je maugréais contre la torpeur des rares silhouettes qui autour de moi commençaient à aller et venir. C'était stupide de ma part car les secours avaient déjà été prévenus. Mais je n'en savais rien, et j'avais l'impression que personne n'était au courant de notre situation. Je nous croyais abandonnés, perdus au milieu d'une mer démontée, comme les naufragés du radeau de *La Méduse* à l'agonie, agitant un maigre mouchoir comme seul espoir d'être aperçus par un bateau sur l'horizon. Nous étions seuls au monde.

Pire, nous avions été rejetés du monde. La haine qui venait de nous frapper me semblait être celle de la terre entière, qui nous avait punis en décidant de nous exclure de la compagnie des hommes. On nous avait appelés dans la cour de l'école, et devant tous les autres élèves, on venait de nous humilier en nous désignant du doigt pour nous faire sortir des rangs et nous rejeter. Effacés, comme un trait de crayon par un coup de gomme.

Mon bras droit était engourdi, envahi par ces fourmillements qui vous réveillent la nuit, quand une mauvaise position empêche votre sang de circuler et vous donne l'impression de ne plus sentir votre membre. Malgré cette sensation pénible mais pas trop douloureuse, je tentai une expérience. J'ouvris et fermai ma main et mes doigts pour savoir s'ils obéissaient encore à mes instructions. Miraculeusement, ils répondirent avec l'agilité que j'espérais d'eux, même si mon bras semblait à moitié mort. Bien que n'ayant pas la moindre idée de ce qui m'arriverait dans les dix prochaines minutes, j'imaginais déjà qu'un jour peut-être, je dessinerais de nouveau. En bougeant à peine, je remarquai le son humide de mon pull dans mon dos. Comme s'il était imprégné d'un liquide. À chaque léger mouvement de mon épaule, un bruit de serpillière mouillée parvenait à mes oreilles. Visiblement, mon pull était gorgé de sang. Je craignais une hémorragie. Avec mes pieds, je tirai la chaise sur laquelle un des dessinateurs du journal était assis quelques minutes plus tôt. Une fois positionné à bonne distance, je levai mes deux jambes pour les poser dessus. J'exécutai ce que j'avais appris quelques années auparavant en passant mon brevet de secourisme : placer les membres inférieurs en position haute pour ramener le sang vers le cerveau. Abandonné, je convoquai le moindre souvenir, le moindre savoir dont je disposais pour me venir en aide. En attendant mieux, il ne fallait compter que sur soi-même.

Pendant que j'adoptais cette nouvelle posture, j'entendis des plaintes monter. Je reconnus la voix de Fabrice. Il gémissait et semblait aller de plus en plus mal. Allongé sur le dos, je n'avais d'autres moyens, pour comprendre ce qui se passait autour de moi, que tendre l'oreille pour capter le moindre bruit. Immobilisé au sol, mes yeux ne m'étaient plus d'une grande utilité et je ne voulais pas qu'ils me montrent ce que j'avais déjà deviné. Bien plus précieuses étaient mes oreilles, devenues le seul lien avec mon environnement. Grâce à elles, j'avais entendu les paroles des tueurs. Grâce à elles, j'avais entendu la fusillade dans la rue. Grâce à elles, j'avais entendu le silence qui me signalait que c'était fini. Mes oreilles, mes nouvelles concierges, me rapportaient tout ce qui se passait. J'étais devenu curieux de mon propre destin. Je collais mon oreille contre une porte pour tenter de savoir ce que, derrière elle, ma vie avait décidé de moi. Étais-je victime d'une hémorragie ? Allais-je sombrer dans le coma ? Allions-nous tous crever ici, les uns après les autres, comme les mouches desséchées sur le sol de la morgue que j'avais connue des années plus tôt ? Les râles de Fabrice revenaient régulièrement. Les bruits qu'il émettait indiquaient que sa situation était plus grave que la mienne. Il n'en pouvait plus d'attendre ces putains de secours qui n'arrivaient toujours pas. Je commençai à m'inquiéter. Je n'avais aucune idée de l'état de Philippe, situé à l'autre bout de la pièce, et encore moins de celui de Simon, touché dans le hall d'entrée.

En bougeant légèrement, je sentis sèchement la douleur qui avait pris possession de mon corps. Prudemment, je renonçai à me relever seul.

C'est alors qu'un pompier apparut sur ma droite. Pour signaler ma présence, je tapotai de ma main valide le rebord du bureau de Charb, sous lequel se trouvait ma tête. À mi-voix, toujours en murmurant, j'attirai son attention. Il vint vers moi. Je n'ai pas regardé son visage mais uniquement son pull de pompier, bleu avec des rayures rouges, et son grade qui devait être celui de commandant. Il tendit sa main vers moi. Ce geste, le plus simple que deux êtres humains font quand ils se rencontrent, était une politesse inouïe qui contrastait avec ce que nous avions subi quelques instants auparavant. Cinq minutes plus tôt, nous étions des animaux à l'abattoir. Cinq minutes plus tard, on nous respectait comme des êtres humains. Ma main agrippa la sienne, et par ce nouvel appui, je pus me dresser sur mes jambes.

Dès mes premiers mouvements, la douleur me transperça comme un clou enfoncé dans mon épaule par un coup de marteau. Lentement, je sortis de la pièce et me dirigeai vers le couloir. À chaque pas, je découvrais ce qui fonctionnait encore dans mon corps et ce qui ne fonctionnait plus. De quoi étais-je encore capable ? Mettre un pied devant l'autre. Ne pas bouger le bras. Ne pas redresser le torse. Ne pas courir. Me mouvoir lentement, sans précipitation. Ces premiers mètres sur mes jambes flageolantes me laissaient entrevoir ce que j'aurais encore le droit de faire et ce que je n'aurais plus le droit de faire.

Debout, j'eus la possibilité de voir la totalité de ce qui m'entourait. Pour la première fois, le dessinateur que j'étais ne parvenait pas à faire ce qu'il avait mis des années à apprendre : regarder. J'aurais pu, mais je ne le fis pas. Je m'interdis de parcourir les lieux pour constater l'horreur. Je ne voulais pas que mes yeux m'infligent ce que mes oreilles m'avaient déjà fait comprendre. Je ne voulais pas voir mes amis dans la même situation que le mari allongé sur le tiroir de la morgue, des années plus tôt. Car je savais à quoi ils ressembleraient. Disloqués et débraillés. J'essayais désespérément de concentrer mon attention sur ce qu'il y avait devant moi et seulement sur ce qu'il y avait devant moi. Je ne voulais pas regarder sur ma droite ni sur ma gauche et affronter les traces du carnage. En face de moi, il y avait la porte. Celle par laquelle était entré l'homme en noir. Celle par laquelle je devais m'enfuir au plus vite de cet endroit infernal.

Même si vous fixez votre attention sur ce qu'il y a devant vous, vos neurones devinent ce qui vous entoure. Alors que je ne lui demandais rien, mon cerveau, ce rusé compagnon, m'envoyait des images, vagues mais explicites. Malgré tous mes subterfuges pour épargner à mes yeux de croiser les victimes, je ne pus éviter l'une d'entre elles. Elle était à ma gauche, allongée sur le sol, me barrant le chemin vers la porte. C'était un copain de vingt-cinq ans. Pour atteindre la sortie, je n'avais pas d'autre solution que de l'enjamber. Aidé par le pompier, je me résolus à ce geste qui me fit honte.

Je te demande mille fois pardon mon vieux, mais je ne pouvais pas faire autrement.

Je franchis cette satanée porte et sortis enfin de l'abominable pièce. Du moins le croyais-je. Car tout au long des jours et des mois qui suivirent, je ne cessai d'y penser. Ressassant interminablement tout ce qui s'y était déroulé, ruminant mille scénarios qui nous auraient peut-être sauvés, radotant les mêmes phrases pour être sûr de ne rien oublier. Comme un dément dans sa cellule capitonnée, ces images et ces pensées tournaient en rond sur elles-mêmes dans ma cervelle, silencieusement, et je prenais garde de n'en partager aucune avec mes proches pour ne pas les inquiéter. De cette salle de rédaction dévastée, peut-être ne sortirai-je jamais.

Accompagné du pompier providentiel, j'avançais timidement dans le petit couloir sombre qui séparait la salle de rédaction de l'entrée du journal. Au premier geste maladroit, la douleur me rappela immédiatement à l'ordre. En arrivant dans le bureau des journalistes, je reconnus des visages qui nous avaient rejoints et avaient découvert le carnage. Effondrés sur leurs sièges, secoués par les spasmes de leurs larmes. Agrégés entre eux, comme les pleureuses au pied de la Croix des tableaux baroques qu'on croise parfois sur les murs immenses des églises sombres.

Le pompier me présenta un fauteuil sur lequel je devais attendre patiemment qu'on m'évacue. Mais très vite ma tête se mit à tourner et je compris que si je restais ainsi, j'allais m'évanouir et m'effondrer.

Je décidai de prendre les devants et, sans l'aide de personne, je me remis exactement dans la même position que celle dans laquelle j'avais attendu les secours, sur le sol de la pièce du crime. Prudemment, je m'allongeai, posai mes pieds sur une chaise à ma portée et repris cette posture qui était la moins douloureuse. J'aurais pu rester comme ça des heures, des jours et même des années, car c'était la meilleure que j'avais trouvée de toute ma vie.

Qui était vivant, qui était mort ? Je n'avais aucune certitude. Seulement des hypothèses, des extrapolations. C'était peut-être mieux ainsi car je savais que la vérité serait sans pitié. Je repoussais le moment d'entendre sa sentence et me réfugiais dans l'incertitude afin d'obtenir un léger sursis. Que l'on m'accorde encore quelques instants avant de me résigner à accepter qu'un monde venait de disparaître.

Progressivement, des œillères se déployèrent autour de moi et, comme un cheval de trait, je ne me souciais plus que du sillon à tracer. Il me fallait avancer tête baissée en oubliant tout le reste. Je ne savais pas quelle quantité d'énergie il me restait. Je ne savais pas quelle quantité de sang j'avais perdue. J'ignorais la gravité réelle de mes blessures. La moindre étincelle de force qui subsistait, je ne devais la gaspiller à rien de superflu, mais la consacrer à porter à bout de bras les derniers morceaux de ma vie.

Je ne pouvais pas imaginer que les choses se dérouleraient ainsi. Dans une salle de rédaction, étalé sur le sol, attaqué par des fanatiques religieux pour des histoires débiles de caricatures. Mais je savais que cela arriverait un jour ou l'autre. Bien avant de pousser la porte d'un journal pour y présenter mes dessins, j'avais toujours été convaincu que la vie pouvait être bouleversée par des événements violents, cruels et absurdes. Sans savoir ni où, ni quand, ni pourquoi, je pressentais que ces choses étaient possibles et que l'existence pouvait soudain disparaître dans un puits sans fond. Les grandes personnes que j'avais croisées depuis mon enfance m'avaient enseigné, sans même s'en rendre compte, qu'il fallait se préparer à l'idée de souffrir et de mourir. J'avais presque honte de me l'avouer, mais je n'étais pas surpris de l'épreuve que je traversais.

Hissé sur un brancard par plusieurs secouristes, j'avançais comme un chef gaulois porté sur son bouclier par ses guerriers. Pour franchir la porte et m'éviter de prendre le cadre dans la figure, ils se baissèrent délicatement. À cet instant, pourtant sans danger, je ressentis violemment la douleur de la blessure. Une légère secousse avait suffi pour mettre à vif tout ce qui était brisé en moi. Plus loin, la position inclinée de mon brancard m'indiqua que nous avions atteint l'escalier du bâtiment. Puis le froid recouvrit mon torse et mes bras et je compris que nous étions dans la rue, au contact de la fraîcheur matinale de ce mercredi de janvier.

LE RÉVEIL

7 janvier 2015, 17 heures

Une étrange obscurité avait pris place autour de moi. Une pénombre que je n'avais jamais rencontrée. Qu'aucun peintre n'avait jamais représentée, qu'aucun poète n'avait jamais décrite. Je ne savais pas de quelle matière était fait cet endroit. Je n'étais même pas sûr que c'était un endroit. C'était peut-être un moment, un interstice, une odeur. Une fissure où je me serais glissé. Un instant qu'on m'accordait encore. Un sursis de conscience avant l'effacement final.

Je retrouvai cet instinct qui m'avait conseillé de ne pas bouger d'un millimètre au moment de la fusillade. Je devais m'économiser. Ne pas tenter de me mouvoir ou de parler. D'ailleurs, pour aller où et pour m'adresser à qui ?

Résigné, je n'avais d'autre choix que de me blottir dans cette grotte invisible où on m'avait jeté, sans savoir si j'en sortirais un jour. C'était bien pire que la sensation d'abandon ressentie dans la pièce en attendant les secours. On venait de me faire descendre une marche supplémentaire qui m'emmenait vers un inconnu ignoré des hommes. Ici, il n'y avait plus rien à attendre, car ici n'existait peut-être même pas.

Je n'avais pas davantage de réponses pour moi-même.

À cet instant, la question qui me traversa l'esprit était : "Que suis-je ?"

Que suis-je devenu ?

Avais-je été transformé en atome ?

Avais-je été réduit en poussière ?

Avais-je été transporté dans une autre dimension ?

Que je sois en mesure de me poser ces questions signifiait qu'il y avait encore quelque chose de moi qui subsistait. Lorsque mon cerveau commandait à mes lèvres de bouger, elles bougeaient. Mais je ne savais pas si j'avais encore des lèvres ou si c'était ma mémoire qui me donnait l'illusion que j'en avais encore. Je craignais de découvrir que plus rien n'existait de mon corps.

Je n'avais pas imaginé être confronté à ces interrogations si tôt dans ma vie. Les derniers instants de l'existence intriguent autant qu'ils terrifient. Comment savoir ce qu'on ressent quand on meurt ? Qu'est-ce que mourir signifie ? On a mal ? On voit une grande lumière blanche ? On se détache de son corps mort et on s'élève vers l'inconnu ? Mille théories abracadabrantesques ont été élaborées depuis des siècles pour élucider le mystère de la mort. Et voilà que devant moi se dressait la réponse, monumentale, comme la porte d'une immense citadelle qui commençait à s'entrouvrir pour m'accueillir et m'avaler.

Convaincus d'être récompensés de la pratique scrupuleuse de leur foi, les croyants pensent qu'après la mort, Dieu les accueillera à bras ouverts dans ce qu'ils nomment le "paradis". Mais que fait-on au paradis ? On joue au Scrabble ? On relit tout

Balzac ? On fait des mots fléchés ? Certains sont même convaincus qu'en offrant leur existence à leur prophète, ils seront comblés par soixante-dix vierges prêtes à l'emploi. Pour les femmes, c'est moins clair. Auront-elles droit à soixante-dix puceaux ? Chez les bouddhistes, la réincarnation n'est prévue que pour les hommes. Que deviennent alors les femmes après leur mort ? S'évanouissent-elles comme la rosée du matin sous le soleil ? Ou sont-elles réincarnées en machine à laver ou en aspirateur ?

L'imagination humaine est finalement assez médiocre et les propositions d'explications de ce qui arrive après la mort sont toutes décevantes. Après la mort, rien. C'est fini. La lumière s'éteint, on débranche le câble de la télé, et l'écran devient noir pour toujours. Adieu. Adieu est le plus beau mot de la langue française. Il semble dire "À Dieu" alors qu'en réalité on le prononce pour dire "plus jamais". Il signifie le contraire de ce qu'il prétend annoncer. Qui croit sérieusement qu'après la mort, le créateur de l'Univers nous accueille dans son Royaume ?

Les religions ont évolué et se sont adaptées au marché. Pendant des siècles la résurrection des âmes fut leur principal produit d'appel. Aujourd'hui les religions mettent plutôt en avant le "fait religieux" dont la réalité sociale suffirait à démontrer la pertinence de leurs dogmes. Si autant de personnes sur terre font pénitence pour satisfaire Dieu, c'est bien qu'il doit exister. La foi existe, donc Dieu existe.

Ce raisonnement ne prouve rien du tout, sauf le tragique besoin d'y croire qu'ont des milliards d'êtres humains. C'est leur droit. Mais si croire est une liberté fondamentale, remettre en cause les fondements des croyances religieuses en est une autre tout aussi fondamentale.

Que suis-je ?

À cet instant, je ne le savais toujours pas. Mais je pensais encore. J'étais devenu ce qui fait fantasmer tous les religieux : un pur esprit. Mon corps était absent, mais je produisais encore des pensées, donc je ne pouvais pas dire que j'avais intégralement disparu. Je flottais sans savoir où étaient le dessus et le dessous, le dedans et le dehors. Étais-je à l'intérieur de quelque chose ou à l'extérieur de moi-même ? Existait-il autour de moi un pays, une ville, une maison, une table, un lit. Existait-il, près de moi, des créatures vivantes ? De quelle espèce ? Humaine, animale, végétale, microscopique ? L'espace et le temps appartenaient peut-être déjà au passé car là où mon esprit était suspendu, il semblait n'y avoir ni début, ni fin.

C'était bien pire qu'un rêve qui vous plonge dans des situations incongrues. "Ici" ne désignait rien, car il n'y avait rien, excepté ma conscience qui me faisait comprendre que je ne savais plus ce que j'étais. Emprisonné comme un insecte dans un fragment d'ambre, j'aurais pu crier, personne ne m'entendrait.

Je fus soudain envahi d'une colère noire. J'étais furieux de cet exil forcé, dans cet ailleurs inconnu, à des milliards d'années-lumière de la vie par laquelle j'étais né et j'avais grandi. Furieux qu'on m'ait privé de ma vie terrestre et qu'on m'ait infligé cette punition. Car se réveiller en pur esprit est le pire supplice que Dieu, s'il existe, pourrait infliger à nos destins humains. L'esprit sans le corps est une torture pareille à celle des écorchés au Moyen Âge auxquels on enlevait la peau mais qui, encore en vie, conservaient la conscience de leur existence et donc, de tout ce qu'on venait de leur ôter. Les malheureux n'espéraient plus que rendre l'âme pour que cessent leurs souffrances et que disparaisse le souvenir de leur vie car ils savaient qu'elle ne reviendrait jamais. J'étais devenu cet écorché.

J'étais en salle de réveil.

À mon arrivée à l'hôpital, on m'avait endormi sans m'avertir. Depuis mon évacuation, je me demandais si je n'allais pas crever et je me préparais à claquer d'un instant à l'autre. Des heures plus tard, sans avoir compris par où j'étais passé, je repris peu à peu mes esprits. Mon cerveau se remit à fonctionner le premier, mais je ne voyais rien, je ne sentais rien, je n'entendais rien. Était-ce cela, la mort, l'au-delà, la réincarnation, la téléportation ou que sais-je encore ? Durant ce passage, dont je ne sais s'il a duré deux minutes ou deux heures, je n'ai plus su si je faisais encore partie du monde qui m'avait vu naître.

Le cerveau des hommes est faible. Il en faut peu pour le déstabiliser. Dans notre vie terrestre, le moindre accident, la moindre catastrophe nous plongent dans l'angoisse et la peur. Les victimes des attentats tombent en dépression, traumatisées durant des mois, voire des années. Elles ont la trouille de sortir de chez elles, deviennent craintives au moindre bruit. Pourtant ces épreuves appartiennent à la société des vivants : assassinats, terrorisme, même si peu de gens y sont confrontés, ces fléaux font partie de notre existence sur terre. On sait que cela peut exister et les exemples ne manquent pas dès qu'on allume son poste de télévision.

Si l'esprit souffre autant quand le destin le brutalise, comment pourrait-il supporter la terreur d'un monde inconnu qui régnerait après la mort ? En réalité, l'esprit est beaucoup trop fragile pour surmonter une telle métamorphose. Si, dans le meilleur des cas, Dieu existe, le plus grand service qu'il puisse rendre aux hommes serait de ne pas leur imposer le supplice de l'au-delà.

Je croyais deviner des formes blanches mais je ne savais pas si je les voyais réellement ou si je les imaginais. Je commençais à bouger mes lèvres et j'essayais de faire sortir des sons de ma bouche. Les spectres qui flottaient devant moi ressemblaient de plus en plus à des infirmières, et à mes paroles balbutiées, elles répondaient par des borborygmes que je ne comprenais pas davantage. Je n'étais donc pas complètement mort. Juste un peu vivant. De retour sur le plancher des vaches, là d'où je viens là où je suis né là où j'ai mangé là où j'ai grandi là où j'ai marché là où j'ai travaillé là où j'ai chié là où j'ai baisé là où j'ai rigolé là où, tout simplement, j'avais vécu. Il n'y a que là qu'on est bien. Ailleurs, dans l'au-delà ou dans la quatrième dimension, c'est nul, c'est con, c'est triste et on s'emmerde. Il n'y a que la vie terrestre que je veux. Après la mort, il n'y aura plus rien. La fin, c'est bien aussi. Pourquoi vouloir prolonger sa présence dans l'Univers pour des siècles et des siècles ? Le paradis qu'on attend de Dieu n'a pas grand intérêt. Pauvres humains que nous sommes, l'éternité est au-dessus de nos forces.

Je n'ai jamais été aussi content de retrouver ma vie terrestre que dans cette salle de réveil, ce 7 janvier. On me transporta à travers un dédale de couloirs, je ne savais pas où j'allais, si je montais ou si je descendais, et je m'en foutais. Ils auraient pu me trimballer à travers tout l'hôpital pendant trois jours ou pendant six mois, je ne me serais jamais lassé de voir défiler devant mes yeux les tubes au néon des couloirs, comme une majestueuse Voie lactée. Le bruit des roues de mon lit, crissant sur le linoléum, le claquement des semelles des infirmières sur le sol, les portes battantes qui s'ouvrent et se referment, rien n'avait jamais été plus doux à mes oreilles. Et puis, au détour d'un étage, j'aperçus ma femme, ma sœur et mon frère. Cette fois c'était sûr, j'étais vivant.

L'HÔPITAL

Pour la première fois de ma vie je découvrais l'hôpital, allongé sur un brancard poussé par des inconnus en blouse blanche, dans des allées qui devaient bien me conduire quelque part. Peu après mon admission, j'entrai dans un énorme tube. Puis une seconde fois. On approcha de moi une grosse boîte dotée d'un écran sur lequel je devinais une grille semblable au réticule d'un bazooka. Je ne me suis pas rendu compte qu'on me faisait passer des radios. Je ne me suis pas rendu compte qu'on m'endormait.

Je me souviens mal de ce premier matin à l'hôpital. Un défilé de médecins, de thérapeutes, d'infirmières, d'aides-soignants. Ces inconnus allaient devenir familiers. Comme les premiers jours de classe quand on découvre, avec une pointe d'appréhension, ses nouveaux professeurs, ses nouveaux camarades.

Un lit métallique, des tuyaux, une table, une petite pièce pour prendre sa douche et faire ses besoins, voilà le nouveau monde où j'allais vivre pendant des semaines. Au sol, du linoléum, au mur, un distributeur de gel antiseptique que chaque personnel activait au moment de sortir de la chambre, comme si j'étais porteur du virus Ebola. À l'hôpital, il faut vite apprendre à mettre de côté sa susceptibilité. Comment faire autrement quand on a les os en mille morceaux et qu'au moindre geste on gémit comme un gosse ? Comment manger, comment se lever, comment pisser ? Chier devient une aventure de l'extrême. Il faut s'asseoir avec la lenteur d'un vaisseau spatial en approche finale sur la lune. Une trajectoire mal calculée, une altitude mal évaluée, et il faut renouveler la manœuvre en espérant que la prochaine sera la bonne mais en tenant compte du temps qui passe et de l'urgence de la situation. "Ils ne changeront pas notre mode de vie", claironnaient les pancartes des marcheurs du 11 janvier. Eh ben si, un peu, quand même.

La douche se fit très vite indispensable. Rester au lit toute la journée à ne rien foutre m'a toujours fait horreur. Et plus encore lorsqu'on perçoit l'odeur de son propre corps qui continue de transpirer comme si de rien n'était et vous fait comprendre son indifférence totale au 7 janvier. Sans la moindre compassion pour mes souffrances, ma carcasse n'avait cessé de suer, de chauffer, d'exhaler, de sécréter et, sous mes doigts, je sentais mes cheveux plus gras qu'hier et bien moins que demain. La douche devint une obsession. Elle me lavera de mes saletés et me ressuscitera en redonnant à mon corps matraqué la pureté du nouveau-né. La petite cabine de toilette devient un lieu stratégique, mais très vite je m'aperçois que je ne parviendrai pas à me débrouiller seul quand il faudra laver mon dos, mes jambes et tout le reste. Invalide, le corps devient un fardeau, et on découvre que c'est une sculpture aux courbes complexes qui montent par ici et redescendent par là. Parcourir d'une seule main, avec une éponge, la totalité de sa surface tortueuse n'est plus possible. Il faut donc appeler à la rescousse. J'attends l'arrivée d'une aide-soignante dont les gestes professionnels feront oublier que je suis un homme et qu'elle est une femme. Pro, il faut rester pro, jusqu'au bout. La porte de la chambre s'ouvre et enfin ma sauveuse apparaît. Merde. C'est un homme. J'avais oublié que la parité avait ouvert des métiers à tous les genres et voilà que je dois affronter la réalité d'une cause défendue par le journal. C'est donc avec conviction et une foi inébranlable dans l'égalité absolue entre homme et femme que je me résigne à être lavé par un homme. Pendant que l'eau coule sur moi, emportant le savon vers la bonde, je prends appui sur les parois pour ne pas tomber, et les parties inaccessibles de mon corps sont parcourues par l'éponge enfilée sur la main de l'aide-soignant. Finalement, je m'en fous. J'ai trop mal, je pue trop, et tout me fait chier. Si cette aide peut me sauver, pourquoi faire la fine bouche. Que les aides-soignants soient des hommes, des femmes, des chimpanzés ou des Schtroumpfs importe peu. La douleur, l'inconfort des odeurs corporelles sont tels que tout le reste est sans importance. L'hôpital allait m'apprendre à distinguer ce qui est grave de ce qui ne l'est pas, à mettre de côté ma fierté pour laisser place à l'humilité. D'autres situations que l'avenir me réservait seraient bien plus inconfortables que cette douche anodine.

Le lit de ma chambre d'hôpital était surmonté d'un écran de télé amovible qui pouvait être positionné à cinquante centimètres de mon visage, une fois adossé à mon édredon. Je n'ai jamais allumé cette télévision démoniaque. Je ne voulais pas savoir ce qui se passait dehors. Dedans me suffisait. Mes viscères, mes os, mes neurones, mes nerfs vibraient encore de l'onde de choc de la balle et de tout le reste. À quoi bon supporter une télévision qui retransmet les événements en direct. Les événements, je les avais déjà vécus en direct. Suffisamment pour ne pas avoir besoin d'être connecté en temps réel à l'horreur qui poursuivait son petit bonhomme de chemin, à Montrouge, à la porte de Vincennes, à Dammartin-en-Goële. Le direct, je l'emmerde. Rejeter cette temporalité hystérique était indispensable pour espérer retrouver la mienne. C'était à moi de définir le temps de ma vie. Quand on a failli être dépossédé de son existence, la première chose à se réapproprier, c'est le rythme auquel elle s'écoule. Ce temps ne serait pas celui des *breaking news*, des flashs spéciaux et des gargouillis des réseaux sociaux. Ce temps serait dicté par des messagers essoufflés qui m'apporteraient les nouvelles quand je le déciderais. Les infirmières furent ces messagers. Elles glissaient leur tête par la porte de ma chambre pour me dire ce qui s'était passé la veille ou l'avant-veille, mais jamais le jour même, comme je leur avais demandé. "Hier, un terroriste a tué des clients dans un magasin casher porte de Vincennes." "Avant-hier une policière municipale a été tuée à Montrouge." "Hier matin, il y a eu une prise d'otages dans une imprimerie." Je les avais implorées de ne rien me dire "en temps réel". Dites-moi les choses le lendemain, ou le surlendemain, quand tout sera terminé. Cela me suffisait largement. "Hier, les terroristes qui vous avaient attaqués ont été tués." Le temps réel semblait vouloir m'aspirer une fois encore dans le gouffre sans fond qui m'avait presque avalé quelques jours plus tôt. Reprendre possession de sa vie en reprenant possession du temps. La reconquête de mon existence se fera seconde par seconde. Celles égrenées les unes après les autres pendant le temps de l'attaque m'avaient été volées. À partir de maintenant, chaque seconde qui s'écoulera m'appartiendra, jusqu'à mon dernier souffle. L'agitation de la multitude autour de moi ne sera pas la mienne. Dans les rues et les transports, les badauds courent en tous sens à une vitesse qu'ils croient avoir choisie alors qu'ils bougent au rythme d'une cadence dictée par un chef d'orchestre invisible. Emportés par les ondulations de la foule, zombies qu'ils sont devenus. Ce temps qu'ils croient leur ne leur appartient déjà plus. Des possédés dépossédés.

QU'EST-CE QUE JE FOUS LÀ ?

Le journal, c'est le journal. Ce n'est pas la famille.

La famille, c'est la famille. Ce n'est pas le journal.

On passait tellement de temps dans ce journal, qu'on finissait par croire qu'il était notre famille. Alors que c'était autre chose. Le temps et l'énergie qu'on y consacrait dévoraient tout autour de nous à commencer par nos vies de famille. C'était parfois un sujet de tension au journal, entre ceux qui vivaient en couple et avaient des enfants et les célibataires qui n'avaient pas de limite à leur engagement, excepté les protestations de leur copain ou copine.

La mort, ça fait partie de la famille ou du journal ?

L'hôpital, ça fait partie de la famille ou du journal ?

Et quand la mort emporte les nôtres à l'intérieur même du journal ? Comment faire cohabiter la famille et le journal sans que personne n'en prenne ombrage ? Ces délicates questions n'étaient pas faciles à éclaircir car, au lendemain du 7 janvier, tout se mélangeait et s'entrechoquait. Nous avions perdu des copains dans des conditions abominables et notre journal était soudainement devenu le symbole de mille choses qui nous dépassaient. La question de savoir s'il fallait continuer de le faire se posait.

Mais comment, car la presque totalité du journal avait disparu ?

Mais avec qui, car ceux encore vivants étaient assommés ?

À ces questions s'ajoutaient celles, terre à terre, des locaux, des bulletins d'abonnement qui arrivaient par sacs entiers, des dons et des ventes colossales qui engendrèrent des sommes à perdre la raison. Tout nous poussait vers la folie. Tout se liguait pour nous écraser sous des problèmes inédits et insurmontables. Les télés et les journaux de la planète nous harcelaient au moindre battement de cils de l'un d'entre nous, ajoutant au désordre que chacun avait dans la tête celui de l'hystérie médiatique. Et derrière tout ça, à l'abri de ce tourbillon d'emmerdements et de problèmes à résoudre, nos situations familiales devaient faire l'objet de toutes les attentions, alors que nous n'avions pas une minute à leur consacrer. Notre journal, notre vie privée, notre santé étaient aussi inextricablement mélangés les uns aux autres que les pelotes de poussières et de saletés accumulées dans un sac d'aspirateur. Impossible à démêler sans risquer de les déchirer.

En 2004, nous apprîmes que Gébé souffrait d'un cancer. Alors qu'il était encore à l'hôpital et qu'on espérait son rétablissement, nous décidâmes, quatre dessinateurs du journal, de lui rendre visite.

Il nous accueillit dans sa petite chambre. Nous étions heureux d'être à nouveau avec lui et de le voir sourire aux conneries que nous proférions. Mais, derrière ces retrouvailles chaleureuses, un léger malaise prit place. On voyait bien qu'il n'était pas très vaillant. Quand on visite un malade, on espère que notre bonne santé va se transmettre à lui, comme si on avait le pouvoir magique de transfuser vers son corps notre système immunitaire en parfait état de marche. Mais non. Si les visiteurs se portent bien, le malade reste malade et vous avez beau lui rendre visite cinquante fois par semaine, cela ne le guérira pas davantage.

Nous n'avions jamais vu Gébé ainsi. Il flottait dans une de ces tuniques pâles qu'on impose aux malades. À ses côtés, une étrange pompe reliée à son corps soufflait régulièrement et l'aidait à je ne sais quoi.

J'étais un peu gêné de le voir ainsi. En lui rendant visite, je compris que nous entrions dans un cercle qui n'était plus celui du journal mais celui de la famille. Au-delà, nous n'avions plus notre place. Même si nous connaissions Gébé depuis des années, cette partie de sa vie n'appartenait qu'à lui et à ses proches. Insister davantage nous aurait fait passer du statut d'amis à celui d'intrus. Il fallait se retirer et accepter de s'effacer. Accepter qu'on ne le reverrait peut-être jamais.

J'eus les mêmes interrogations avec nos blessés du 7 janvier. Je devais leur rendre visite, mais j'étais moi-même cloué à l'hôpital pour suivre ma rééducation, et les week-ends, j'étais lessivé. Le vendredi était la journée la plus dure. En fin de semaine, j'étais épuisé d'avoir tiré sur mon bras depuis quatre jours du matin au soir. J'étais aussi épuisé moralement, de constater que j'atteignais les limites de ce que je pourrais récupérer. Je n'irais pas plus loin. J'avais beau forcer comme une brute, je me heurtais à un mur, comme une mouche contre les parois de la bouteille dont elle est prisonnière. Il fallait se faire à l'idée que ma vie ne serait plus jamais comme avant. Que les gestes banals d'hier n'existeraient plus demain. Que les douleurs capricieuses d'aujourd'hui seraient mon quotidien de toujours.

Les semaines de rééducation avançaient et je reprenais progressivement possession de ce qui restait de mon bras. Je savais que je devrais rendre visite aux autres blessés. Mais j'appréhendais. Je repoussais le moment de constater par moi-même la triste réalité. J'avais fait de mon mieux pour éviter de voir les morts autour de moi. Pour ne pas conserver d'eux cette dernière image. Mais aussi pour leur épargner mon regard posé sur eux. La mort est le moment d'intimité ultime. Je n'aurais jamais dû me trouver à leurs côtés pour être témoin de leurs derniers soupirs. Ce privilège aurait dû revenir à leur famille. Comme des années auparavant, quand j'avais tenté de me mettre en retrait au moment de présenter à cette veuve son mari. Au cœur du carnage, baisser les yeux fut la seule politesse que je pouvais leur accorder. La dernière.

Pour les blessés, il n'y aurait pas d'échappatoire. Un jour, je serais contraint de voir les traces du désastre sur leur corps. Enfin, je me sentais prêt à le faire. Avec le temps, les familles étaient probablement moins présentes autour de leurs blessés. C'était peut-être le moment de leur rendre visite sans déranger personne.

J'avais déjà pu revoir Fabrice quand il avait été transféré quelques jours dans l'hôpital où je me trouvais. Je m'étais rendu dans sa chambre à l'étage supérieur. C'était la première fois que j'avais en face de moi un blessé du 7 janvier. Nous pouvions parler en confiance de ce qui s'était passé, de ce que nous avions vécu, de nos sentiments sur le journal. Il me raconta le jour où des policiers étaient venus recueillir sa déposition. Il m'avoua que durant toute la durée de l'entretien il avait eu les yeux rivés sur leurs mains. Il attendait le moment fatidique où les deux hommes saisiraient leurs armes pour lui tirer dessus. Il était convaincu que c'étaient des terroristes déguisés en policiers, venus l'achever. Il me racontait cela alors que traînaient sur son lit quelques livres dont un gros pavé ayant pour titre *Les Guerres de religion*. Ces retrouvailles me réconfortèrent. Je n'étais pas seul.

Quelques semaines plus tard, je rendis visite à Fabrice et Philippe, dans leur hôpital, un peu sombre et devenu leur nouvelle demeure. J'y entrai comme s'il s'agissait de leur domicile personnel. Je n'étais pas chez moi. J'étais chez eux. Fabrice claudiquait et faisait de son mieux pour dissimuler qu'il avait mal. Philippe avait un gros pansement sur la mâchoire et parvenait à parler mais on devinait que c'était au prix de douleurs incessantes. Il me montra ses mains et ses avant-bras, transpercés de trois balles. La quatrième balle fut la plus cruelle, emportant une partie de sa mâchoire.

Chacun portait des blessures qui racontaient une histoire différente. Tous avaient besoin de les partager. Il n'y avait rien d'autre à dire. Il suffisait de savoir qu'elles existaient. Aucun n'aurait eu l'idée de revendiquer d'avoir plus souffert que les autres. Car tous vivaient dans un récit qui leur était propre. Les blessés apprennent vite la politesse qu'ils se doivent entre eux.

J'avais cependant peine à imaginer toutes les opérations que Philippe avait subies. L'hôpital était devenu bien plus qu'un refuge. L'hôpital s'était installé dans son corps et dans sa chair. Il était devenu l'hôpital. Quand et comment parviendrait-il à sortir de cette cage que la médecine avait tressée autour de lui jour après jour ? Car si l'hôpital est le lieu qui nous accueille et nous sauve, il peut aussi nous perdre. Il faut avoir le courage d'en sortir. L'attention dont on bénéficie et les soins qui nous sont prodigués nous soulagent tellement qu'ils en deviendraient presque agréables, et si on n'y prenait garde, on pourrait se laisser aller à vouloir y passer le reste de notre existence. Car dehors, tout nous semblait agressif et hostile et c'est seulement entre les quatre murs de notre chambre qu'on se sentait protégé. Le retour vers l'extérieur était une échéance que chacun de nous appréhendait. Un jour, il faudrait prendre notre courage à deux mains, nous remettre dans le bain de la vie et l'affronter sans la coquille protectrice de notre hôpital.

Fabrice et Philippe me semblaient en sécurité et très bien soignés. Nous parlâmes du journal, de ce qu'il faudrait faire pour l'améliorer, et l'extraire des décombres qui le recouvraient encore. Dans cette chambre d'hôpital, nous parlions de ce brave journal comme si nous étions de nouveau en conférence de rédaction, pour nous convaincre peut-être que celle du 7 janvier n'avait jamais été interrompue. Il suffisait que deux ou trois d'entre nous se retrouvent ensemble, ici ou ailleurs, n'importe où dans le monde, et aussitôt on parlait du journal. En devisant sur son avenir, les cannes de Fabrice et les pansements de Philippe s'effaçaient lentement pour devenir presque invisibles. Le journal envahissait immédiatement nos esprits au point de nous faire oublier l'endroit où nous nous trouvions et les raisons pour lesquelles nous y étions entrés.

Revoir Simon me faisait peur. C'est moi qui l'avais embauché. Il m'avait été recommandé par une relation de Bernard Maris. Nous avions besoin d'un webmaster car le journal souffrait cruellement du manque de moyens pour son développement numérique. Je n'y connaissais rien et le microcosme des informaticiens et des spécialistes d'internet est truffé d'escrocs et de bonimenteurs qui vous mènent par le bout du nez dès qu'ils s'aperçoivent que vous êtes profane. Simon fut donc chargé de faire vivre le site du journal qui, avant son arrivée, était aussi dynamique qu'une pierre tombale. Ce qu'il fit très bien, avec sa vivacité d'esprit et malgré les maigres moyens qu'on lui avait fournis.

J'avais beau me répéter que nous étions innocents, je culpabilisais de savoir Simon paralysé. Lui si jeune et déjà cloué pour le reste de sa vie sur une chaise roulante. Cette idée m'horrifiait et m'était insupportable. Je craignais qu'il me juge responsable de sa situation et qu'il m'en garde rancœur éternellement. Je priais en silence de voir son état s'améliorer, même légèrement. En rééducation, je demandais à mes kinés s'il avait une minuscule chance de remarcher un jour. Elles me racontèrent le cas d'un patient touché lui aussi à la colonne vertébrale et qui, contre toute attente, s'était remis à marcher. Mais elles refroidirent aussitôt mes espoirs en ajoutant que de tels miracles étaient imprévisibles et qu'il était imprudent de faire le moindre pronostic. Pour tout ce qui concernait les nerfs, ce n'était pas avant cinq à huit mois qu'un diagnostic définitif était envisageable. Nous étions dans ces délais et j'espérais encore.

Quelques semaines après le 7 janvier, je constatai à quelle vitesse la vulgarité avait repris sa place. De retour au journal, je fus scandalisé de la désinvolture avec laquelle certains parlaient de la santé des autres. La politesse que les blessés se témoignaient entre eux était inconnue de ces gens-là. L'impudeur était triomphante, et s'arrogeait tous les droits. Après l'horreur de l'attaque, elle pensait passer inaperçue. Mais nos sens à vif ne savaient plus faire la différence entre la violence et la vulgarité. Tout était devenu violence. Quelques mots maladroits suffisaient à faire vibrer notre carcasse presque autant que les détonations qui nous avaient massacrés.

J'observais, impuissant, à quel point des membres du journal étaient déjà un peu ailleurs. Il était vain de vouloir les rattraper car ils n'entendaient plus personne. Dans la tempête, des amarres avaient été rompues. De puissants courants les emportaient vers le large et il n'y avait plus rien à faire pour eux. Inexorablement ils s'éloignaient du journal, sans même s'en rendre compte.

Un collaborateur déclara de manière définitive et péremptoire : "Simon ne remarchera plus jamais !" De quel droit se permettait-il de prononcer une telle sentence, alors que rien n'était sûr ? De quel droit jetait-il en pâture à la cantonade la santé des autres. Ulcéré par la légèreté de cette affirmation, je lui intimai de fermer sa grande gueule et d'être plus prudent pour évoquer l'état des blessés. La santé, c'est privé, ça ne concerne que les intéressés, et eux seuls sont légitimes pour parler publiquement de leur situation. Ce n'était pas parce que la tuerie du 7 janvier avait eu un retentissement mondial que devait disparaître le droit à l'intimité. Parce que l'intimité de nos vies et de notre santé, il ne nous restait plus que ça.

Simon m'accueillit dans sa chambre. Il y régnait un sympathique bordel d'objets de toutes sortes, offerts par ses amis et ses proches. Il était allongé sur son lit. Il me semblait très seul et je découvrais qu'il était démuni pour effectuer les formalités administratives qui devaient lui permettre d'accéder à des droits et des facilités. Je ne savais pas quels étaient ses rapports avec sa famille, si quelqu'un dans son entourage pouvait l'aider ou pas et je n'osais lui poser la question. Il fallait résoudre au plus vite ces lacunes, au moins pour qu'il se sente soutenu.

Puis il me montra ses jambes. Figées pour toujours, sans espoir de retrouver leur mobilité passée, elles semblaient faire partie du lit après s'être lentement calcifiées, fossilisées. Deux bouts de bois vissés à l'armature métallique du sommier sur lequel il gisait. Puis il me dit "Regarde". Et soudain, comme l'image voilée d'un mirage sur l'horizon, je crus voir une de ses jambes frémir. Il répéta cet effort surhumain avec son autre jambe et je dus admettre ce qui était encore inimaginable quelques semaines plus tôt. Simon bougeait ses jambes. Faiblement, mais elles bougeaient. Durant les semaines et les mois qui suivirent, au prix d'un travail acharné de rééducation, Simon retrouva très lentement l'usage de ses deux membres inférieurs sur lesquels il réapprit à se tenir debout, aidé d'une canne dont il ne se sépare jamais. Après sa sortie de l'hôpital, Simon nous rendit visite au journal. Il était enfoncé dans son fauteuil roulant, et ses jambes tressaillaient et tremblaient comme si un courant électrique les parcourait. Aujourd'hui, au journal, il suffit de tendre l'oreille pour savoir que Simon vient d'arriver. Le cliquetis métallique de sa canne quand elle touche le sol est presque délicieux à entendre quand je repense au jour où il m'accueillit dans sa chambre, paralysé sur son lit.

Les blessés ont du mal à exister. Ils ne sont pas morts et leurs noms ne sont inscrits nulle part. Mais ils ne sont plus les vivants qu'ils étaient avant. Ils errent dans une zone grise, un no man's land où personne ne s'aventure, entre lumière et ténèbres. Les soldats de carrière que nous côtoyions dans nos hôpitaux militaires avaient tout imaginé quand ils avaient signé leur engagement : la mort ou la vie. Mais jamais la blessure.

Le pavillon des estropiés est une île dont la langue n'est compréhensible que par ceux qui ont payé de leur corps pour en apprendre la grammaire. Ils parlent de leur prothèse, de leurs crampes, de leurs plaies, avalent des médicaments contre la douleur, sont glissés dans de gros tubes pour réaliser des scanners, sont opérés, puis réopérés, repassent d'autres radios, changent de pansement, testent des attelles, refont leurs bandages, essaient de nouveaux modèles de mains en plastique, tirent sur des poids, attrapent des ballons qu'on leur lance, posent de la glace sur leurs cicatrices, musclent leurs moignons, font des grimaces pour détendre la peau brûlée de leur visage puis, à la fin de la journée, remontent dans leur chambre, épuisés. Se reposent et le lendemain recommencent les mêmes rituels. Pendant des jours, des semaines et parfois des années.

La douleur est la seule compagne du blessé. Avec le temps, elle devient une maîtresse exigeante et possessive. Une fois qu'elle a mis le grappin sur vous, impossible de s'en défaire. On ne peut pas la noyer, l'étrangler ou la pousser du haut d'une falaise comme dans les romans, quand elle devient trop encombrante. On ne peut assassiner la douleur. Elle vivra plus longtemps que votre corps et quand il sera mort, elle en trouvera un nouveau où elle s'installera. Sans demander votre accord, elle a fait de vous son hôte et prend un malin plaisir à vous surprendre. Un jour c'est ici qu'elle se fera sentir, puis le lendemain ce sera plus bas et, le surlendemain, plus haut. Elle joue à cache-cache, disparaît et se réveille quand vous vous y attendez le moins. La douleur est invincible. On peut, au mieux, lui clouer le bec, la distraire, l'endormir. Mais quand vous avez usé de tous les subterfuges, elle revient à la charge et reprend ses quartiers dans vos entrailles où elle est chez elle pour toujours. Avant de descendre sur les plateaux de kiné pour les séances quotidiennes, je buvais le contenu d'une petite fiole de verre censé diminuer mes souffrances pendant les exercices où mon bras était tiré au maximum de ce qu'il pouvait supporter. Cela s'avéra insuffisant, alors on m'équipa d'un masque sur le nez, pour me faire respirer du gaz hilarant qui devait ramollir mon esprit et rendre les douleurs moins aiguës. Pour une fois qu'on m'autorisait à rire de tout, ce gaz hilarant ne parvint ni à me faire rire, ni à atténuer quoi que ce soit. Malgré les médicaments avalés chaque matin par grappe et le soir par poignée, rien n'y faisait. Comme le ressac de la mer, la douleur revient inexorablement prendre possession de vous. De ce qui est à elle pour toujours.

Au début de mon hospitalisation, alors que mes os en mille morceaux n'étaient pas encore ressoudés, je me sentis glisser inexorablement vers le bord du lit d'où j'allais tomber si je ne faisais rien. J'appuyai sur le bouton qui alerte les infirmières. Trois d'entre elles arrivèrent dans la chambre, saisirent les quatre coins de mes draps et simultanément me hissèrent sur le lit. Le geste fut soudain et brutal et je me retrouvai d'un seul coup au fond de ce drap qui me plia l'épaule. Alors qu'habituellement, pour ne pas bouleverser mes os cassés, j'avais appris à me mouvoir avec la lenteur d'un koala sous valium, cette manœuvre me fit couiner comme un goret qu'on égorge. Ce fut la seule fois où je fus un peu malmené durant mon passage à l'hôpital.

La douleur encombre. La douleur ralentit. La douleur affaiblit. Et puis un jour, la douleur s'en va. Ce jour, le dernier, quand tout s'en ira. En 2004, nous apprîmes la mort de Gébé. Son enterrement fut impressionnant de simplicité. Au bout d'un petit chemin, à l'écart de son village de Seine-et-Marne, derrière les murs en pierre du cimetière, nous nous rendîmes en procession pour l'accompagner. Il y avait un trou. Il y avait un cercueil. Il y avait plein de gens autour du trou. Le cercueil est descendu dans le trou.

Gébé.

Un trou.

La mort.

C'est tout.

On se serait cru dans un de ses dessins.

Tous autour de son cercueil, on aurait presque pu nous entendre penser : "Qu'est-ce qu'on fout là ?"

Tous autour de son cercueil, on aurait presque pu entendre Gébé penser : "Qu'est-ce que je fous là moi aussi ?"

On est restés quelques instants autour du trou. Et puis on est repartis. Pas de musique-classique-cul-serré, pas de poème-à-la-con, pas de prêchi-prêcha inutile. Gébé jusqu'au bout.

VOLEURS DE MORT

On nous demande de parler du 7 janvier. On s'exécute. On raconte à ceux qui sont prêts à l'entendre le déroulement de cette journée. Mais on ne peut relater que sa propre expérience. On ne sait pas ce qu'a ressenti celui assis à quelques mètres de soi. Parce que sa sensibilité et sa fragilité sont différentes. Ou parce qu'il est mort. Il y a autant de 7 janvier qu'il y a de victimes. Nous étions aux côtés les uns des autres mais personne n'a vécu le même 7 janvier.

Il n'est pas aisé de parler de ce qu'on croit être "le" 7 janvier. Pourquoi "mon" 7 janvier serait plus véridique que "ton" 7 janvier ? Quand on parle de cette matinée avec d'autres chanceux sortis vivants de la tuerie, alors qu'on croyait tout savoir, on découvre des détails inconnus. Lui a entendu des bruits et des paroles que vous ne pouviez percevoir, là où vous étiez. Un autre a entrevu les pieds des tueurs. Elle, a tiré sa voisine vers un réduit pour échapper à la vue des assassins. Comme une pieuvre monstrueuse, la violence a déployé ses tentacules dans tous les recoins du journal. Chacun a aperçu l'une de ses extrémités, mais personne n'a pu voir la totalité de la Bête pour la fixer droit dans les yeux.

On est convaincu que son témoignage va être déterminant pour la police. “J’ai vu des choses”, “j’ai entendu des choses”. Croit-on. Mais quand les policiers sont devant vous, et vous interrogent, vous découvrez à quel point vous ne savez rien.

“Combien étaient les assaillants ? Un, deux ou trois ?

— J’ai pas pu les compter.

— Par où sont-ils rentrés ?

— Je sais plus trop.

— Quel type d’arme ont-ils utilisé ?

— J’y connais rien aux armes.

— Qu’ont-ils dit ?

— Ils ont dit un truc mais j’ai pas entendu la phrase en entier.

— À quoi ressemblaient-ils ?

— Il y en avait un qui avait une cagoule, l’autre je ne l’ai pas vu.”

Le témoin n’est le témoin que de sa propre ignorance. On prend conscience de son impuissance. Quand une brebis échappe aux crocs du loup, de quoi se souvient-elle ?

“Combien avez-vous vu de canines ?”

“Avait-il deux ou trois complices ?”

“A-t-il grogné avant de vous mordre ou seulement après ?”

“Est-ce que vous l’aviez déjà vu rôder autour de votre bergerie ?”

“Bêêêêêê”, fait le témoin devant les policiers. C’est tout ce qu’ils obtiendront de lui. Des bêlements de peur et d’ignorance. L’enquête avancera mais sans lui, avec d’autres moyens plus fiables.

En vérité, ceux qui étaient présents dans la salle de rédaction et qui n’ont pas été tués n’ont rien vu ou si peu. En adoptant une position de protection, ils n'étaient plus en mesure de voir ce qui se passait. Celui qui aurait essayé de le faire aurait immédiatement été repéré et éliminé. Recroquevillé sur soi-même, on se blottit contre une cloison, et si on le pouvait, on se glisserait sous la peinture. Comme on se cache entre le mur de l'école et le préfabriqué de sa classe pour s'échapper du monde. On espère se fondre dans le décor comme ces insectes capables d'imiter la texture du tronc d'arbre sur lequel ils se sont posés. On cesse d'être humain, on se métamorphose en cloporte et avec nos antennes on tente de capter ce qui se déroule autour de nous.

On peut ainsi entendre des bruits. Ceux, assourdissants et incessants, des coups de feu, dont on se demande si on aura la chance de les entendre s'interrompre, ou si la mort sera la seule issue pour ne plus avoir à les supporter. On découvre des sons inédits. Des sons qui suggèrent des images. Un frottement, d'abord lent puis qui prend de la vitesse et s'interrompt par un bruit sourd. On devine un siège et son occupant qui s'effondre en frottant contre un mur et, en bout de course, qui percute le sol. On entend des phrases prononcées par des visages qu'on ne voit pas, qui s'adressent à d'autres visages tout aussi invisibles. "Pas les femmes, pas les femmes." Qui dit cela et pourquoi ? La logique de leurs auteurs nous est, à cet instant, encore obscure, et alors que les coups de feu claquent sans arrêt, on ne sait pas si on en sortira vivant pour avoir la réponse.

Car à ce moment qui dure plusieurs éternités, une seule question remplit mon esprit : combien de secondes me reste-t-il à vivre avant de sentir derrière ma tête le choc d'une balle qui fracassera ma boîte crânienne, transformera en bouillie mon cerveau, et ressortira par mon œil ou ma bouche ? Patiemment, j'attends le coup fatal. Comme l'élève qui se prépare à recevoir sur ses doigts le coup de règle de la maîtresse et sait que ce sera désagréable. Encore quelques instants avant la douleur finale. Je terminerai ma vie ainsi. Allongé sur le sol de cette pièce, comme un condamné à mort sur la planche à bascule, la tête coincée dans le carcan de l'échafaud et qui sait que le couperet ne va pas tarder. Ce n'est pas la mort qui arrive, mais mon exécution. Ce n'est pas la maladie ou la vieillesse qui m'emportera mais une sentence prononcée contre ma vie.

Des tirs, encore des tirs et ce à quoi je me préparais frappe enfin. Enfin car je vais savoir si une seule balle suffira ou si d'autres seront nécessaires pour m'achever. Enfin car je vais savoir si je serais touché à un endroit vital comme les poumons et la tête, ou à un autre moins indispensable à la vie. On imagine une pioche brandie vers le ciel, et soudain celui qui la manie la précipite de toutes ses forces vers le sol pour creuser une tranchée profonde dans une terre très dure. Mais il n'y a pas de tranchée à creuser ni aucune terre à fendre avec la pointe de l'outil, car c'est sur mon épaule qu'il s'abat. Un grand coup de pioche asséné par un géant sur le dos d'un nain. Le métal de la balle me percute à plus de sept cents mètres seconde. Le choc est tel qu'à cet instant, je suis convaincu d'avoir été touché par une salve de deux ou trois projectiles. Plus tard, à l'hôpital, on m'indiquera qu'une balle seulement m'avait troué.

La douleur des chairs déchirées est recouverte par une autre plus considérable qui fracasse ma carcasse.

Cette attaque contre mon corps n'est peut-être pas la dernière. Je crains d'autres projectiles comme un deuxième assaut lancé contre la palissade d'un camp fortifié. Combien de temps résistera-t-il avant de céder sous le feu de l'ennemi ? Dès que les portes de la forteresse s'effondreront, ils envahiront mon corps et m'en déposséderont. Plus rien ne pourra me sauver. Ils prendront mes organes, mes os, mon sang, mes yeux, ma tête, mes bras, mes jambes, et par petits morceaux je disparaîtrai inexorablement, découpé, dépecé, vidé, réduit en minuscules copeaux entassés dans un sac en plastique, qu'on jettera à la poubelle comme un tas de déchets. Plus besoin de dessins, plus besoin de dessinateurs pour les réaliser. Plus besoin de moi. Plus besoin de nous. Parce qu'il en a été décidé ainsi.

Le récit détaillé de cette matinée n'est pas destiné à tous. Certains membres des familles des victimes viennent vers nous pour être éclairés sur les circonstances de la mort de leur proche. D'autres au contraire nous demandent de nous taire, incapables d'entendre quoi que ce soit. Le 7 janvier n'appartient à personne. On peut, au mieux, faire le récit de sa propre expérience. Au-delà, c'est plus délicat car on parle inévitablement des autres et de leur destin. Et eux seuls en sont les gardiens. À *Charlie Hebdo*, on dessine seul, chez soi, et en même temps, on ne peut trouver certaines idées qu'en étant tous ensemble autour de la table de la salle de rédaction. Pas de *Charlie Hebdo* sans collectif. Pas de *Charlie Hebdo* sans individualisme non plus. Collectif et individuel, comme le fut le 7 janvier.

Victime, témoin et aussi journaliste. Trois casquettes sur notre tête pour parler du même événement. J'étais conscient, alors que sur le sol j'attendais le coup fatal, que ce qui se déroulait dans cette pièce était inédit, politiquement. Jamais en France un journal n'avait été attaqué ainsi. Dans cette démocratie, un journal se faisait massacrer. Le pays de toutes les libertés voyait dans ses entrailles un acteur d'une de ses libertés fondamentales être anéanti. Je ne savais pas si j'allais sortir vivant de cet endroit, mais j'étais sûr que cela aurait des conséquences colossales, même si je n'avais pas la moindre idée des formes qu'elles prendraient. C'était peut-être la dernière chose à laquelle mon esprit réfléchissait en attendant la fin.

Puis je reprenais le décompte des dernières secondes de ma vie : une seconde, je suis encore vivant. Une autre seconde, je suis toujours vivant. Encore une autre seconde, je ne suis toujours pas mort. J'essayais d'être lucide jusqu'à l'ultime seconde. Avoir l'esprit éveillé jusqu'à la fin serait le meilleur moment de ma vie. Jusqu'au bout, je profiterais du plaisir d'être conscient de mon existence. Ce serait ma décision finale.

Trente ans auparavant, j'avais assisté à la messe d'enterrement d'un grand-oncle. C'était un homme pieux et le prêtre, dans son homélie, salua sa foi profonde. Le prélat relatait qu'au moment où la mort l'étreignait, mon grand-oncle avait prié. Il avait trépassé en égrenant des "Je vous salue Marie, pleine de grâce, vous êtes bénie entre toutes les femmes". Au lieu de partir l'esprit léger, heureux de repenser à tous les moments passés avec sa famille, ses proches et ses amis, ses derniers instants de lucidité furent gâchés par la terreur de la mort. Le prêtre donnait en exemple aux fidèles la piété de cet oncle. Après avoir entretenu en lui la peur de mourir et de finir en enfer, l'Église trouvait grande satisfaction à constater que ce mourant n'avait pas été distrait de ses devoirs de croyant par des pensées trop personnelles.

Après les voleurs de vie, il nous faudrait échapper aux voleurs de mort. Ceux qui tenteraient de tirer profit de notre destin funeste. Les détrousseurs de cadavres, les amis de la dernière heure, et toutes les mouches qui allaient pondre leurs œufs sur nos yeux desséchés. Jusqu'au bout et après encore, quand tout serait fini, il faudrait lutter pour que la disparition de nos corps ne soit pas aussi celle de nos esprits.

LES NAUFRAGÉS

Fin janvier 2015
Après une vingtaine de jours passés à l'hôpital durant lesquels mes plaies se refermèrent, je fus autorisé à rentrer chez moi pour six semaines, temps nécessaire pour que mes os en mille morceaux se ressoudent. Le bras en écharpe, j'arrivai pour la première fois dans cette salle du quotidien *Libération*, qui avait recueilli les débris de *Charlie Hebdo*.

Autour d'une immense table ronde, sur laquelle étaient posés un ou deux ordinateurs, se tenaient debout les membres du journal qui le pouvaient encore, et d'autres personnes venues prêter main-forte. Un peu partout étaient parsemés des objets de toutes formes marqués de l'inscription "Je suis *Charlie*". Des stylos "Je suis *Charlie*", des verres "Je suis *Charlie*", des sachets de sucre "Je suis *Charlie*". Sans compter des caisses de victuailles et de boissons envoyées par des lecteurs généreux. Des tas de crayons de toutes les couleurs faisaient partie de ces cadeaux réconfortants.

Ce décor devait nous convaincre que le journal n'était pas complètement mort. Car malgré les efforts pour donner à cette pièce l'aspect d'une véritable salle de rédaction, j'avais plutôt l'impression d'être sous une tente de secours dressée en urgence par des pompiers pour loger les sinistrés d'une inondation ou d'un tremblement de terre.

Je découvris que désormais, pour se dire bonjour, les gens se faisaient la bise. Ceux qui avant le 7 janvier se serraient la main s'embrassaient dans des effusions inédites. Ce n'était plus une rédaction, ni une chapelle ardente mais une réunion familiale. Ces gestes un peu dérisoires en disaient long sur la détresse qui régnait dans les esprits. Le journal s'était transformé en tribu. Le reconstruire s'annonçait plus compliqué que prévu.

Était-il d'ailleurs réaliste d'espérer voir *Charlie Hebdo* reparaître un jour ? Les absents étaient définitivement absents. Ils ne reviendraient plus jamais. On pouvait croire, furtivement, qu'ils s'étaient éclipsés et qu'ils allaient revenir bientôt. Je n'avais pas pu assister à leur enterrement. Je n'avais pas pu participer aux cérémonies qui actaient leur disparition. Pour moi leur mort n'était pas encore bien réelle. Un jour ils réapparaîtraient parmi nous, comme par enchantement. Ils me semblaient toujours vivants. J'avais encore à l'esprit le son de leur voix, leurs rires, leurs humeurs, leur tempérament, leur caractère, leurs idées, leur logique, leur intelligence. Ce qu'ils avaient été ne pouvait pas avoir totalement disparu. Pourtant, imperceptiblement, par petites touches, leur deuil allait s'imposer à moi.

Ce qu'on appelait "la rédaction" se résumait désormais à une assemblée de journalistes, chroniqueurs, dessinateurs, d'amis, de proches, errant sans but dans les locaux de *Libération*, comme pour se convaincre que le journal existait encore. Mais ces vivants autour de cette table ressemblaient davantage à des fantômes sans manoir, parlant de choses qui s'étaient déroulées pendant mon hospitalisation, très importantes à leurs yeux, mais que je jugeais en silence secondaires. Un décalage apparut lentement entre eux et moi. Je répondais aux questions qu'ils me posaient sur ma blessure, mais je sentais qu'on ne parlait pas de la même chose. Des fractures, il en existait désormais ailleurs que dans les corps. Je pensais revenir dans une rédaction qui parlerait de terrorisme, de fanatisme, d'intégrisme, de caricatures, de satire, de dessins, de liberté d'expression. Tout ce qui nous arrivait découlait de ces questions brûlantes.

Mais visiblement j'avais une longueur de retard. Ces sujets n'intéressaient déjà plus certains collaborateurs que je retrouvais pour la première fois. L'un d'entre eux, qui passait occasionnellement au journal et n'était ni journaliste ni dessinateur, déclamait debout un discours à cette assemblée. Il proclamait qu'il fallait tout reprendre à zéro, faire participer tous les salariés à l'actionnariat en leur distribuant des actions. À un moment il se pencha vers moi et, à voix basse, me demanda sur le ton de la confidence : "C'est vrai que vous encaissez les chèques des dons sur vos comptes personnels ?" Sur le moment je n'ai pas compris la portée de cette question. Les chèques des dons ? Mon compte personnel ? Mais de quoi parlait-il ? Des dons, il en était effectivement arrivé beaucoup. Mais d'autres que moi avaient la lourde responsabilité de les collecter scrupuleusement, ce qu'ils firent de manière exemplaire. Jamais je ne vis de mes yeux un seul de ces chèques, et encore moins ne déposai l'un d'eux sur mon compte ! Quelle idée de penser cela de moi.

Mais surtout quel accueil ! Ce n'était pas celui que j'avais imaginé en remettant les pieds pour la première fois au journal. Je croyais que les épreuves étaient derrière moi et je découvrais que d'autres se profilaient à l'horizon. Ce n'était pas terminé. On allait m'en faire traverser de nouvelles que je n'avais pas du tout envisagées. Je pris alors conscience qu'il se passait quelque chose de très grave. La tuerie du 7 janvier avait fait disparaître trois actionnaires du journal. Le hasard en avait laissé deux en vie. J'en faisais partie et j'eus l'insupportable impression d'être devenu de trop. Cette fois, ce n'étaient pas des terroristes qui me faisaient comprendre cela, mais des membres de mon journal où je travaillais depuis vingt-cinq ans !

Beaucoup de choses que je ne soupçonnais pas s'étaient déroulées pendant mon séjour à l'hôpital. Des réunions, des discussions, des revendications. Sans moi, le monde avait continué de tourner. Sans moi, les esprits avaient continué de ruminer. Malgré leurs kalachnikovs, les deux tueurs fanatiques n'étaient pas parvenus à éliminer tous les membres du journal. Je dus me rendre à l'évidence : avec d'autres armes, celles de la diffamation et de la rumeur, les derniers actionnaires vivants étaient discrètement discrédités pour, au mieux, les obliger à quitter le journal, au pire, les contraindre d'accepter toutes les exigences qu'on allait leur présenter.

Je croyais revenir dans mon journal. J'étais tombé dans un traquenard.

Un autre collaborateur, qui, avant janvier, ne disait jamais rien de très intéressant en conférence de rédaction, se leva à son tour devant la grande table ronde et, dans un monologue laborieux, somma les actionnaires survivants de partager le capital, exigeant lui aussi des actions pour tous. Devant moi éclatait au grand jour, comme des furoncles bien mûrs, la véritable personnalité de ces braves gens : sans la moindre idée éditoriale pour relancer le journal mais affolés par l'argent.

Les deux islamistes avaient attaqué la dimension satirique de notre journal. Avec d'autres fanatiques musulmans, ils avaient voulu réduire au silence un humour incompatible avec leurs dogmes religieux. Et ceux qui avaient l'art et le talent pour créer cet esprit satirique venaient d'être assassinés. En ce mois de janvier 2015, les rares personnes encore vivantes et compétentes à *Charlie Hebdo* pour produire de la satire se comptaient sur les doigts de la main et étaient dans une détresse psychologique telle qu'il était impossible de leur demander de s'investir dans le journal comme auparavant. La vérité, c'est qu'il ne restait presque plus personne dans cette rédaction jonchée de débris pour faire vivre à nouveau l'esprit satirique du journal.

Or, *Charlie Hebdo* devait ressortir coûte que coûte, car c'était la seule contre-attaque à mener contre ceux qui avaient voulu sa mort. Mais comment ressortir un journal satirique, capable de brandir à nouveau son humour si particulier, quand plus personne n'est en mesure de le produire ? Ces questions, fondamentales pour l'avenir, n'intéressaient visiblement pas ces tribuns improvisés qui depuis une demi-heure ne parlaient qu'actions et redistribution des actifs. Grâce à sa notoriété soudaine, *Charlie Hebdo* venait d'être transformé en marque internationale, et ces beaux parleurs semblaient penser que tout ce qui serait désormais imprimé sous cette bannière serait miraculeusement digne de l'esprit satirique du journal. Cette configuration à peine croyable grisait leurs esprits, autant que la masse d'argent démentielle qui arrivait de nulle part. Mais les circonstances exceptionnelles n'ont pas le pouvoir de transformer les citrouilles en carrosses. Au contraire, elles mirent cruellement en lumière l'insignifiance et la vacuité. Les tragédies sont comme les tempêtes : à marée basse, elles dévoilent rarement des trésors mais plus souvent des épaves.

La triste réalité est qu'aucun de ces bateleurs n'était capable de concevoir, de penser et de produire quoi que ce soit de satirique qui mérite d'être publié sous l'enseigne *Charlie Hebdo*.

Ce qui restait du journal, c'était une assemblée d'écorchés vifs, d'âmes perdues, et cette poignée d'égarés qui avaient la prétention de le refonder. Quelques semaines auparavant, quand ils avaient en face d'eux, bien vivants, Charb, Cabu ou Bernard Maris, aucun n'avait jamais osé réclamer qu'on leur confie des responsabilités. Et encore moins des actions. C'est par des éclats de rire que de telles requêtes auraient été accueillies. Mais en ce mois de janvier 2015, ceux qui avaient fondé et bâti ce journal avaient disparu. Je dus supporter ce triste spectacle lors de mon premier passage à la rédaction. La disparition des victimes du 7 janvier commençait à devenir pour moi bien réelle. Ils nous ont manqué pour un milliard de raisons. Mais aussi pour celle-là : faire taire ces figurants qui se croyaient à leur niveau et pensaient profiter du vide laissé par leur perte pour jouer un rôle qu'ils n'avaient jamais espéré avant janvier 2015.

Pendant des mois et des années, des déséquilibres s'étaient développés au sein de la rédaction et nous avaient échappé. Et voilà qu'une tragédie nous enlevait les piliers du journal et faisait apparaître ses lacunes profondes. Nous avions fait entrer dans la rédaction de nouveaux collaborateurs, pour démentir le reproche souvent fait à *Charlie Hebdo* de ne pas être suffisamment ouvert. La nature satirique du journal semblait si évidente qu'on n'avait jamais imaginé qu'elle puisse disparaître un jour. Mais on peut accueillir cinquante nouveaux collaborateurs pour donner une image ouverte du journal, si aucun d'eux ne sait produire de la satire, cela ne le renforce pas mais au contraire l'affaiblit.

Le 7 janvier mit en lumière ce problème colossal. Ceux qui tambourinaient à la porte de l'actionnariat usaient de tous les subterfuges pour faire pression sur les actionnaires survivants. La vente à près de 6 millions d'exemplaires du "numéro vert" avait engendré une trésorerie considérable. De quoi faire tourner les têtes. Il était pourtant tellement évident que cet argent ne devait avoir qu'une seule finalité : permettre au journal de repartir. Et rien d'autre. C'est ce que je leur dis très clairement dès le mois de janvier. Mais ce vœu pieux, je n'aurais pas risqué de parier qu'il était celui des agités que j'avais en face de moi. Je n'avais aucune garantie que ceux qui gémissaient pour devenir actionnaires, une fois entrés dans le capital, ne s'en seraient pas retirés un an plus tard, ce qui aurait obligé la société éditrice à leur payer la valeur de leurs actions devenue entre-temps astronomique, du fait de la trésorerie exceptionnelle. Non vraiment, je n'aurais pas pris le risque de faire ce pari.

En ce début d'année 2015, je dus revoir le jugement que j'avais sur certains collaborateurs. On peut vivre et travailler pendant des mois aux côtés de personnalités et mal les évaluer. Il y a des malentendus qui peuvent durer des années. À la manière de ces tourtereaux qui se passent la bague au doigt sur un coup de tête et divorcent un an après, aussi vite qu'ils s'étaient mariés. Quand les épreuves de la vie commune révèlent la fragilité de leur union, et font voler le couple en éclats. Le traumatisme de l'attentat, associé à cette montagne d'argent tombée sur nos têtes, dévoila brutalement la superficialité de la relation que certains collaborateurs avaient avec *Charlie Hebdo*. Ils crurent que le 7 janvier fabriquerait les liens profonds qu'ils n'avaient pas réussi à tisser avec le journal durant les années précédant le drame. On découvrait ceux qui étaient attachés viscéralement à *Charlie Hebdo* et les autres, dont le passage au journal ne serait qu'une ligne de plus sur un *curriculum vitæ*. Le temps a fait ensuite son travail d'érosion, inexorable et impitoyable. Ils sont partis, les autres sont restés.

En plus de toutes les épreuves que le 7 janvier nous infligea, il nous a fallu surmonter celle-ci, cruelle et perverse, qui n'aurait jamais dû exister. Comme si notre journal n'avait pas été suffisamment éprouvé, elle a contribué à l'affaiblir encore plus au lieu de l'aider à se relever, et dégradé la confiance au lieu de la renforcer, au point de se demander si *Charlie Hebdo* n'allait pas disparaître corps et biens. Dans une telle hypothèse, la question de savoir ce qu'allait devenir l'argent du journal se serait posée. Qu'aurait-il fallu faire de ces sommes si *Charlie Hebdo* avait disparu ? Les distribuer à toutes les victimes ? Cette question permet de mieux comprendre les agissements de certains. Quatre ans après, j'ai dû me résoudre à admettre qu'au sein même du journal la disparition de *Charlie Hebdo* en aurait satisfait plus qu'on ne l'imagine.

Depuis sa reparution en 1992, la légitimité des actionnaires de *Charlie Hebdo* avait reposé sur leur expérience et leur connaissance du journal. Il faut du temps pour comprendre comment fonctionne un journal et celui-ci en particulier. Du temps pour comprendre les subtilités de sa ligne éditoriale, du temps pour connaître son histoire et les équilibres politiques qui le font tenir debout.

Il faut aussi du temps pour apprendre à le concevoir. Du temps pour apprendre à trouver la bonne répartition entre la place donnée aux dessins et celle accordée aux textes. Du temps pour apprendre à délimiter ce qui relève de la satire, ce qui relève de l'analyse et ce qui relève du journalisme.

En 2008, on nous fit, à Charb et moi, la proposition d'entrer dans le capital du journal. Seize ans et demi après y avoir débuté. Durant toutes ces années, je n'ai jamais demandé à devenir actionnaire car j'avais entièrement confiance dans ceux qui l'étaient depuis 1992. Jamais je n'aurais eu la prétention de penser que j'avais ma place parmi eux. Quand, à la fin de l'année 2008, on nous annonça le départ de Philippe Val, je finis par accepter d'en faire partie. Mais je demandai à Bernard Maris et à Cabu, qui voulaient aussi céder leurs parts, d'y rester. Je leur proposai de conserver au moins une action pour qu'ils soient avec nous pendant les assemblées d'actionnaires. Leur présence me rassurait car, même si notre conception du journal était identique, et même si j'avais travaillé exclusivement pour *Charlie Hebdo* depuis plus de seize ans, je n'en menais pas large au moment d'assumer cette nouvelle responsabilité.

Aussi, les revendications claironnées en janvier 2015 par des collaborateurs présents dans les pages du journal depuis seulement trois ou quatre ans me semblaient aussi incongrues qu'illégitimes.

Pour pallier leur manque de crédibilité éditoriale, ils développèrent l'idée que la tragédie avait créé une nouvelle légitimité. À celle issue de l'expérience, ils voulaient substituer une légitimité issue de la souffrance. Tous avaient effectivement souffert. Et selon eux, cela suffisait à les rendre compétents pour concevoir un journal satirique. Ils espéraient tirer profit de la situation angoissante dans laquelle étaient plongés les membres de la rédaction, en faisant miroiter que leur entrée dans l'actionnariat résoudrait tous leurs problèmes. Théorie dont le cynisme démontrait que, derrière les postures larmoyantes, les stratégies fonctionnaient à plein régime.

Durant les semaines qui suivirent le 7 janvier, une partie de la presse se gargarisa des convulsions qui secouaient notre rédaction ensevelie sous les gravats. Le journal se débattait pour sa survie et, sur la berge, de fins observateurs contemplaient notre détresse : combien de temps vont-ils encore tenir ? *Charlie Hebdo* va-t-il couler ? La fin du journal serait l'occasion de rédiger de beaux articles pleins de compassion et de larmes de crocodile : "Le destin a été plus fort qu'eux", "*Charlie* emporté par le drame", "*Charlie* : clap de fin", etc. Dans la tête de certains, les belles nécros pour la disparition du journal étaient déjà prêtes. Ils devraient attendre encore un peu. Que le journal fasse seize pages, douze pages, huit pages, ou seulement quatre, *Charlie Hebdo* continuerait coûte que coûte. Indestructible, même imprimé sur une feuille de PQ.

Pourtant l'année où *Charlie Hebdo* faillit bien disparaître ne fut ni 2014 ni 2015, mais 2009. À la fin de l'année 2008, les ventes du journal s'écroulèrent soudain après le déclenchement de ce qu'on appela "l'affaire Siné". L'éviction du journal de ce dessinateur provoqua en quelques semaines une hémorragie de 30 000 lecteurs et d'abonnés mécontents. Cet effondrement du lectorat entraîna aussitôt un manque à gagner pour le journal qui, dès les premières semaines de 2009, commença à perdre de l'argent. Après le départ de Philippe Val, en avril 2009, Charb et moi, nous nous retrouvions à la tête d'un journal qui coulait. Il ne restait pas plus de 300 000 euros de trésorerie alors que chaque mois le journal en perdait 100 000. Il fallut contracter en urgence un prêt de 800 000 euros, qui furent utilisés pour négocier une série de départs afin de diminuer drastiquement la masse salariale, imprudemment gonflée les années précédentes. Cet emprunt fut obtenu *in extremis* car, en 2009, la crise financière s'abattit sur le système bancaire mondial et rendit les banques extrêmement frileuses. On nous informa qu'elles avaient reçu pour consigne de ne plus prêter d'argent à trois types d'entreprises à l'économie trop fragile : les entreprises du BTP, les maisons d'édition et les sociétés de presse. C'est donc sur le fil du rasoir que cet emprunt providentiel fut obtenu. Quelques semaines plus tard, ce n'aurait plus été possible et *Charlie Hebdo* se serait retrouvé sans aucune marge de manœuvre financière. Cet argent frais permit de réorganiser le journal et de réduire ses coûts. Année après année, la dette du journal se résorba. À la fin de l'année 2009, la dette du journal s'élevait à 1 417 697 euros. À l'automne 2014, elle n'était plus que de 197 515 euros. En cinq ans, la dette avait été divisée par sept. Nous décidâmes alors de lancer une souscription qui rapporta 251 261,68 euros et permit de solder le reliquat de pertes et de terminer l'année à l'équilibre. L'année 2014 s'achevait sur un bilan positif de 20 999 euros. La première année à l'équilibre depuis 2008. Le dernier virement à la banque pour rembourser l'emprunt de 800 000 euros contracté en 2009 fut effectué le 3 janvier 2015. Au matin du 7 janvier le journal n'avait plus aucune dette. Voilà la réalité des chiffres de la situation du journal à cette époque.

Il faut avoir à l'esprit que ce redressement fut réalisé sans l'aide d'aucune subvention publique, d'aucune ressource publicitaire, ni d'aucun appui financier d'un groupe de presse, puisque *Charlie* est un journal indépendant à 100 %. Pour soutenir le redressement des comptes, les dirigeants et les responsables de la rédaction acceptèrent de baisser leur salaire, alors que le niveau des rémunérations des salariés fut maintenu.

Pourtant, au lendemain du 7 janvier, il s'est trouvé des plumes dans la presse pour ironiser sur la situation financière de *Charlie Hebdo* en 2014. Selon eux, *Charlie Hebdo* devait mourir, de toute façon. Si ce n'était par la main du terrorisme, ce devait être par celle de l'économie. C'était notre destin.

Raisonnement d'autant plus ignoble qu'il fut diffusé dans des journaux maintenus en vie depuis des années par la publicité, les subventions publiques et des actionnaires milliardaires. S'il avait fallu appliquer à ces journaux les règles que *Charlie Hebdo* s'était imposées depuis 1992, c'est-à-dire de vivre exclusivement grâce à l'achat du journal par ses lecteurs, sans pub ni subventions, 95 % de ces titres de presse seraient morts depuis belle lurette. Et ce bien avant *Charlie Hebdo*.

Cette période difficile nous obligea, Charb et moi, à avoir le nez davantage dans les comptes que dans la rédaction. Plus un journal a des difficultés financières, moins sa ligne éditoriale est novatrice. C'est un cercle vicieux car ce manque d'audace déçoit les lecteurs et accentue leur désaffection. Et moins il y a de lecteurs, moins on ose prendre de risques éditoriaux.

Pour nous, ces cinq années entre 2009 et 2014 furent des années gâchées. Nous n'avons pas pu faire évoluer le journal comme nous l'aurions souhaité. Ces cinq années ne furent pas les années auxquelles nous avions rêvé. Ces cinq années furent des années de merde.

Ceux qui pensent que l'attentat fut providentiel pour *Charlie Hebdo* ne savent pas de quoi ils parlent. Ils ne savent pas ce que faire un journal satirique indépendant, sans pubs et sans subventions, signifie. Car maintenir l'indépendance d'un journal est une ambition qui peut sembler démesurée voire prétentieuse de la part d'une poignée de dessinateurs et de rédacteurs, alors que la quasi-totalité des publications en France appartient à des groupes. À la fin 2014, le journal avait besoin de 2 000 à 3 000 lecteurs de plus, ce qui n'était pas hors de portée. En 2015, nous devions mettre en œuvre des campagnes promotionnelles pour attirer ces quelques lecteurs manquants. Une société avait travaillé avec nous toute l'année 2014 sur ces projets et avait accepté de ne se faire payer qu'après avoir atteint 3 000 lecteurs de plus. Les événements ne permirent pas de vérifier si cette stratégie aurait produit les effets escomptés. Si l'attentat n'avait pas eu lieu, le journal avait encore les ressources pour continuer, peut-être différemment, mais il ne serait certainement pas mort en 2015 comme le prétendirent les langues de pute de janvier.

Tout semblait donc se liguer contre *Charlie*. De retour à l'hôpital pour ma rééducation, je ne pouvais qu'observer les menées organisées pour le déstabiliser. Après une journée épuisante à tirer mon bras en tous sens pour lui redonner un peu de mobilité, je recevais des coups de téléphone de collaborateurs inquiets qui me demandaient de revenir au plus vite. J'étais en pyjama, l'infirmière venait de reprendre mon plateau-repas, j'avais dégusté une délicieuse tranche de jambon accompagnée de coquillettes savoureuses. Je finissais ma dernière biscotte recouverte d'une succulente portion de camembert industriel, et ils voulaient que je me présente le lendemain matin au journal pour reprendre en main ce bordel très bien organisé par deux ou trois connards.

Quand, après quatre ou cinq mois de rééducation, je pus enfin revenir, je m'adressai à l'assemblée des collaborateurs présents en leur disant que, désormais, les compteurs étaient remis à zéro. Toute l'équipe était fatiguée et avait fait de son mieux pour sauver le journal, et je me refusais à juger les uns et les autres. Je n'avais jamais répondu publiquement aux différentes allégations distillées contre moi et je n'allais pas commencer à le faire maintenant. Mais je n'étais dupe de rien.

Au cours des mois qui suivirent, une partie de la presse s'inquiéta des départs de quelques collaborateurs. Comme si leur présence dans la rédaction était un gage de bonne santé du journal, et leur départ, la preuve de sa mauvaise santé. On venait de perdre des pointures comme Cabu, Charb, Bernard Maris, Honoré, Wolinski, Tignous, Elsa Cayat, Mustapha, et la presse mettait sur le même plan nos disparus et des collaborateurs qu'avant janvier 2015 elle n'avait jamais remarqués.

On pouvait lire dans quelques magazines des descriptions peu flatteuses des orientations que nous prenions. Je savais très bien d'où venaient ces commentaires fielleux. Du journal lui-même. Tous les jours, nous recevions des cadeaux touchants de lecteurs des quatre coins de la France. Et dans le même temps, tous les jours, nous étions frappés dans le dos à coups de poignard par des membres du journal qui abreuvaient leurs copains journalistes des autres médias de saloperies sur notre compte. Et auxquels il fallait dire bonjour poliment chaque matin au journal.

C'était très déplaisant. C'était aussi irresponsable. Car aveuglés par leur cynisme, ces personnages étaient incapables de comprendre que la violence que j'avais subie ne demandait qu'à se retourner contre quiconque chercherait à m'abîmer. Leur médiocrité était telle qu'ils ne méritaient pas que je finisse devant une cour d'assises pour les avoir liquidés de mes propres mains, comme je me délectais de l'imaginer, chaque fois que j'avais connaissance des ragots qu'ils propageaient contre nous. Le récit qu'on me faisait de leurs manœuvres me submergeait d'une bouffée de violence qui me faisait bouillir de rage au point qu'un voile trouble brouillait ma vue. En ces instants furtifs et soudains, j'aurais pu faire n'importe quoi. N'im-porte-quoi ! Ils n'avaient pas l'air de comprendre par où j'étais passé. Ils n'avaient pas l'air de comprendre que les troubles post-traumatiques pouvaient métamorphoser un caniche en hachoir à viande. Ils jouaient avec ce journal auquel j'avais consacré vingt-quatre ans de ma vie. Ils jouaient avec ce journal auquel les morts du 7 janvier avaient consacré vingt-quatre ans de leur vie. Ils jouaient avec nos vies. Ils jouaient avec ma vie. Ils n'ont pas compris à côté de quoi ils sont passés. Il ne faut pas jouer avec ce journal. Il ne faut pas jouer avec ma vie. Il ne faut pas jouer avec la mort des copains. Il fallait qu'ils s'en aillent. Ils sont partis. C'est ce qui les a sauvés. Je ne finirai donc pas derrière des barreaux pour le restant de mes jours. Et eux dans un trou.

Deux mois seulement après le 7 janvier, un des brillants animateurs de cette mascarade infâme s'exprima dans ces termes devant la rédaction médusée : "Le temps des larmes est terminé." L'heure était venue, selon lui, de passer aux choses sérieuses, c'est-à-dire à l'ouverture de l'actionnariat.

"Le temps des larmes est terminé" : il fallait oser prononcer ces mots soixante-dix jours à peine après le 7 janvier ! Les témoins présents au moment de cette déclaration d'une abjection inimaginable ne pourront ni l'oublier ni jamais la pardonner. Au sein même de ce pauvre journal, nos peines et nos traumatismes furent contraints de cohabiter avec l'ignoble. À une autre époque, en d'autres lieux, je n'aurais pas eu d'état d'âme à régler ces choses-là d'une manière moins civilisée : derrière un tas de bois et en silence.

Ces épreuves, en plus de toutes les autres, confirmaient l'impression que j'eus, le jour de mon retour au journal. Derrière l'apparente unité de la rédaction, derrière les embrassades un peu trop démonstratives, quelque chose avait disparu. Nous n'étions plus sur un pied d'égalité. Il était absurde de dire "nous" à propos de tous les collaborateurs vivants car certains avaient traversé des épreuves que les autres n'imaginaient pas. Il était vain de chercher à le faire comprendre à cette assemblée. Pour maintenir la cohésion de la rédaction, je préférais me taire. Car on sentait, à fleur de peau, une concurrence des victimes. Certains s'autoproclamaient "rescapés" alors qu'au moment de l'attaque, ils se trouvaient à des centaines de kilomètres des locaux du journal et qu'à aucun moment leur vie n'avait été en danger.

Quelle satisfaction peut-on éprouver à être "rescapé" de quoi que ce soit ? En vérité, quand on sort d'une telle épreuve, on n'est rescapé de rien. On n'est survivant de rien. On existe ou on n'existe pas. On est vivant ou on est mort. Et puis c'est tout.

Quel sens y a-t-il à revendiquer d'être vivant par hasard ? On ne peut juger de sa vie à l'aune d'une hypothèse. Sinon, n'importe qui peut s'imaginer "rescapé" de quelque chose. "Rescapé" du 11 Septembre, si j'étais parti en vacances à New York cette semaine-là. "Rescapé" du virus Ebola, si j'avais voyagé en Guinée. "Rescapé" d'Hiroshima, si j'étais né au Japon quatre-vingt-dix ans plus tôt. Que dire devant un tel étalage de bêtise ? Il n'y avait rien à répondre. Seulement observer ces naufragés qui, telles des épaves fracassées sur les récifs, disparaissaient un peu plus à chaque nouvelle vague.

Quelques mois plus tard, lors d'une réunion pour régler des problèmes juridiques, un avocat se mit devant moi à parler des "trois blessés" de *Charlie*. "Les trois blessés" par-ci, "les trois blessés" par-là. J'en fus très étonné car de blessés au journal, il y en avait quatre. Et j'en faisais partie. Et lorsqu'il égrenait leurs noms, le mien était absent. Quelque temps après, ce même avocat me demanda de renoncer aux indemnités auxquelles j'avais droit pour augmenter la part des autres. Il semblait considérer que je n'étais pas blessé aussi gravement qu'eux, et que donc je ne méritais rien. Mais d'où tirait-il une telle légitimité pour juger ce que j'avais vécu et ce que mes souffrances valaient ? Je n'ai rien répondu. J'aurais peut-être dû. Mais si je l'avais fait, cela aurait été si violent qu'il ne m'aurait plus été possible de travailler avec cet individu. Les circonstances ne me l'autorisaient pas. Une fois de plus, j'ai fait silence en me disant que l'intérêt du journal passait avant ma susceptibilité.

Cet avocat avait tous les culots. J'appris un jour qu'il espérait obtenir une médaille. Un truc comme la Légion d'honneur. Il fallait se tenir les côtes pour ne pas exploser de rire devant une telle vanité. On m'avait proposé aussi une médaille, celle de chevalier des Arts et Lettres. J'avais décliné cette offre qui voulait m'honorer de je ne sais quoi, mais qui en réalité me mettait profondément mal à l'aise. Décoré pour quelle raison ? J'étais vivant par hasard et je n'avais sauvé personne. Je ne me sentais pas le courage d'accepter cette proposition, trois mois après le massacre de mes amis. Devant leur mémoire, c'est au contraire la honte qui m'aurait envahi.

Cet avocat, lui, n'avait pas ce genre de réticence. Rien ne semblait l'arrêter. En réunion, y compris devant un blessé comme moi, il ne se gênait pas pour se plaindre de sa situation psychologique fragilisée par le 7 janvier. Fragilisée, on se demandait bien en quoi. Chaque fois qu'on le voyait, il racontait ses séances chez son psy pour l'aider à surmonter ses petites misères.

Je n'ai jamais répondu à cet étalage d'obscénité narcissique. J'ai misé sur le temps qui passe. Le temps a passé. Et puis un jour, il a disparu de la circulation.

Ceux qui auraient voulu voir mourir *Charlie Hebdo* espéraient que l'argent achève de le désagréger. Parler dans la presse de l'argent de *Charlie* était une manière habile de ne plus parler des causes du 7 janvier. L'argent était une bonne occasion de montrer *Charlie* du doigt et de le faire passer du statut de victime à celui de coupable. Et de faire oublier la lâcheté de ceux qui nous avaient méprisés quand nous avions publié les caricatures en 2006.

Il est vrai que l'argent aurait pu perdre le journal. Tout était devenu anormal. Ce qu'on avait subi était anormal. La masse de problèmes à résoudre pour remettre sur pied le journal était anormale. Les ventes du numéro de janvier, à près de 6 millions d'exemplaires, étaient anormales. Le nombre d'abonnés était anormal. Et les sommes d'argent qui arrivaient aussi étaient anormales. Toutes les victimes d'attentat font des efforts surhumains pour retrouver une vie normale. Comme elles, nous cherchions à retrouver une vie normale, alors qu'autour de nous rien ne l'était.

Le spectacle de quelques collaborateurs du journal déboussolés par l'argent était affligeant. Car travailler dans un journal satirique comme *Charlie Hebdo* exige un minimum d'éthique si on veut conserver un semblant de crédibilité auprès de son lectorat. Si l'utilisation de cet argent obtenu dans des conditions abominables avait été suspecte, comment aurions-nous pu continuer de critiquer et de caricaturer les autres ? *Charlie Hebdo* ne pouvait pas revenir devant ses lecteurs, se présenter devant les innombrables qui l'avaient soutenu, en trahissant leur confiance. Qui aurait eu l'obscénité de s'approprier ne serait-ce qu'un euro de cet argent généré par le massacre de nos copains ? Celui qui aurait essayé de le faire aurait non seulement sali nos morts mais aussi détruit la légitimité de notre journal. Celui qui aurait imaginé profiter personnellement, même d'une infime partie de cet argent, aurait trahi les engagements qu'en 2015 nous avions pris selon lesquels les actionnaires ne toucheraient jamais un centime des sommes engendrées par les ventes de cette année. Celui qui aurait tenté le contraire se verrait immédiatement contraint de quitter le journal et de disparaître à jamais.

Cette évidence ne fut pas si évidente pour tout le monde. J'eus parfois l'étrange intuition que l'argent fait baver non seulement certains politiciens et hommes d'affaires peu scrupuleux, mais aussi quelques détenteurs de la carte de presse. Comme si, à force de dénoncer les scandales et les affaires, ces journalistes se sentaient frustrés de ne pas en profiter à leur tour. “Et moi, je n’ai droit à rien ?” semblent dire parfois les auteurs des articles de presse qui dénoncent la corruption et les trafics.

Pour mettre fin à ces débats, il fallait sanctuariser définitivement cet argent infernal qui rendait fous les cerveaux les plus vulnérables. Dans un premier temps, *Charlie Hebdo* adopta les tout nouveaux statuts d’entreprise solidaire de presse qui réduisaient considérablement la distribution de dividendes. Dans un deuxième temps, ils furent renforcés par des dispositions qui interdisaient l’utilisation de la totalité des revenus de l’année 2015 pour rémunérer les actionnaires, et les réservaient exclusivement à l’activité du journal, conformément aux engagements que les actionnaires survivants avaient pris au lendemain de l’attentat auprès des pouvoirs publics, des lecteurs et des familles des victimes.

“Qu’auraient-ils fait ? Qu’auraient-ils dit ?” Souvent, je songeais aux disparus qui avaient été actionnaires avec moi, et me demandais ce qu’ils auraient pensé de mes décisions. J’espère que mes choix ne leur ont pas fait honte.

OÙ ES-TU ?

Et si Charb avait été là ? La question est incongrue. Pourtant je me la suis souvent posée, car Charb m'a tant manqué pour faire face à ce chaos. Non pas que les autres disparus m'auraient moins soutenu, mais parce qu'on avait partagé tous les deux la direction du journal et que je savais d'expérience comment il raisonnait face aux difficultés. Charb était d'une détermination et d'une abnégation sans faille pour le journal. Travailler dans une publication comme *Charlie Hebdo* avait été son seul but dans la vie. Il l'avait atteint et, lui vivant, personne ne toucherait un cheveu de ce journal. Il m'a cruellement manqué pour mettre au pas les bras cassés qui voulaient profiter du vide laissé par la mort des copains pour jouer un rôle trop grand pour eux. Car il n'avait pas d'état d'âme à taper du poing sur la table quand les bornes étaient dépassées.

Et puis un jour il est venu me donner un coup de main. Dans un de ces rêves étranges, comme d'autres que je fis durant cette période, je le vis faire son retour parmi nous. Le journal était toujours installé rue de Turbigo, c'est-à-dire dans un lieu qui correspondait à une période où rien de grave n'était encore survenu. Mais par un anachronisme déconcertant, dans ce rêve, la rédaction était composée des membres qui l'avaient rejoint, après le 7 janvier. Et voilà que la porte s'ouvre et que Charb apparaît. La sensation de revoir en songe un proche disparu est indescriptible. On l'empoigne par les bras pour s'assurer qu'il est bien réel, pour le réconforter et lui redonner la place qu'il a laissée vacante, comme un fils prodigue qui revient au foyer. Je lui expose notre situation, nos difficultés et je commence à lui expliquer tout le boulot qu'il va devoir faire pour m'aider. À peine revenu des ténèbres, voilà que je le replonge dans le chaudron bouillonnant du journal. Mais il réagit peu à mes sollicitations, comme s'il ne m'entendait pas, comme s'il ne me voyait pas, et le désespoir m'envahit et m'emporte dans les méandres obscurs de la nuit. Où es-tu mon vieux ? Toi qui n'avais peur de rien ni de personne.

Charb m'a étonné la première fois que je l'ai vu. C'était à *La Grosse Bertha*. Je passais une fois par semaine déposer des dessins mais je ne m'y attardais pas car j'étais intimidé par la présence de figures comme Gébé ou Cabu. Je les avais découverts dans les pages de *Pilote* quand j'étais gosse et, d'un seul coup, ils étaient là, devant moi, en chair et en os, et je pouvais mettre sur leurs dessins silencieux leur rire que pour la première fois j'entendais. À leur côté, un petit bonhomme au visage juvénile surmonté de grandes lunettes épaisses leur parlait comme s'il les connaissait depuis des années. C'était Charb. Malgré son jeune âge, Charb était très à l'aise avec ces monuments du dessin satirique. Alors que je rasais les murs, lui était comme un poisson dans l'eau en compagnie de ses idoles.

Charb avait toujours voulu devenir dessinateur de presse. C'était ça ou rien. Assis à leur table, il était à sa place. Au début de *La Grosse Bertha*, Charb était encore pion dans un lycée de Pontoise. Pour mettre l'auditoire dans sa poche, il avait toujours une anecdote loufoque à raconter. À cette époque, la banlieue pouvait encore faire rire. Charb nous parlait des élèves qui le faisaient chier et qu'il faisait chier à son tour, de ceux qui ne foutaient rien, des profs trouillards, et de ses astuces pour maintenir l'ordre dans la salle d'étude qu'il devait surveiller. Avec Charb, tout devenait drôle. Pourtant, derrière cet humour implacable se cachait un esprit plus sombre. Charb était d'une lucidité qui semblait parfois l'aspirer vers le pessimisme voire une forme de nihilisme. Il semblait lutter contre ces deux trous noirs et s'astreignait à trouver encore quelque chose à sauver dans cette société. Malgré sa clairvoyance impitoyable, il ne se résignait pas à tirer un trait sur tout.

Par antimilitarisme, il avait réussi à se faire réformer aux trois jours. Il avait usé d'un subterfuge que lui seul pouvait inventer. Devant l'examinateur, il avait endossé le rôle du gars qui voulait absolument faire son service militaire. Mais chaque fois qu'il finissait une phrase, il ajoutait "Maman sera contente". Après avoir entendu ce candidat lui répéter trois ou quatre fois que "Maman sera contente", l'examinateur fut saisi de panique et dut se dire : "Qu'est-ce que c'est que ce taré ?" Charb fut réformé immédiatement et ne fit donc pas son service militaire.

Charb avait une patience de moine soldat. Il était capable de supporter plus longtemps que les autres la désinvolture de certains collaborateurs, car il espérait toujours que les choses finiraient par s'arranger. C'était son côté optimiste qui prenait le dessus. Mais arrivé au bout de ses réserves de bienveillance, il pouvait s'emporter sans ménagement. Au contraire de moi qui pensais qu'il fallait mettre un coup d'arrêt dès qu'un problème apparaissait, Charb repoussait l'échéance déplaisante de dire "non". La seule différence entre nous deux, c'est que lui attendait le dernier moment pour le faire. Au bout du compte, le résultat était le même.

Un jour, Charb a vraiment pété les plombs contre un gars du journal qui abusait. Il pensait que Charb serait comme d'habitude compréhensif. Grave erreur. À bout de patience, Charb lui hurla dessus et déversa sur sa tête un tombereau d'insultes encore jamais entendues dans sa bouche. Une collaboratrice commença à pleurer, tant ce fut violent. Le gars que Charb venait d'occire resta sans voix. Il n'avait jamais imaginé que Charb lui parlerait un jour ainsi. Sidéré, sans dire un mot, il prit ses affaires, quitta le journal et on ne le revit pas avant quinze jours.

Une sorte de malentendu existait entre Charb et ceux qui se croyaient proches de lui. Ils pensaient que Charb était leur pote quoi qu'il arrive, quoi qu'ils fassent. Que Charb était tellement sympa qu'il leur passerait tous leurs caprices. Mais l'amitié et la sympathie ont leurs limites. Charb a été d'une indulgence avec certains, qui ne la lui ont pas toujours rendue. La triste vérité, c'est que beaucoup de ceux qui grenouillaient autour de lui ne le méritaient pas. Ne lui arrivaient pas à la cheville. C'est seulement l'infinie capacité d'adaptation de Charb qui donnait à ces courtisans l'illusion d'être à sa hauteur. Si Charb n'avait dû fréquenter que des types de sa trempe, il se serait retrouvé bien seul. Sa personnalité si forte et si rare aurait fait le vide autour de lui. Mais ce n'était pas sa nature. Il n'était finalement pas si pessimiste que ça. Il espérait toujours que les gens avaient bon fond. Il fut parfois contraint de constater qu'il s'était trompé.

Le style de Charb était reconnaissable entre tous. Son dessin était d'abord une écriture et son trait, au service de son propos. À ses débuts, il représentait des quidams dont le visage semblait avoir été écrasé dans un casse-noix. Comme si Charb avait brisé lui-même la gueule de ses personnages, leur infligeant des trognes déformées par leur propre bêtise. Un esprit con dans une tête de con, ainsi étaient ses premiers personnages, parfaits contraires d'un esprit sain dans un corps sain.

Il dessinait les femmes comme personne. Ou plutôt comme personne n'osait le faire. Elles étaient souvent femmes au foyer, et entre leurs jambes épaisses de varices coulait une énigmatique goutte. Allez savoir pourquoi entre les jambes.

Avec le temps, ses dessins qu'on aurait crus crayonnés à coups de batte de base-ball se raffinèrent. Non pas qu'ils devinssent moins drôles, mais Charb – même s'il s'en serait peut-être défendu – apprit l'art de la nuance. Les dessins "coups-de-poing-dans-la-gueule" atteignent vite leurs limites. Les dessins subtils sont plus difficiles à concevoir, mais ils sont les plus pertinents car ils intègrent davantage la complexité que ceux qui dénoncent, souvent basiques pour ne pas dire primaires. Cette évolution permit à Charb de progresser considérablement dans un registre, peut-être le plus difficile du dessin de presse : la caricature. Quand on revoit ses dessins de débutant, on imagine mal son auteur capable de rivaliser un jour avec des virtuoses comme Cabu. Charb a pourtant atteint un niveau de finesse dans la caricature qui manque souvent à beaucoup de dessinateurs de presse. Chirac, George Bush, Arafat, mère Teresa, et bien d'autres, devenaient immédiatement hilarants sous le trait de son crayon. Sa dernière caricature fut celle de Michel Houellebecq. Il l'avait réalisée pendant le bouclage du 5 janvier 2015 et l'avait affichée sur le mur où les autres dessinateurs accrochaient leurs dessins. Le 7 janvier, le Michel Houellebecq de Charb y était toujours. Il fut le témoin de tout. Ainsi que du destin de son auteur. Cette caricature resta scotchée sur ce mur pendant des mois, jusqu'à la levée des scellés. Nul ne sait ce qu'il en est advenu.

Charb dessinait sur de simples feuilles A4. Il crayonnait d'abord, gommait ensuite, puis balayait les pelures de gomme du revers de sa main droite, vers l'extérieur de la feuille. Assis à son bureau, du matin au soir, il exécutait ses dessins consciencieusement, comme des devoirs de classe donnés par la maîtresse. Vers 5 heures de l'après-midi, il avait fini son boulot. Tous ses dessins étaient terminés. Alors que d'autres les commençaient toujours en retard et les rendaient toujours à la dernière minute, Charb avait la ponctualité d'un chef de gare. En semaine, le journal était bien vide et dans la salle de rédaction désertée, Charb était seul, assis derrière son petit bureau à côté duquel il perdit la vie. Dans le silence, on entendait uniquement le bruit de son crayon sur sa feuille. Puis celui du frottement de la gomme qui effaçait les traits de ses esquisses, après les avoir repassés au feutre. Il n'utilisait que des feutres à pointe ronde dont le trait épais donnait à ses dessins leur aspect massif, et qui était sa signature. Contrairement au pinceau, avec un feutre, l'épaisseur du trait ne varie pas. C'est peut-être cela qu'aimait Charb. Le trait de son feutre était constant, comme ses convictions. La subtilité, il la distillait dans les contours des formes et les détails des visages. Ses dessins réunissaient deux dimensions apparemment inconciliables : la fermeté et la nuance. Parvenir à cette alchimie a un nom : le talent.

J'ai souvent regretté que Charb ne fasse pas davantage de reportages. Il en réalisa un certain nombre, en France et à l'étranger. Mais il était plutôt casanier et n'avait pas l'esprit d'un globe-trotteur. Les reportages qu'il préférait étaient ceux qui décrivaient la vie autour de lui. À quoi bon aller au bout de la terre chercher l'Eldorado, alors qu'il est au coin de la rue. Quand il rentrait à Pontoise chez ses parents, dans son train de banlieue, il observait les voyageurs et les écoutait. Avec une phrase ou deux notées pendant son voyage, Charb rendait le lecteur complice de la scène. Il avait intitulé cette rubrique "Paris Pontoise". On ne se rend pas compte des conneries qu'on peut dire dans une journée. Charb si, surtout celles des autres. Beaucoup ne l'ont pas toujours compris et s'en sont mordu les doigts. Ce genre qu'il avait presque inventé, restituer en dessin des saynètes de la vie quotidienne, d'autres dessinateurs s'en inspirèrent par la suite.

Charb prétendait qu'il n'aimait pas les gosses. Pourtant il collabora pendant des années à un journal d'actualités créé pour les enfants, *Mon quotidien*. Il voyait loin et voulait parvenir à leur parler pour qu'un jour peut-être, ils poursuivent leur lecture avec *Charlie Hebdo*. Il rêvait de lancer une version pour enfants de *Charlie Hebdo*. L'équipe du journal publia un numéro spécial conçu pour les plus petits, intitulé *Gargouille*, qui se vendit bien mais fut sans lendemain, à sa grande déception.

Pour fidéliser le lecteur, Charb voulait installer des personnages. Avec son trait d'une simplicité déconcertante, il créa deux bestioles : Maurice, c'est le chien. Patapon, c'est le chat. Un chien, un chat, deux contraires comme Laurel et Hardy. Mais ce que Maurice et Patapon s'envoyaient dans la figure, ce n'étaient pas des tartes à la crème, mais plutôt des pets, des crottes et pas mal de pisse et de foutre. Charb explorait un continent jusqu'alors inconnu dans la presse française : le stade anal du dessin de presse. En trois cases il posait un problème, le faisait monter à son paroxysme, et libérait le lecteur à la dernière case. Charb avait remplacé l'unité d'action, de temps et de lieu par celui d'unité de pot, de constipation et de défécation. Car c'est ainsi que souvent ses intrigues s'achevaient, comme la vie elle-même, par un gaz de décomposition final. Pourquoi ces deux curieux surnoms, "Maurice et Patapon" ? Nous étions en 1997 et je devais me rendre à Bordeaux pour suivre le procès de Maurice Papon. En déblatérant tout ce qui nous passait par la tête, je lui suggérai cette ritournelle "et ron et ron petit patapon". Après quelques essais, Charb arrêta son choix sur "Maurice et Patapon". Les deux lascars avaient trouvé leur prénom.

Dans "Maurice et Patapon" comme dans tous ses dessins, ce qui frappait, c'était son sens de la repartie. Il écrivait ses répliques quasiment comme il parlait. La formulation, la concision, le bon rythme, le mot exact sont aussi importants pour le succès d'un dessin, que le dessin lui-même. Une bonne idée peut n'aboutir à rien sans la bonne légende, le bon dialogue.

Deux ans après le 7 janvier 2015, j'eus l'occasion de voir des dessins qu'il avait réalisés quand il était encore lycéen. Son trait était aventureux, mais en lisant les propos de ses quidams, j'avais l'impression de l'entendre me parler. La gorge nouée, je découvrais un aspect dont je n'avais peut-être pas eu suffisamment conscience de son vivant : Charb avait toujours été ainsi depuis son enfance. Il n'avait jamais joué un personnage, ni avec nous ni avec les autres. Pendant toutes ces années, il nous avait livré son authenticité sans rien demander en retour. Pour nous faire rire, il ne s'était caché derrière aucune posture et nous avait dévoilé ce qu'il y avait de plus profond chez lui. Un dessinateur, un peintre, un écrivain n'exprimera rien de convaincant s'il hésite à exposer aux yeux de tous ce qu'il a dans le ventre. Beaucoup de ceux que Charb a croisés n'avaient pas cette honnêteté. Pour un Charb, combien de dessinateurs calculateurs qui font bien attention à ne pas se mettre en danger ? C'est pour cela qu'il y a autant de mauvais dessinateurs de presse et de BD. Ce n'est pas la qualité de leur trait qui est en cause. Ils ne disent rien d'intéressant parce qu'ils ont peur de nous avouer ce qu'ils sont. Charb était l'exact contraire de tous ceux-là. Tu n'as rien caché mais tout donné de ce que tu étais. Jusqu'à la dernière seconde de ta vie.

UN CRIME POLITIQUE

Un jour les victimes en ont assez.

Assez de ne parler que de sang. Assez de ne parler que de souffrance. Assez de n'être que des victimes. Deux mille ans après, le public est toujours fasciné par la silhouette brisée du Christ sur sa croix. Cette mise en scène conçue pour inspirer la crainte et la culpabilité attire autant qu'elle révulse. Le spectateur s'apitoie devant l'écorché à l'agonie mais en vérité il ouvre grands les yeux, moins pour réfléchir aux raisons du supplice que pour contempler les chairs ouvertes. Il pourra jouir du spectacle de la victime, si en public il affiche la mine hypocrite du compatissant.

Mais le badaud se lasse et commence à grimacer devant ce tableau finalement peu ragoûtant. Il est temps pour les faces tordues de se retirer. On soigne les victimes aussi pour cette raison : elles doivent rentrer dans le rang. On rafistole leur corps cassé pour qu'il ressemble à nouveau à la foule, qu'il la rejoigne, s'y fonde et disparaisse.

Jamais on ne rééduque les blessés pour qu'ils recouvrent l'usage de leur liberté. Rien n'est plus difficile que d'être à nouveau libre. Comment retrouver sa liberté de penser, sa liberté d'expression quand notre carcasse grince à chaque mouvement ? Comment retrouver son agilité d'esprit et son audace quand chaque jour il faut rester humble face à son corps devenu celui d'un vieillard ? Sans l'aide d'aucun médecin, il faut réapprendre à penser politiquement, à exister politiquement, à combattre politiquement. S'ils n'y parviennent pas, blessés et victimes demeureront pour toujours cloués en place publique sur la croix des martyrs.

Puisqu'il en est ainsi, quittons les cieux glorieux de l'émotion, de la compassion et la compagnie de leurs divins poètes, pour nous enduire du vulgaire de la pensée politique.

Car l'attentat commis le 7 janvier 2015 contre *Charlie Hebdo* fut avant tout un crime politique qui avait pour objectif d'éliminer des personnalités bien précises, et de les empêcher de diffuser, à travers leurs dessins et leurs textes, leurs convictions. Le 7 janvier n'était pas un attentat aveugle frappant au hasard, comme au Bataclan, à Nice ou le 11 septembre 2001 à New York, des anonymes innocents, afin de créer un climat de terreur et de provoquer un rapport de force entre l'idéologie qui le commet et la démocratie qui en est la cible. Le but des terroristes du 7 janvier était de faire disparaître des idées, ceux qui les portaient et qui étaient parfois les seuls à les exprimer.

C'est la publication des caricatures de Mahomet en 2006 qui fut à l'origine de cet attentat. Les dessinateurs du journal avaient pourtant déjà caricaturé l'islam en 1993 (n° 49 du 02/06/1993) à travers des dessins moquant l'ayatollah Khomeiny, mais aussi Mahomet en 2002 (n° 545 du 27/11/2002). Tout ça n'était pas nouveau. Pourquoi aurions-nous dû avoir peur de publier une fois de plus cette poignée de caricatures, dans notre pays, la France, partout sur la planète symbole de liberté ?

Peu à peu, notre vision de la liberté d'expression se révéla optimiste et naïve. Une étonnante frilosité envahit la plupart des autres médias, quand se posa en 2006 la question de publier ou non les caricatures de Mahomet. Une lente désillusion se répandit autour de nous comme un épais brouillard.

On brandit souvent l'étendard flamboyant de la liberté d'expression pour publier des scoops retentissants qui révèlent les actes illégaux commis par des hommes politiques ou des hommes d'affaires. Mais on sait très bien qu'en France, ces révélations ont peu de chance de coûter la vie à ceux qui les publient. Seuls les journalistes qui font ce travail dans des pays peu attachés aux valeurs démocratiques risquent la mort. C'est peut-être cela qui a poussé autant de citoyens français dans les rues le 11 janvier 2015. Ils découvraient que la violence, ça n'arrivait pas qu'aux autres et ont peut-être eu honte de voir dans leur pays, la France, des journalistes se faire tuer comme dans une vulgaire dictature. Le pays de Zola et Hugo n'a pas apprécié d'être mis au même niveau que la Russie, la Tchétchénie ou l'Arabie Saoudite en matière de liberté d'expression. Depuis toujours, malheureusement, des journalistes français ont été tués dans l'exercice de leur métier, mais la plupart du temps à l'occasion de reportages à l'étranger, dans des pays instables ou en guerre. Jamais en France. Jamais à domicile. Jamais dans leur propre journal.

C'est seulement quand vous vous retrouvez en position de publier une information qui peut vous coûter la vie que la "liberté d'expression" prend toute sa signification. C'est l'épreuve ultime qui dévoile la solidité ou la superficialité de vos opinions et sépare, tel le bon grain de l'ivraie, les convictions des bavardages. C'est face à la tragédie qu'on mesure la valeur des choses. Il est regrettable de faire ce constat, mais en se faisant tuer pour avoir publié des informations ou exprimé des opinions, les journalistes donnent vie à la liberté d'expression. Car la liberté, ça n'existe pas. La liberté est une pure invention de l'esprit humain qui ne prend forme que si on décide de l'exercer et de la revendiquer en la brandissant à la face du monde.

La liberté est un combat contre l'absence d'imagination, contre l'absence de créativité, contre l'absence d'audace, contre l'absence d'insolence, contre l'absence de fougue. Pas de liberté d'expression sans acharnement pour la conquérir et la garder. La liberté est une guerre qui ne finira jamais, et ne disparaîtra que lorsque s'éteindra le dernier homme. La liberté est un brasier qui vous consume 24 heures sur 24 comme le cœur nucléaire d'une centrale, impossible à refroidir et à calmer. Contre les lâches, les timorés, les accommodants, les négociateurs, les ramollos, les mous, les traîtres, les minables, les paillassons, les citrouilles creuses, les bons à rien, les complaisants, les insipides. C'est-à-dire contre pas mal de gens.

À l'université je voulais créer un journal. J'étais ulcéré par ces étudiants autour de moi qui roupillaient, calculaient et sacrifiaient déjà leur liberté à l'ambition. Jamais ils ne protestaient sauf quand le professeur prolongeait son exposé de quelques minutes. Dans cette faculté de droit, les étudiants en costards de communiants se levaient dans l'amphithéâtre et sifflaient le prof comme on siffle la fin de la récréation, révoltés par deux minutes de cours supplémentaires qui empiétaient sur leur temps de pause qu'ils attendaient fébrilement pour fumer leur cigarette.

Ces petits messieurs et ces jeunes demoiselles apparemment bien élevés, qui avaient pour ambition de reprendre l'étude de leur papa notaire ou rêvaient à voix haute dans les travées de l'amphithéâtre de devenir huissiers, se métamorphosaient soudain en supporters de foot, hurlant depuis leur tribune contre le professeur arbitre qui dépassait le temps réglementaire. Quel combat ! Leur révolte se déclenchait contre le néant. Ces ectoplasmes gaspillaient leur liberté pour des enjeux insignifiants et creux. Le spectacle de leur nullité me donnait envie de créer un journal étudiant uniquement pour leur casser la gueule. Je n'ai jamais frappé personne de ma vie. J'ai préféré dessiner pour le faire. Mais j'ai vite compris que je perdrais mon énergie et mon temps en élaborant une feuille de chou de plus sur le campus, qui n'intéresserait personne. Il fallait aller directement au but. Un vrai journal qui s'adresse au pays entier. Qu'est-ce que j'avais à perdre ? Je n'étais pas sûr du tout d'en avoir les capacités, car on peut se délecter, à l'abri du jugement des autres, d'imaginer avoir un destin flatteur, la réalité est souvent décevante. On n'est jamais exactement ce qu'on croit être. Quand on écoute pour la première fois l'enregistrement de sa voix, on est déçu. C'est moi qui ai cette voix si désagréable ? Il y a toujours un léger décalage entre ce qu'on perçoit de sa personne et ce que les autres voient de vous. Tant pis.

Quand je découvris mes premiers dessins publiés dans les pages d'un journal diffusé à travers tout le pays, *La Grosse Bertha*, en juillet 1991, j'eus un pincement au cœur. C'était comme si j'avais montré mon cul à tous les passants. Les lecteurs allaient me juger sans pitié : "C'est nul", "C'est moche", "C'est con", "C'est pas drôle". C'est possible. Mais c'est comme ça. Et il va falloir vous y habituer. À partir du moment où vous avez la prétention de vous exprimer en public, qui plus est dans un hebdomadaire d'audience nationale, il y a fort à parier que les persifleurs sortent aussitôt de leur tanière pour vous mordre les guiboles et vous faire trébucher. Je n'imaginais pas me retrouver un jour dans un journal mythique comme *Charlie Hebdo*. L'univers merveilleux des médias, des journalistes, des commentateurs, des chroniqueurs et des dessinateurs de presse m'était inconnu. Même si j'en soupçonnais intuitivement la complexité.

Le premier conseil à suivre, si on veut avoir une chance de réussir, c'est de ne suivre aucun conseil. Car ceux qui prétendent vous aider ne cherchent souvent qu'à vous utiliser à leur profit. Mère Teresa n'a jamais voulu faire disparaître la misère. Sans les pauvres au ventre creux et à la peau vérolée, mère Teresa n'aurait pas pu satisfaire son amour-propre en exhibant son obscène et infinie bonté.

Dès sa reparution en juillet 1992, on vit des courtisans tourner autour de *Charlie Hebdo*, qui nous expliquaient comment faire le journal. "Si vous voulez que votre journal survive, faites ceci mais ne faites pas cela." Curieusement, quelques années plus tard, la plupart de ces faux amis avaient disparu de la circulation. Ils n'avaient pas dû s'appliquer à eux-mêmes leurs si bons conseils. Après mon entrée à la SNCF, un instructeur nous avait prévenus : "N'écoutez jamais ce que les autres vous disent de faire. Le jour où vous serez aiguilleurs, c'est vous qui serez responsables de vos actes. C'est vous qui irez en correctionnelle ou en taule si vous faites une erreur à l'origine d'une catastrophe. Dans les moments où tout ira mal, il y aura toujours des types qui vous diront quoi faire. Mais ce ne sont pas eux qui tiennent le poste et endosseront la responsabilité de vos erreurs. Ce sera vous et personne d'autre. N'écoutez que vous-mêmes et faites les bons choix." J'eus l'occasion de constater, seul au fond de mon poste d'aiguillage et, plus tard à *Charlie Hebdo*, à quel point il avait raison et son conseil précieux me tira souvent d'affaire.

Je n'avais donc rien à perdre en venant à Paris présenter des dessins. Je ne voulais pas me retrouver à cinquante ans ruminant des regrets à me dire : "J'aurais dû tenter ma chance et proposer mes dessins dans un journal. J'aurais dû, mais je n'ai pas osé." Je ne voulais pas finir ma vie avec des "j'aurais dû".

D'un autre côté, il fallait être lucide. Si, après les avoir présentés à *La Grosse Bertha*, quelqu'un m'avait dit "Tes dessins ne sont pas bons, rentre chez toi, tu n'y arriveras jamais", je serais rentré chez moi. J'aurais vécu une autre vie. Et pourquoi pas. Ça aurait quand même été la Vie.

UN PROVINCIAL

C'est en 1991, à *La Grosse Bertha*, que je vis pour la première fois Cabu en chair et en os. Alors que je déposais mes dessins, la boule au ventre à l'idée qu'on me conseille de ne plus en apporter parce que trop mauvais, j'entrevoyais parfois dans les locaux du journal les silhouettes de dessinateurs légendaires. À quelques mètres de moi, je pouvais distinguer Gébé, Willem, et Cabu. Ils étaient là, dans la pièce d'à côté, eux que je lisais depuis que j'étais gosse et qui m'avaient donné le courage de venir présenter des dessins.

Charb m'a manqué pour m'aider à continuer après le 7 janvier. Si Cavanna fut l'inventeur du *Charlie Hebdo* sorti en 1970, celui de 1992 n'aurait jamais pu reparaître sans Cabu. Il est extrêmement rare qu'un journal qui meurt renaisse un jour. Après son dernier numéro en 1982, *Charlie Hebdo* rejoignit le Père Lachaise des titres disparus de l'histoire de la presse française, comme *L'Assiette au beurre*, *Combat*, *Candide*, et bien d'autres. Alors que j'étais étudiant et que *Charlie Hebdo* n'était plus qu'un souvenir pour beaucoup, j'avais écrit à une radio nationale dont une émission permettait à un auditeur de discuter avec une personnalité de son choix. Je voulais rencontrer Cavanna. Je voulais savoir s'il pensait qu'un journal comme *Charlie Hebdo* pouvait encore être créé. Je n'imaginais pas du tout que *Charlie Hebdo* reparaisse, mais simplement qu'un journal satirique dans cette veine puisse revenir sur scène. Finalement, la rencontre n'eut pas lieu. J'étais tellement intimidé à l'idée de discuter avec Cavanna, étudiant à deux balles que j'étais, que la journaliste à l'autre bout du téléphone s'en est probablement aperçue et en a conclu que je ne ferais pas l'affaire pour son émission. Tant mieux. Quelques années plus tard, je rencontrai pour la première fois Cavanna de la manière la plus invraisemblable qui soit : à *Charlie Hebdo* ! Même après avoir fait sa connaissance, je n'ai jamais osé lui avouer que j'avais cherché à le voir des années auparavant pour qu'il me parle du journal.

À cette époque donc, personne n'imaginait que *Charlie Hebdo* ressusciterait d'entre les morts et reprendrait sa place dans les kiosques. Ce petit miracle doit beaucoup à Cabu. Durant les années qui suivirent la disparition de *Charlie*, Cabu avait toujours gardé l'espoir fou de refaire un journal satirique. Une opportunité se présenta au début des années 1990, quand un éditeur lui proposa d'en créer un nouveau. Ce fut *La Grosse Bertha*. Un an plus tard, après une succession de désaccords, l'éditeur vira le rédacteur en chef que Cabu avait fait venir, Philippe Val.

Ce soir-là, j'étais en repos chez mes parents. Je regardais à la télévision *La Horde sauvage* de Sam Peckinpah quand le téléphone retentit. C'était Philippe Val qui m'informait du clash de l'après-midi. Il m'expliqua que la majorité de l'équipe était prête à le suivre pour lancer un autre journal et il me demandait si j'étais d'accord pour faire le même choix. Pendant que William Holden, Ernest Borgnine et Warren Oates faisaient cracher leurs mitrailleuses sur des soldats mexicains mal rasés, je répondais à Philippe Val que j'étais partant moi aussi.

Le lendemain matin je pris le premier train pour Paris et j'arrivai en milieu de journée au point de rendez-vous convenu où se retrouvèrent ceux qui avaient décidé de suivre Philippe Val.

Ce départ s'effectua sur un coup de tête, sans aucune préparation, et le projet d'un nouvel hebdomadaire fut lancé, sans avoir la moindre idée du titre qu'on lui donnerait. Le clash à *La Grosse Bertha* eut lieu un mardi. Le lundi suivant, moins d'une semaine plus tard, les rotatives tournaient pour imprimer le premier numéro d'un magazine dont nous n'avions toujours pas trouvé le nom. Ce lundi matin, j'avais travaillé de 6 à 14 heures à la gare Montparnasse, à la commande centralisée des locomotives où j'étais en poste. Aussitôt après, je me précipitai vers les bureaux minuscules de ce nouveau canard au nom encore inconnu. Je retrouvai Charb qui me dit avec une pointe d'émotion : "*Charlie Hebdo*, finalement on a choisi de reprendre le titre *Charlie Hebdo*." C'est Wolinski qui avait proposé cette idée à laquelle personne n'avait pensé. C'était une évidence et personne ne s'en était rendu compte. *Charlie Hebdo*, bien sûr ! On retrouvait dans l'équipe de ce nouveau *Charlie* une partie de ceux qui l'avaient créé en 1970. Mais aussi des dessinateurs débutants comme Charb, Luz et moi-même qui avions fait connaissance à *La Grosse Bertha*. Le rêve de Cabu était devenu réalité. *Charlie Hebdo* existait à nouveau.

Cette nouvelle me mit en réalité mal à l'aise. En tant que lecteur j'étais content de voir reparaître ce titre inscrit au Panthéon de la presse française. En tant que dessinateur, j'étais nettement moins enthousiaste. Car, lorsque j'avais poussé la porte de *La Grosse Bertha* un an plus tôt, je n'avais jamais imaginé dessiner à *Charlie Hebdo*, ni jamais eu la prétention d'en être capable. À partir de cet instant, les lecteurs allaient décortiquer le nouveau *Charlie* en espérant qu'il serait le même qu'en 1970. Nos dessins seraient jugés selon ce critère, or je ne me sentais pas du tout de taille à rivaliser avec des Cabu, Gébé, Willem, et autres Wolinski.

C'est là que Cabu joua un rôle crucial. Cabu a toujours encouragé les dessinateurs débutants que nous étions. Cabu était pour nous d'une disponibilité extraordinaire. Il nous donnait des conseils, nous aidait à faire les bons choix, nous encourageait à partir en reportage. Car savoir dessiner est une chose, dessiner dans un journal en est une autre. On travaille pour des lecteurs, dans une publication grand public et le dessin doit être compréhensible et accessible par le plus grand nombre. Cabu ne savait pas dire non. Quand je le sollicitais, il ne m'a jamais répondu "Je ne peux pas, je n'ai pas le temps, tu n'as qu'à te débrouiller tout seul". Cabu arrivait aussitôt pour me donner son avis sur mon travail. C'était totalement surréaliste qu'un débutant comme moi ait à ses côtés un tel monument du dessin, à ma disposition chaque fois que j'avais besoin de ses lumières. Car la préoccupation de Cabu était de former une nouvelle génération de dessinateurs qui prendrait la suite de la sienne, dans cette presse si particulière qu'est la presse satirique. Le savoir-faire de Cabu était immense. Cabu avait créé des personnages comme le Grand Duduche ou le Beauf. Il avait donné au reportage dessiné une valeur journalistique et avait un art de la caricature que tous les dessinateurs de presse lui enviaient. À part la couleur qu'il ne maîtrisait pas très bien, comme il le concédait lui-même, Cabu savait tout faire. Cabu était un athlète complet du dessin.

Son talent ne résultait pas uniquement de sa technique. La technique ne suffit pas. Tout vient des tripes. Cabu était une éponge qui se nourrissait de tout, à l'affût du moindre frémissement qui pourrait lui faire comprendre le monde. Il avait beau faire ce métier depuis près de soixante ans, il était aussi curieux que le jour de son arrivée à Paris. C'est peut-être là que réside le mystère Cabu. Cabu venait de province. Il avait grandi à Châlons-sur-Marne (aujourd'hui Châlons-en-Champagne) et avait conservé cette humilité et cette curiosité qu'ont les provinciaux quand ils arrivent à Paris, comme lui en 1955. Quand on vient de province, tout dans la capitale est extraordinaire. La gare d'Austerlitz est extraordinaire, les bruits du métro sont extraordinaires, les fontaines Wallace sont extraordinaires, les passages cloutés sont extraordinaires, les grilles en fonte au pied des arbres sont extraordinaires, les crottes de chiens sont extraordinaires, les pigeons sales sont extraordinaires, les garçons de café mal rasés sont extraordinaires, les façades des bâtiments sont extraordinaires, les Parisiens grossiers sont extraordinaires, et les Parisiennes pincées encore plus extraordinaires. Tout peut demeurer extraordinaire si on se donne la peine d'y prêter attention. Sur son petit carnet, Cabu dessinait ces choses extraordinaires qui l'entouraient, à Paris comme ailleurs. Son regard n'a jamais été usé par le cynisme et la désillusion. Il ne fut jamais atteint par cette maladie qui frappe beaucoup de journalistes : être blasé de tout. Car le journaliste se lasse vite. Le journaliste attend de l'actualité qu'elle le distraie, qu'elle se réinvente pour le sortir de sa torpeur. Très vite le journaliste sait tout, connaît tout, a tout vu, a tout compris. La mort lente de la presse écrite est peut-être aussi causée par cette morgue, propre au journaliste, qui ne s'étonne plus de rien et finit par ne plus étonner le lecteur. Cabu aurait pu, avec son immense expérience, sombrer lui aussi dans l'autosatisfaction. Bien qu'avec les années il soit devenu un vrai Parisien, il n'est jamais devenu un journaliste parigot. Aujourd'hui, quand de jeunes dessinateurs arrivent de province avec leur candeur sous le bras, je leur conseille de la garder précieusement car c'est elle qui les protégera du nombrilisme et de la lassitude.

Seul un provincial comme Cabu pouvait réaliser les extraordinaires reportages qu'il a dessinés dans les années 1970 sur la France de cette époque qui se laissait bétonner et défigurer, lesquels témoignaient de l'attachement viscéral qu'il avait pour ce pays et ses provinces. Cabu m'expliquait que ce qu'il aimait, quand, adolescent, il partait en vacances avec ses parents, c'était ce qu'il appelait "les entrées de villes". Par cette expression, il désignait les allées de platanes par lesquelles chaque petite commune de province accueillait le voyageur avec ses plus beaux arbres. Rien ne le révoltait plus que l'urbanisation sans pitié et anarchique qui avait détruit cette politesse que les villes offraient à leurs visiteurs, lorsque les arbres furent coupés et remplacés par d'abominables centres commerciaux.

Quand Cabu dessinait en reportage, il faisait attention aux détails comme à la vue d'ensemble, au général comme au particulier. Le dessin de reportage exige une gymnastique où il faut être attentif à tout, sans se laisser encombrer par l'anecdotique. Le temps nécessaire au dessin de reportage permet aussi de réfléchir. À coups de crayon, le sujet est reconstruit sur une feuille et à mesure qu'il prend forme, on essaye de comprendre pourquoi telle façade a été dessinée de cette manière par l'architecte, pourquoi tel personnage marche si vite sur cette avenue, pourquoi les choses sont ainsi et pas autrement. Le temps du dessin de reportage, à la fois long et rapide, permet de cogiter et d'être en même temps intuitif. Voilà pourquoi Cabu était le roi du dessin de reportage. Cabu était une tête qui ne cessait jamais de s'interroger pendant que ses yeux ne cessaient jamais de scruter.

Cabu traînait dans son sac un petit carton à dessin dans lequel s'entassaient des feuilles A4 pliées en deux, sur lesquelles il notait les idées que lui avait inspirées ce qu'il avait entendu à la radio, à la télé ou lu dans les journaux. Le lundi, quand on ne parvenait pas à trouver une idée pour la couverture, on se tournait vers lui pour lui demander s'il avait repéré quelque chose qu'on aurait oublié et qui pourrait faire une bonne une. Il nous indiquait alors quelques sujets dont on "parlait dans les bistrots", selon son expression. Cabu n'était pourtant pas très familier des bistrots mais toujours à l'affût de ce qui faisait débat. Le jour du bouclage, après le journal de 13 heures, il écoutait une émission de radio où les auditeurs donnaient leur avis sur l'actualité. Cabu rapprochait le petit transistor et y collait son oreille, comme s'il attendait un message de Radio Londres. Chaque fois qu'un auditeur ou une auditrice disait une stupidité, il explosait de rire. Il était comme un pêcheur du dimanche qui épie le bouchon de sa ligne pour ferrer un beau poisson. Lui, c'étaient les conneries des auditeurs qu'il attendait en embuscade. “Ils sont formidables”, gloussait-il, à chaque énormité prononcée par un auditeur. Leur beauferie était son terrain de chasse et Cabu ne pouvait s'empêcher de transformer leur méchanceté en éclat de rire.

Le rire était Cabu. C'était sa raison de vivre. J'attendais la venue de Cabu au journal car je savais qu'à un moment ou à un autre on rirait ensemble. Cabu avait le rire facile mais à une condition. Le rire devait être inventif. Dire une bêtise ne suffisait pas, il fallait la construire autour d'une trouvaille. Ce n'était pas la grossièreté qui le gênait, mais la vulgarité de la grossièreté, c'est-à-dire sa banalité. Rire de tout est à la portée de n'importe qui. Rire de tout avec créativité, beaucoup moins. Pour Cabu, chaque dessin devait comporter une surprise. Elle pouvait être graphique mais aussi écrite. Car les mots, leur sonorité, le rythme du prononcé, détiennent une puissance comique aussi forte que le dessin. Pour lui, un dessin réussi devait être graphiquement original mais aussi inventif dans sa formulation. Ces deux exigences réunies, tout pouvait être dessiné, tout pouvait être écrit. La créativité faisait disparaître la vulgarité.

Rien n'attristait plus Cabu que la presse gratuite. Ce qui le déprimait, c'était de voir les journaux gratuits qui n'avaient pas trouvé preneur, abandonnés dans les caniveaux par les colporteurs à la fin de la matinée. "On marche sur des journaux", nous disait-il comme si on avait marché sur des enfants. Pour Cabu, un journal était un objet noble et notre époque, en les jetant par poignées sur les trottoirs, jetait l'idée même de la liberté d'expression aux égouts. À ses yeux, la presse écrite s'était discréditée et avait accéléré son déclin en acceptant de cohabiter avec ces journaux qui faisaient croire aux lecteurs que l'information est gratuite et que le travail de ceux qui la produisent ne vaut pas beaucoup plus.

Fabriquer un journal est un travail d'artisan. Celui des journalistes, des rédacteurs, des photographes, des maquettistes, des graphistes, des dessinateurs, des photograveurs, des imprimeurs, des distributeurs, des kiosquiers. La longue chaîne de toutes ces petites mains, de toutes leurs compétences, aboutit chaque jour, chaque semaine à la naissance d'un objet unique. Un journal. Comme un sabotier qui taille des milliers de sabots de ses mains, et pourtant chaque fois d'une forme différente, chaque journal est une œuvre qui ne ressemble jamais aux précédentes. Tout ce pourquoi Cabu s'était battu depuis cinquante ans, à travers les nombreux titres auxquels il avait collaboré, finissait aujourd'hui piétiné au petit matin par les passants indifférents.

Avec leurs crayons, leur gomme et leur trousse, les dessinateurs de presse ressemblent à des écoliers, et leurs rires à ceux des cours de récréation. L'extraordinaire popularité de Cabu doit beaucoup aux enfants. Sa participation à l'émission de Dorothée a marqué toute une génération. La télévision n'était pas son univers, mais Cabu espérait l'utiliser pour ce qu'elle fait le mieux quand elle s'en donne la peine : la transmission du savoir. Avec cette émission où il dessinait avec des enfants, Cabu voulait rendre le dessin accessible au plus grand nombre. Les gosses qui suivaient cette émission lui envoyaient des tonnes de cartes postales. Il en avait conservé dans des cartons qu'il entreposa au journal. Parmi des centaines, j'en pris une au hasard. Elle était illustrée d'une photo de barres de HLM, grises et tristes comme la ligne Maginot, quelque part en banlieue parisienne. Au dos de la carte, une écriture enfantine s'adressait à Cabu : "C'est là que j'habite." Dans cette grisaille urbaine, les dessins de Cabu égayaient peut-être ce gamin, chaque fois qu'il le voyait dessiner à la télé.

Après avoir réalisé ensemble un reportage dans le Sud de la France, et alors que nous attendions sur le quai le train qui nous ramènerait à Paris, nous vîmes arriver un flot de militaires. Nous étions vendredi soir et les bidasses partaient en permission. Des légionnaires. Cabu détestait la Légion étrangère. Il avait toujours milité pour sa dissolution. Cette animosité à l'égard de la Légion datait de la guerre d'Algérie à laquelle Cabu avait participé comme appelé du contingent. Il n'aimait pas trop parler de cette période et encore moins de ce qu'il avait vu là-bas. Il en était revenu farouchement antimilitariste et, pour lui, la Légion étrangère avait été responsable, dans ce conflit atroce, de beaucoup de choses pas très belles. Il nous racontait : "On nous déployait autour d'un patelin pour empêcher les villageois de s'enfuir. Puis on envoyait la Légion dans le village. Au bout d'un moment, on voyait monter un panache de fumée. C'est bizarre, mais personne ne s'est jamais échappé."

Et voilà que sur ce quai de gare un grand légionnaire avec son képi blanc reconnaît Cabu et se dirige vers lui. Cabu ne savait pas dans quelle direction tourner la tête, craignant d'être abordé par ce militaire qui lui faisait peur. Arrivé à notre hauteur le soldat s'adressa à lui : "Ah Cabu, c'est super ! Je vous regardais quand j'étais petit au *Club Dorothée* !" Cabu était sans voix. Sidéré qu'un légionnaire ait apprécié ses dessins dans son enfance, grâce à cette célèbre émission. Une autre génération de légionnaires avait succédé à celle de la guerre d'Algérie et Cabu avait du mal à imaginer qu'on puisse être dans la Légion et en même temps avoir aimé ses dessins. Toujours soucieux de diffuser sa passion pour le dessin, il n'avait jamais pensé transmettre quelque chose à un légionnaire.

Cabu traînait une vieille trousse où il rangeait son matériel. Ses crayons à papier, il les affûtait au cutter, ce qui leur donnait une silhouette rustique avec des pointes effilées. Après avoir réalisé son crayonné, il sortait une plume Sergent-Major qu'il enfonçait sur son manche et trempait ensuite dans une bouteille d'encre de Chine. L'encre séchée encrassait les plumes et il nettoyait rarement les anciennes, préférant les remplacer par de nouvelles. Pour rectifier ses dessins, il utilisait un tube de gouache blanche, épaisse et bien opaque, toujours de la même marque, qu'il étalait avec des pinceaux souvent à bout de souffle. Pour les surfaces plus grandes, il découpait des morceaux de feuilles qu'il fixait sur son dessin original avec de la colle blanche en tube d'écolier.

Cabu dessinait comme un artisan. Mais un artisan combatif. Dessiner lui procurait un plaisir intellectuel, artistique, mais aussi physique. Il fallait que le papier craque un peu sous sa plume. Ses dessins portaient ses idées, et sa manière de faire crisser la pointe de son feutre donnait l'impression qu'il voulait aussi faire couiner ses personnages. Le pire était lorsqu'il dessinait avec de gros feutres épais qu'il était le seul à utiliser au journal. Dès qu'il retirait leur bouchon, il s'en dégageait une puissante odeur de solvant qui envahissait toute la pièce. Cabu, l'écolo de toujours, n'avait rien à redire contre ces feutres, dont un seul exemplaire aurait pu asphyxier une taupinière. Leur encre se diffusait abondamment au point qu'elle traversait le papier. On pouvait identifier facilement la place de Cabu autour de la table de la rédaction car le bois était marqué de multiples traces de ses feutres. Ces feutres, je les connaissais bien avant de le rencontrer. Mon grand-père, gardien de nuit en banlieue parisienne, les utilisait aussi pour son travail. Sur le buffet du salon où nous allions le dimanche midi partager le rituel pot-au-feu, il en traînait toujours quelques-uns au milieu des tickets de tiercé et des petites pinces qui permettaient de cocher ses canassons favoris. Quand j'ouvrais le capuchon de ces feutres épais, leur solvant infernal me sautait au nez, ce qui était aussi désagréable que délicieux. Leurs effluves étaient pour moi indissociables des après-midi en famille, où vers 15 heures mon grand-père allumait la grosse télé en noir et blanc pour suivre le tiercé à Longchamp ou à Vincennes. Cabu dessinait avec les feutres de mon grand-père. Même si autour de la table de la rédaction tout le monde râlait contre leurs vapeurs infâmes, sans rien dire, je trouvais plaisir à retrouver cette odeur oubliée de mon enfance.

COLLABOS

L'année 2015 me fit découvrir des univers inconnus. L'hôpital, le microcosme des médias et celui de la politique. Cette année me fit aussi comprendre ce que signifiait le mot "collaboration".

Rien pourtant ne devrait permettre de comparer la France des années 2000 à celle des années 1940. Le pays n'a pas été envahi, le gouvernement ne s'est pas sabordé, la République n'a pas été dissoute et la démocratie est toujours debout et fonctionne encore à peu près. Il n'est jamais opportun de comparer des époques car chacune comporte ses spécificités. Mais il existe des phénomènes immuables, qui ne vieillissent jamais et traversent les siècles car ils sont l'essence même de l'homme. La trouille. La complaisance. La soumission. Les lâchetés de l'âme humaine appartiennent à toutes les civilisations, et se portaient déjà bien à Rome, Athènes ou Carthage avant Vichy.

L'intelligence se mesure à la capacité d'adaptation à son environnement, dit-on. Mais si on s'accommode un peu trop d'une situation en espérant lâchement la voir évoluer d'elle-même sans rien faire soi-même, on risque de finir par l'accepter. À l'inverse, si on la refuse, il faut passer à l'action pour la combattre, et prendre le risque d'échouer.

Les perdants ont toujours tort. Mais eux au moins ont essayé. Je préfère les perdants courageux aux malins collabos. Car l'intelligence peut devenir une habileté pour fuir les problèmes en les abandonnant à la responsabilité des autres. C'est intelligent. C'est malin. Mais c'est de la merde.

Ils furent nombreux, de 1940 à 1944, les esprits brillants qui déployèrent leurs capacités intellectuelles pour traverser sans encombre cette époque dangereuse. Mais pour quoi faire ? Pour sauver leur peau en bouffant dans la gamelle des tyrans et en surplombant avec condescendance ces péripéties vulgaires qu'étaient la guerre et le nazisme. Artistes, politiciens et hommes de lettres qui étaient armés intellectuellement pour combattre firent le choix paresseux de s'avachir, d'abord dans le confort de l'indifférence, puis inexorablement dans la collaboration pure et simple.

Soixante-dix ans plus tard, ce sont les mêmes que *Charlie Hebdo* retrouvait sur son chemin quand furent publiées les caricatures de Mahomet. Les mêmes esthètes, les mêmes pédants, les mêmes esprits supérieurs qui, du haut de leur donjon, nous voyaient nous débattre avec nos convictions, trop médiocres pour être les leurs.

Des convictions qu'ils s'employèrent à rabaisser, à ridiculiser et à diffamer. En janvier 2015, on nous infligea de belles théories pour expliquer que les manifestations du 11 janvier étaient le fait d'une France blanche de zombies catholiques. On eut droit aussi au réquisitoire infamant du racisme. En publiant ces caricatures, *Charlie Hebdo* était raciste vis-à-vis des citoyens français de confession musulmane. Aux États-Unis des intellectuels se joignirent à ces accusations calomnieuses contre notre journal.

Tous ces gens fabuleusement intelligents, habitués des plateaux de télévision pour vendre leur dernier livre, se faisaient un devoir de remettre *Charlie* à sa place. *Charlie Hebdo* s'était permis une audace que leur auguste personne n'avait pas eue. Notre insolence devait donc être dévalorisée et notre parole disqualifiée. *Charlie Hebdo*, journal créé par des autodidactes, ne pouvait devenir une boussole pour les milieux intellectuels, où les choses sont dites et définies par une élite, seule compétente pour décider ce qui est et ce qui n'est pas. *Charlie* avait osé. *Charlie* s'était fait tuer. *Charlie* avait perdu. *Charlie* avait eu tort. Les choses devaient reprendre leur cours normal et le 7 janvier deviendrait bientôt une péripétie de plus dans un monde déjà préparé à l'idée de vivre sans ce journal à l'effronterie puérile.

2015 me fit comprendre ce qu'avait été la collaboration, car je pus observer à quel point le confort intellectuel copulant avec l'instinct de survie pousse les esprits les plus brillants vers la complaisance et la lâcheté. Sous le vernis de l'éducation et de la culture sommeillent des animaux qui, dès qu'ils le peuvent, courent vers la gamelle la plus remplie et lèchent les mains du maître qui les frappera le moins fort. Universitaires bardés de diplômes, écrivains chics ou polémistes à la mode, la haute image qu'ils ont de leur personne mérite bien quelques trahisons ou compromissions. Pour sauver leur peau, le sacrifice de celle des autres est logique car ils sont convaincus d'être au-dessus de tous. Car ils sont de la race des dominants. Pas de celle qu'on envoie au cassepipe, la piétaille qui marche toujours en première ligne et se fait faucher pour protéger les planqués de l'arrière. Ils nous ont envoyés à la mort comme des moutons qu'on lâche sur un champ de mines pour nettoyer leur chemin afin qu'ils puissent ensuite y mettre les pieds sans y risquer leur vie. Dans un langage châtié, on appelle ça des seigneurs. Dans un langage plus commun, on appelle ça des salauds.

L'histoire a souvent été écrite par ce qu'on appelle vulgairement "le peuple". Celui de la Commune, révolté par la lâcheté de la classe politique face à la défaite. Celui des anonymes de 1940 qui refusèrent de cohabiter avec l'envahisseur. Celui des ouvriers de Gdańsk en grève contre le pouvoir communiste. Celui de Roumanie, osant élever la voix contre le tyran Ceauşescu sur son balcon. Celui de Tunisie défiant Ben Ali alors que tant d'élites n'avaient jamais rien osé murmurer contre lui. Inattendus et incontrôlables, ces séismes n'avaient été pressentis par personne et encore moins par la caste des intellectuels supposés à la pointe de la clairvoyance. Ils n'ont rien vu venir parce qu'ils s'en étaient accommodés. Quand la marche du monde pousse les élites désavouées vers les poubelles de l'histoire, elles se débattent avec une vigueur insoupçonnée pour conserver leur place au sommet de la pyramide des hommes. Leurs efforts pathétiques pour ne pas retomber au niveau du commun des mortels sont un indice pour mesurer la dégringolade de la figure de l'intellectuel dans nos démocraties modernes.

Mon ressentiment à l'égard de ces élites est d'autant plus farouche que leur rôle dans la société m'a toujours paru indispensable. Une démocratie moderne ne peut pas se développer, se consolider sans l'aide d'une élite intellectuelle, artistique, administrative. Les discours démagogiques anti-élites sont idiots ou malhonnêtes car certaines responsabilités exigent des compétences qui ne sont pas à la portée du premier venu. Si chaque citoyen mérite d'être respecté pour ce qu'il est et valorisé pour ce qu'il fait, il est mensonger de faire croire que tout le monde est capable de faire le travail de tout le monde. Et ce sont précisément les espoirs qu'on place dans les élites pour qu'elles réalisent ce que la majorité ne peut faire qui augmentent la colère de les voir s'enfuir dès qu'apparaît une menace. La compétence et la connaissance ne sont malheureusement pas toujours synonymes d'audace et de courage.

Car il faut oser se tromper, oser dire non, oser se faire insulter, oser être rejeté de tous, oser avoir la terre entière contre vous. Oser la liberté contre tous ceux qui ont renoncé à elle car ils n'ont pas la moindre idée de l'usage qu'ils en feraient. Il n'y a aucune honte à être exclus par ces gens qui nous ont méprisés parce qu'on avait eu l'outrecuidance d'exprimer ce qu'on pensait. Il ne s'agit pas d'accuser ceux qui ne partageaient pas nos opinions politiques, car ils en avaient le droit. Mais de condamner ceux qui, par leur situation sociale, politique et intellectuelle flatteuse, auraient dû logiquement défendre avec nous des valeurs que nous pensions communes car au-dessus de nos particularismes et de nos petits nombrils. Ceux-là sont encore plus collabos que les autres. En 1940 comme en 2015, les collabos avaient des moyens intellectuels et culturels pour résister, que d'innombrables ne possédaient pas. Mais ils n'en ont rien fait. Au contraire, ils ont cherché à détourner le plus grand nombre pour conforter leur lâcheté. Ils auront été, cette année 2015, la plus parfaite incarnation de ce qu'on appelle "l'esprit collabo".

Durant les mois qui suivirent le 7 janvier, nous fûmes inondés d'articles qui défendaient mais aussi critiquaient *Charlie Hebdo*. Avant et après le 7 janvier, tant que *Charlie* faisait des couvertures cruelles et provocatrices sur des hommes politiques, sur des présentateurs de télé ou des vedettes du show-business, aucun débat n'a jamais eu lieu pour savoir qui était "Je suis *Charlie*" ou qui était "Je ne suis pas *Charlie*". C'est seulement quand la religion, et plus particulièrement l'islam, a été caricaturée qu'apparut aussitôt un clivage. Ce qui démontrait la nécessité de le faire. Avec ses dessins contestataires sur l'islam, *Charlie* contraignait chacun à révéler son opinion sur le sujet, qu'il s'était bien gardé de dévoiler jusqu'alors. On vit apparaître différentes typologies de réactions.

Les "Je suis *Charlie*".

À l'intérieur de cette catégorie on pouvait distinguer plusieurs sous-groupes.

Les libertaires. Ceux qui aimaient l'humour et la provocation coûte que coûte, au nom d'un esprit libertaire qui rejette toutes les formes d'autorité et d'arbitraire.

Les voltairiens. Ceux pour qui la liberté d'expression ne devait souffrir aucune restriction, même quand elle produit des idées contraires aux leurs.

Les laïcs. Ceux qui, au nom de la laïcité, affirmaient que dans une démocratie les religions n'ont pas le droit de limiter les libertés fondamentales et doivent pouvoir être critiquées, caricaturées, dénoncées comme n'importe quelle autre opinion.

Les racistes. Catégorie faussement "Je suis *Charlie*" pour laquelle les caricatures sur l'islam étaient une opportunité de faire l'amalgame entre immigration et religion, et d'accuser une fois de plus les immigrés de tous les maux. Leur racisme pouvait ainsi s'exprimer sous couvert de liberté d'expression. Une partie de l'extrême droite appréciait soudainement *Charlie Hebdo*, mais uniquement quand il publiait des dessins ironiques sur l'islam, alors qu'elle avait toujours détesté ce journal quand il caricaturait ses leaders comme Jean-Marie Le Pen.

Les jésuites. Ceux qui ont défendu *Charlie* en distinguant islam et islamisme. Selon eux *Charlie* critiquait l'islamisme, idéologie totalitaire indéfendable, mais pas l'islam, religion qu'on se doit de respecter. Distinction qui permet de se présenter comme un défenseur de la liberté d'expression en prenant la défense d'un journal victime du terrorisme, sans risquer d'aller sur le terrain de la religion. Parce que critiquer l'intégrisme religieux est à la portée de tous, alors que critiquer une religion est la garantie de se faire lyncher dans la minute qui suit.

Les "Je ne suis pas *Charlie*".

Les imams. Dès le procès des caricatures de Mahomet en 2006, des religieux musulmans voulaient obtenir de la justice une condamnation de *Charlie Hebdo* pour "racisme". Ce raisonnement était identique à celui qu'une organisation catholique intégriste d'extrême droite avait utilisé dans les années 1990, en cherchant à faire condamner *Charlie Hebdo* pour "racisme anti-chrétien", parce qu'il avait caricaturé des symboles chrétiens. La justice a toujours rejeté ce raisonnement et affirmé que la critique d'une religion ne constituait pas un racisme.

Les musulmans réactionnaires. Ce sont des citoyens français de confession ou de culture musulmane qui condamnent l'islamisme mais ont une conception conservatrice de l'islam. Sans être des extrémistes islamistes, ce sont des musulmans aussi réactionnaires que certains catholiques ou juifs conservateurs, pour lesquels les droits des religions doivent demeurer au-dessus de tous les autres, surtout celui de les critiquer.

Les trotsko-staliniens. Peut-être à l'origine des critiques les plus violentes contre *Charlie Hebdo*. Selon eux, critiquer l'islam reviendrait à critiquer les immigrés des classes laborieuses, dont ils pensent qu'ils pratiquent cette religion. Par ses caricatures, *Charlie Hebdo* se placerait aux côtés de l'extrême droite raciste qui rejette les immigrés, mais aussi aux côtés du capitalisme qui les exploite. Cette gauche totalitaire s'est accommodée, selon les époques, du stalinisme, du maoïsme, des Khmers rouges, de la révolution islamique iranienne et aujourd'hui de l'islamisme. Sa haine de la social-démocratie est telle que ses militants sont prêts à suivre toutes les idéologies qui pourraient la déstabiliser, voire la détruire. Y compris les plus violentes. Les petits soldats de cette gauche soi-disant radicale ont toujours détesté *Charlie Hebdo,* jamais suffisamment "à gauche" à leurs yeux.

Les haineux. Ceux qui n'ont jamais aimé l'humour de *Charlie Hebdo*. Leur "Je ne suis pas *Charlie*" datait de bien avant le 7 janvier, avec ou sans caricature de Mahomet.

Les lâches. Ceux qui avaient été "Je suis *Charlie*" parce qu'ils se croyaient grands défenseurs de la liberté d'expression tant qu'elle restait abstraite, mais qui furent choqués et ont fui dès que le journal reprit la parole, recommença à en faire usage et qu'il fallut en assumer la défense. Seule la souffrance de *Charlie* avait le droit de s'exprimer. Pas ses idées.

Les adeptes de la "laïcité apaisée". Selon eux, le "fait religieux" a une place si importante dans la société que la loi de 1905 doit s'adapter aux exigences des religions et de l'islam en particulier, afin d'"apaiser" le débat. Habile raisonnement pour faire taire la critique des religions et entériner leur diffusion sans réserve. Ils exigent que les défenseurs de la laïcité "apaisent" leurs convictions, mais ne demandent jamais que les religieux "apaisent" leurs pratiques dogmatiques et intolérantes. La crapulerie intellectuelle des tenants de ce discours leur offre un avantage capital : celui de sauver leur peau, car ils savent que jamais les défenseurs de la laïcité ne les menaceront de mort, alors que s'ils avaient les mêmes exigences à l'égard de l'islam, ils risqueraient fort de voir leur vie menacée par quelques illuminés violents.

Les délateurs de l'islamophobie. Les précédentes catégories opposées à *Charlie Hebdo* utilisent presque toutes le terme "islamophobe" pour désigner ceux qui critiquent l'islam. "Agent de l'étranger", "social-traître", conformément à la tradition stalinienne, un mot est inventé pour écarter du débat public les gêneurs et les fusiller sans preuves. "Islamophobe" comme "laïcard", expression créée par le monarchiste Charles Maurras, illustrent la similitude des méthodes utilisées par les fascistes d'extrême droite et les fascistes d'extrême gauche, pour exterminer leurs ennemis avec des mots, à défaut d'avoir des armes.

On peut relire les innombrables articles écrits depuis le 7 janvier 2015 et s'amuser à les classer dans ces catégories, comme on range les clous dans différentes boîtes en fonction de leur taille. Cette liste n'est pas exhaustive et on pourrait la compléter à l'infini.

Elle démontre que, pour *Charlie Hebdo*, il sera, comme toujours, impossible de faire l'unanimité. À partir du moment où *Charlie Hebdo* recommençait à bouger le petit doigt et à murmurer quelque opinion, il prenait le risque de décevoir toutes les personnes de toutes ces catégories, qu'elles soient "Je suis *Charlie*" ou "Je ne suis pas *Charlie*". Il était scientifiquement, mathématiquement, géométriquement, chimiquement impossible de satisfaire la totalité de l'univers. Dieu lui-même n'a pas été capable de réunir derrière lui tous les hommes de cette planète en une seule et unique religion. Alors pourquoi *Charlie Hebdo* aurait-il dû parvenir à ce miracle ?

UN PUR DESSINATEUR DE PRESSE

Tignous était un dessinateur de presse déjà reconnu quand il rejoignit *La Grosse Bertha* en janvier 1991, alors que la première guerre du Golfe venait d'éclater. Un de ses dessins m'avait frappé à l'époque. On voyait un Français moyen avec son béret sur la tête devant une télévision qui diffusait l'image de Joan Baez grattant sa guitare. La légende disait : "Joan Baez a chanté. Cette fois, c'est vraiment la guerre !"

Alors que j'étais étudiant, j'avais déjà remarqué le trait et la signature de Tignous dans *L'Idiot international*, créé par Jean-Edern Hallier en 1969, fermé en 1972 puis relancé en 1989. Dans ces années 1980 tristes et ennuyeuses depuis la disparition du premier *Charlie Hebdo* en 1982, *L'Idiot international* apparaissait comme un pis-aller. En attendant mieux. Mais ce journal à la ligne éditoriale marécageuse avait cependant le mérite d'avoir ouvert ses pages à de nouveaux dessinateurs comme Tignous.

Ma première rencontre avec Tignous, à *La Grosse Bertha*, me déstabilisa. Il avait des chaussures pointues et rouges, comme ce devait être la mode en ce début des années 1990 qui s'annonçaient aussi moches que les années 1980. Il portait de grosses bagues fantaisie dont l'une représentait une tête de mort. Je n'avais jamais vu un dessinateur de presse en chair et en os et je m'inquiétais : "C'est comme ça qu'il faut s'habiller pour faire ce métier ?" J'eus un moment d'hésitation. Avais-je fait le bon choix en déposant quelques dessins à *La Grosse Bertha* ? La coupe mulet que Tignous portait à cette époque ne fit qu'aggraver mes doutes.

Tignous n'appartenait pas à la génération des fondateurs de *Charlie Hebdo* comme Cabu, Gébé ou Wolinski, ni à celle des débutants comme Charb, Luz ou moi. Tignous était coincé entre ces deux générations. Il avait émergé dans les années 1980, cette décennie de vaches maigres pour les dessinateurs de presse, où les grands journaux satiriques avaient presque tous disparu à part *Le Canard enchaîné*. Décennie qui avait aussi vu exploser la bande dessinée. À l'origine destinée à la jeunesse, la bande dessinée démontra dans les années 1970, avec des journaux comme *Pilote*, *L'Écho des Savanes* ou *Métal Hurlant*, qu'elle pouvait parler aux adultes. Elle conquit peu à peu un marché considérable et j'avais l'impression, de là où je me trouvais à l'époque, c'est-à-dire en province et à l'université, que les dessinateurs talentueux se détournaient du dessin de presse pour une carrière plus intéressante dans la BD, dont la progression semblait illimitée. Devenir dessinateur de presse dans ces années 1980 me semblait une gageure. Tignous n'était pas de ceux-là et, en le découvrant dans les pages de *L'Idiot international*, je me disais que le dessin de presse n'était pas complètement mort. Ses dessins m'encourageaient à envisager de faire de même. Peut-être, un jour.

Tignous dessinait le plus souvent avec un gros stylo-plume. Il fixait la feuille blanche en plissant les paupières comme s'il voulait déceler les traits invisibles du dessin qu'il allait réaliser quelques secondes après. Il devait se convaincre qu'il était déjà sous ses yeux. Quand il était suffisamment imprégné de son projet, il s'élançait sur la feuille pour donner naissance à ce qu'il venait d'imaginer. Il avait le trait tournoyant et la manie d'affubler ses personnages de gros nez, qui s'achevaient par un tourniquet final, comme la spirale sur le ventre du père Ubu.

Les dessinateurs ont parfois peur du dessin de reportage qui exige de travailler sans filet. On n'a pas le temps de gommer et on doit dessiner à main levée sans repentir possible en cas d'erreur. Quand on parvient à dépasser cette appréhension, l'exercice, stressant au début, devient exaltant. Une fois parti, on peut tout dessiner. Les visages que Tignous croquait en reportage étaient à la fois réalistes et légèrement caricaturés. Un mélange entre l'œil impitoyable du caricaturiste et celui, indulgent, du reporter. Lorsqu'il s'attelait à ce genre plus difficile qu'il n'y paraît, Tignous pouvait réaliser de petits bijoux. Un de ses plus beaux, publié dans le journal en janvier 2014, fut celui de l'enterrement de Cavanna, le créateur de nos destins.

Le lundi soir, quand arrivait le moment de conclure la réalisation de la couverture, je lui demandais son avis. Tignous plissait à nouveau les yeux pour s'assurer de la composition équilibrée et vérifier la pertinence des couleurs, en particulier leur complémentarité, domaine où j'étais nul. Avec ses doigts ornés de bagues fantaisie, il donnait quelques indications. Je retournais voir les maquettistes pour mettre en œuvre ses consignes puis je revenais lui présenter le résultat, afin d'obtenir son imprimatur.

Trop souvent, Tignous s'absentait du journal en donnant des justifications peu convaincantes. Un jour c'était sa chaudière qu'il devait faire réparer, un autre c'était sa grand-mère qui venait de décéder et à l'enterrement de laquelle il devait absolument se rendre. En vingt-cinq ans, il a dû réparer soixante-sept fois sa chaudière et enterrer trente-quatre fois sa grand-mère. De guerre lasse, plus personne ne s'étonnait des explications fumeuses qu'il nous donnait pourtant toujours avec une conviction bluffante. Un soir, les esprits s'échauffèrent autour de la grande table en fer à cheval de la rédaction. Tignous invoquait une fois de plus les contraintes de sa vie familiale pour justifier ses absences. Agacé, je lui répondis sans ménagement dans un style assez grossier, dont je me doutais qu'il ne manquerait pas de le faire réagir. Tignous péta littéralement les plombs et se mit à courir après moi autour de la table de la rédaction, me balançant une chaise, que j'esquivai tout en me précipitant vers la sortie du journal. Il est vrai que j'avais forcé la dose. L'affaire se termina dans le bureau du rédacteur en chef, Philippe Val, qui, tel Saint Louis sous son chêne, infligea de manière égale, à Tignous et à moi, un avertissement. En vingt-cinq ans, les sanctions disciplinaires furent très rares dans ce journal qui avait misé, et eut raison de le faire, sur la conscience professionnelle de ses membres, plutôt que sur l'application d'un règlement strict et borné. Parfois, cependant, néanmoins, toutefois, il s'est avéré nécessaire, une ou deux fois en vingt-cinq ans, de rappeler à certains qu'un journal, même satirique, c'est pas le bordel pour autant.

Tignous n'a pas laissé une œuvre aussi considérable qu'un Cabu ou un Wolinski. Parce qu'il était plus jeune mais aussi parce qu'il n'est pas facile pour un dessinateur de presse de trouver le temps de se consacrer à un projet d'envergure qui deviendrait son chef-d'œuvre. Le travail du dessinateur de presse est ingrat car il est prisonnier du rythme des *news* qu'il doit suivre pour produire des dessins pertinents. Il peut se laisser convaincre que son talent est sacrifié sur l'autel de l'actualité et croire qu'il passe à côté d'une carrière plus ambitieuse d'artiste. Car le dessin de presse est souvent perçu comme un art mineur et quelques-uns parmi ceux qui le pratiquent rêvent de troquer leur carte de presse contre celle plus prestigieuse d'"Artiste". Tignous était un pur dessinateur de presse et n'a jamais cherché à être autre chose. Il avait suivi le procès de l'indépendantiste corse Yvan Colonna, accusé d'avoir assassiné le préfet Érignac, et ses croquis d'audience donnèrent lieu à un superbe album. Les dessins magnifiques qu'il réalisa de ce procès-fleuve démontrent qu'on peut être dessinateur de presse et en même temps virtuose.

UN MONDE PERDU

Le 11 janvier 2015, des millions de personnes, submergées par l'émotion, défilèrent dans les rues de France en hommage aux victimes des 7, 8 et 9 janvier. Mais de ma chambre d'hôpital, je me préparais déjà à affronter le moment où la marée se retirerait, quand les crabes recommenceraient à nous cisailler les mollets. Soigner nos blessures pourtant profondes ne serait finalement pas le plus pénible. Le calme revenu, les coups dans la figure ne tarderaient pas à pleuvoir de nouveau sur nous.

J'étais sur mon lit pendant que la foule se rassemblait sur les places et les avenues. Il faisait gris. Il faisait moche. Je refusai de regarder la télé. Je descendis en pyjama, avec mon bras en écharpe, à la cafétéria de l'hôpital pour prendre un café avec des proches venus me rendre visite. De là, je voyais à travers les baies vitrées les tours de la Défense noyées dans la grisaille et le froid de cet odieux mois de janvier. Paris flottait sur cette ligne perdue à l'horizon. Là-bas, les trottoirs et les boulevards se remplissaient inexorablement d'une foule inimaginable. Tout ça me semblait loin, loin, si loin…

Entre ce lointain et moi, un océan. Je voulais me convaincre que j'étais ailleurs. J'aurais aimé bénéficier du privilège des morts, celui de n'être plus jamais dérangé par le désordre du monde, tout en jouissant de celui d'être encore en vie. Impossible alchimie dont je rêvais pour m'échapper de cet après-midi du 11 janvier. Absent et vivant en même temps. Car cette masse de gens me remplissait de honte. Indestructible honte des vivants devant les morts qui me poursuivait depuis ce jour où j'avais offert à cette veuve la vue du corps de son mari refroidi, comme on présente l'enfant à sa mère. Ces millions de gestes de sympathie me déstabilisaient. Je ne savais qu'en faire. Je ne savais pas si nous les méritions.

De ma chambre je voyais le sommet des arbres nus aux branches squelettiques que l'hiver leur inflige. Au milieu de la végétation décharnée se dressait le mât des couleurs. J'étais dans un hôpital militaire et au sommet de ce mât flottait le drapeau tricolore. Il avait été mis en berne. Visiblement, quelqu'un était mort dans l'hôpital. N'étant pas très au fait des usages militaires, j'interrogeai une infirmière pour qu'elle m'éclaire. Elle me répondit que trois jours de deuil national avaient été proclamés en mémoire des victimes des attentats qui venaient d'avoir lieu. Je fus stupéfait de cette réponse. Je pris soudain conscience que je ne me rendais absolument pas compte de la répercussion de l'attentat dont nous avions été victimes. J'étais presque gêné qu'on nous accorde autant d'attention. Profondément mal à l'aise de constater que ce que nous avions subi avait plongé le pays dans un tel désarroi.

On me rapporta qu'un slogan avait été créé et repris par de nombreuses personnes. "Je suis *Charlie*."

Si nombreuses que partout autour du globe il s'était diffusé. Pour me faire comprendre l'ampleur de cette vague de soutien, on me raconta qu'un astronaute japonais avait affiché ce slogan dans sa station spatiale ! Je n'y comprenais rien. Mais de quoi se mêlait-il, celui-là dans sa capsule ? Il n'avait pas mieux à faire, là-haut dans son bidule en orbite autour de la terre ?

En réalité, c'était plutôt à moi de redescendre sur terre. De sortir de ma niche et d'oser mettre le nez hors de ma chambre où je me recroquevillais comme dans une grotte. Le dehors me rendait craintif. J'étais peut-être encore sous le coup des troubles post-traumatiques. En attendant qu'ils disparaissent progressivement, j'allais devoir m'habituer à l'idée que mon rapport avec mon environnement ne serait plus comme avant. Avant avait disparu. Avant ne reviendrait jamais. Avant était mort.

La cafétéria de l'hôpital était le seul endroit où je m'étais autorisé à observer ce que les médias disaient de notre malheur. Un petit kiosque s'y trouvait et je me risquais à laisser traîner mes yeux sur les couvertures des magazines de cette semaine du 7 janvier 2015. J'avais peur de tomber sur des photos qui me montreraient des images que j'avais voulu éviter dans la salle de rédaction. J'avais peur de lire, dans les gros titres, des mots mal choisis pour parler de nos disparus. J'avais peur de nous voir exhibés comme un gibier de plus au tableau de chasse de l'information-spectacle. Les visages de nos copains assassinés étaient à la une des journaux people, des magazines de mode ou des programmes télé. Les voir mis en vedette par une presse qui ne s'était jamais intéressée à ce qu'ils dessinaient de leur vivant était douloureux mais aussi loufoque. La semaine prochaine quand je les retrouverais, je m'empresserais de leur raconter pour en rire tous ensemble.

Sur mon lit, alors que ce 11 janvier devenait d'heure en heure une journée historique, j'essayais de penser à autre chose, tétanisé de savoir que mon journal était au cœur de l'attention de tous ces marcheurs. Un ouvrage consacré à la vie du Christ, qui exposait toutes les sornettes que les textes bibliques affirmaient sur lui, était ma seule distraction. Puis, je me rappelai qu'on avait apporté mon courrier. Il n'y avait pas grand-chose d'intéressant à lire. Sauf une petite enveloppe en provenance des États-Unis. Dans ce cataclysme, j'avais oublié que quelques jours auparavant, le 28 décembre et le 4 janvier, j'avais acheté sur un site d'enchères en ligne deux photos anciennes datant de la Seconde Guerre mondiale. Elles m'avaient semblé intéressantes car chacune d'elles représentait un magnifique dessin réalisé sur le fuselage d'un avion américain, quelque part dans le Pacifique. Le premier, *Midnight Belle*, reprenait la silhouette de Miss Lace, personnage dessiné et créé par Milton Caniff pour son strip *Male Call*, destiné aux GI pendant la guerre. Le second, *The Virgin Widow*, s'inspirait d'un dessin d'Alberto Vargas publié en couleur et en double page dans le numéro d'octobre 1943 de la revue américaine *Esquire*. Elle représentait une jeune femme allongée sur le dos, les deux jambes légèrement relevées. Pratiquement la même posture que la mienne, cinq jours auparavant quand j'attendais les secours.

Mais ce 11 janvier 2015, après tout ce que nous venions de vivre, ces photos m'encombraient. Alors que je les rangeais dans leur enveloppe, sans savoir ce que j'allais en faire, elles m'apparurent soudain de la plus grande importance. Je pris conscience qu'elles arrivaient d'un monde perdu. Celui d'avant le 7 janvier. D'un monde parallèle, où rien de grave ne nous était encore arrivé. Elles témoignaient de la vie d'avant, faite d'insouciance et de futilités. Comme ces sondes envoyées par la Nasa aux confins de l'Univers, en espérant qu'un jour une intelligence hors de notre système solaire les interceptera et apprendra l'existence de notre humanité. Ces modestes photos étaient devant moi comme des messages extraterrestres en provenance d'une autre galaxie. Une galaxie qui venait d'être avalée par un trou noir.

Sur ma table de nuit était posé un magazine que j'avais acheté au kiosque à journaux de la cafétéria de l'hôpital. Sa couverture représentait une photo de notre salle de rédaction après l'attaque. On y voyait clairement le sol ensanglanté de notre sang. La presse s'est bien vendue ce mois de janvier 2015. Notre journal semblait avoir été offert en sacrifice pour que d'autres puissent continuer de vivre.

Photo tragique d'aujourd'hui. Photos légères d'autrefois. Posées à quelques centimètres les unes des autres, leur rencontre fortuite devenait obscène. L'abominable et l'insignifiant. Il fallait commencer à s'y résigner. Vivants, nous n'aurions pas d'autre choix que d'être en permanence écartelés entre ces deux contraires. Nos angoisses et nos souffrances allaient devoir apprendre à cohabiter avec l'ignorance et la désinvolture.

DIEU EST AMOUR

Bernard Maris n'aurait jamais dû travailler à *Charlie Hebdo*. Bernard Maris était professeur d'économie à la fac de Toulouse où logiquement il aurait dû faire toute sa carrière. Mais le hasard, une fois de plus, lui fit croiser d'autres chemins. Par une connaissance, il entra en contact avec le journal *La Grosse Bertha* créé en ce début d'année 1991. On lui proposa une chronique économique, ce qui était original dans un journal satirique rempli de caricatures, à des années-lumière du microcosme universitaire d'où il venait. Ses premiers articles n'étaient pas très convaincants. Pour l'aider à se décoincer, le rédacteur en chef du journal, Philippe Val, lui suggéra d'inventer un personnage, une sorte de doublure, à travers laquelle il expliquerait aux lecteurs les mystères de l'économie. Cette idée se révéla lumineuse. Par ce tour de passe-passe, Bernard put enfermer dans un placard l'universitaire coincé qu'il était, et libérer son double qui n'aurait jamais osé écrire sous son vrai nom. Oncle Bernard était né. Pendant près de quinze ans, Bernard Maris signa sous ce pseudonyme, à *La Grosse Bertha* d'abord, puis à *Charlie Hebdo*, des chroniques qui rendaient l'économie compréhensible aux profanes. Tel un Janus à deux têtes, il pouvait poursuivre sa carrière universitaire et, dans le même temps, traîner dans la boue les grands patrons et les journalistes économiques qu'il avait dans le nez.

À *Charlie Hebdo*, Bernard était chez lui et comme les autres membres de la rédaction, cette confiance l'incitait à se dévoiler. Parfois le rire a besoin de cette intimité rassurante pour s'épanouir librement. Alors Bernard s'esclaffait à la moindre occasion et il s'envolait dans de grands éclats de rire comme un gosse qui vient de faire une bêtise.

Les années passant, il se disait de plus en plus que Bernard Maris, le professeur modèle, et Oncle Bernard, l'économiste incontrôlable de *Charlie Hebdo*, ne faisaient qu'un. Ce subterfuge le protégea et lui ouvrit les portes de la capitale où il obtint un poste. Il quitta alors Toulouse pour Paris.

Cette double identité était à la fois un jeu, mais peut-être aussi le reflet de sa personnalité. Car, à côté de *Charlie Hebdo*, Bernard Maris avait une vie sociale très classique, ne refusant pas les honneurs et les mondanités. Il était capable d'évoluer dans des milieux étrangers les uns aux autres, qui s'ignoraient et même se méprisaient. Il aimait naviguer de rivages en rivages, à la recherche de nouveaux territoires, se sentant aussi bien dans l'ambiance débridée de la rédaction de *Charlie Hebdo* qu'à la Banque de France qu'il avait rejointe en 2012, où l'atmosphère était nettement plus coincée. Tel un explorateur qui revient d'un continent mystérieux et rapporte des récits extraordinaires à un auditoire intrigué, il nous dévoilait prudemment ses découvertes. Lui qui habituellement ne prenait pas de pincettes pour traiter les banquiers de tous les noms reconnaissait que ceux qu'il avait vus à l'œuvre à la Banque de France l'avaient impressionné par leur compétence. Bernard avait le jugement impitoyable, mais pas injuste.

Le mercredi midi, après la conférence de rédaction, nous nous mettions à l'écart du brouhaha du journal en allant manger tous les deux à la brasserie du coin. C'était le seul moment un peu tranquille où nous pouvions échanger ensemble, d'homme à homme. Protégé des oreilles indiscrètes, Bernard pouvait se confier plus intimement. Sur sa vie, ses préoccupations, ses envies, ses regrets. Il semblait baigner en permanence dans une incertitude qui le poursuivait depuis son enfance. Il doutait très vite de tout, et avec des arguments bien ciselés, on pouvait lui faire admettre le contraire de ce dont il était convaincu dix minutes plus tôt. Cette versatilité n'était pas feinte. Elle témoignait d'une grande inquiétude, qu'on trouve chez les artistes, les peintres et les écrivains bien plus que chez les économistes qui savent toujours tout et ne se trompent jamais. Il était peut-être le seul économiste au monde qui ne savait pas s'il avait tort ou raison. Il doutait en permanence au point qu'on pouvait se demander si cela ne le faisait pas souffrir. Mais ses inquiétudes ne signifiaient pas que Bernard Maris n'avait pas de convictions. Une année, il se présenta aux élections municipales dans un arrondissement de Paris, sous l'étiquette écologiste. Il fit un des meilleurs scores obtenus par ce parti politique dans cette circonscription. Cet engagement ne dura pas car il n'avait aucune ambition politique.

Bernard Maris avait la tête truffée de projets. Livres, romans, il apparut même dans un film de Jean-Luc

Godard intitulé *Film Socialisme*. On le voyait en robe de chambre deviser à propos du capitalisme, sur un énorme paquebot de croisière en Méditerranée. Quelque temps après, le navire utilisé pour le tournage s'échoua sur des récifs de la côte italienne offrant pendant des mois à la vue de tous sa coque monstrueuse rouillant jour après jour, à l'image de notre monde, se dégradant inexorablement sans que personne ne s'en alarme.

Un mois avant la date fatidique, il organisa un dîner avec des amis, auquel il me convia. Parmi eux, Michel Houellebecq. Afin de nourrir ses prochains écrits, Houellebecq interrogeait Bernard Maris sur des points très précis d'économie et attendait de lui des réponses tout aussi précises. Nous ne savions pas que Houellebecq allait sortir quelques semaines plus tard son livre *Soumission*, qui imaginait une France peu à peu transformée par un islam conquérant. Nous parlions de choses et d'autres l'esprit tranquille, sans savoir que nous partagions nos derniers jours ensemble, vivants et libres. Inconscients d'être en sursis. Quelques années auparavant, *Charlie Hebdo* avait édité un tee-shirt sur lequel était imprimé un dessin de Willem. On y voyait Ben Laden et George W. Bush, armés, se faisant face et entourés de cadavres. Tous les deux prononçaient dans une bulle commune cette phrase : "Dieu est amour." Bernard Maris portait ce tee-shirt le dernier jour de sa vie.

L'EFFACEMENT

De retour des camps, les rescapés espéraient être accueillis avec toute l'attention qu'ils pensaient mériter. Ce ne fut pas le cas. Ils retrouvaient un monde ignorant, qui n'avait pas la moindre idée de ce qu'ils avaient traversé.

Revenir parmi les vivants, c'est faire le choix de se taire. Parler ne servirait à rien. Ils ne comprendront rien, nous regarderont comme des fous et nous tiendront à l'écart. Il ne faut pas effrayer les vivants. Les vivants sont vivants et n'aiment pas qu'on leur parle de la mort. Il ne faut donc pas tout leur dire.

Pour être accepté des vivants, il faut leur ressembler. Apprendre à les singer. Il faut les observer et leur faire plaisir, car rien ne serait pire que les décevoir et qu'ils vous abandonnent. Instinctivement, les survivants deviennent des animaux de compagnie qui espèrent retrouver leur place aux côtés des vivants en les apitoyant. "Pauvre bête, je ne vais quand même pas la laisser tomber." Condamnés à émouvoir s'ils veulent qu'on les garde encore. Tant qu'ils sauront tirer des larmes, ils n'auront rien à craindre. Mais si l'un d'eux proteste et mord, à la fourrière on le jettera sans hésiter. Ne revendique rien d'autre que la miséricorde, survis et ferme ta gueule.

S'il veut être écouté, le survivant n'a d'autre choix que de se tourner vers ses semblables. Vers les autres bêtes apeurées de son chenil. Ce n'est qu'entre eux qu'ils se sentent bien car ensemble ils sont sûrs de n'importuner personne. Dans leur niche à survivants.

Depuis le 7 janvier, une nasse s'est refermée sur leur vie. Ils pensaient pouvoir tout dire. Ils croyaient qu'ils seraient toujours entendus. En réalité, ils ont déjà adopté les contorsions pour exister sans déranger. Ce crime qui voulait réduire leur liberté d'expression a presque atteint son but. Désormais, ils feront attention à ce qu'ils diront.

Sur le billard, on a ouvert leur corps pour le réparer.

Mais sur la table, ils n'ont pas osé étaler leurs tripes, pour vider leur sac.

Quand on survit à un attentat, on a envie de casser la gueule à tous ceux qui se mettent en travers de notre chemin, à toutes les mauvaises langues qui racontent n'importe quoi, à tous les commentateurs qui nous examinent comme des bactéries sous leur microscope. On ne supporte plus leurs mensonges, leurs lâchetés, leurs trahisons et leurs bassesses. Quand on émerge vivant d'une telle horreur, on n'a pas envie de retrouver intactes, toujours aussi triomphantes, la bêtise et la médiocrité. Comme si rien n'avait changé. Mais bien vite, on constate avec désillusion à quel point les événements n'ont pas modifié notre environnement autant qu'ils nous ont transformés. Autour de nous, tout est devenu bancal. On n'ose pas s'exprimer, de peur de choquer, d'être incompris puis rejeté. Pour revenir parmi les vivants, on ne dit rien qui pourrait nous en exclure. Car la vie ne nous est pas due. Mais seulement accordée. Après avoir échappé à l'anéantissement, après avoir retrouvé l'humanité, chaque jour commencera toujours par la même question : que dois-je faire pour mériter de vivre cette nouvelle journée ?

La mémoire du 7 janvier a souffert de cela. Les victimes de cette matinée sanglante n'ont pas suffisamment revendiqué les raisons de leur malheur. Ils croyaient naïvement que d'autres le feraient à leur place. Qu'on écrirait pour eux des livres qui graveraient définitivement dans les consciences ce que fut le combat politique des victimes de la rédaction de *Charlie Hebdo*. Malheureusement ce fut trop rarement le cas, et la facilité préféra donner en pâture à la curiosité publique les souffrances et les larmes, davantage que les explications. Car les explications sont douloureuses à proclamer et plus encore à écouter.

Quelques semaines plus tard, les éclopés du 7 janvier retrouvèrent l'opportunité de s'exprimer dans leur journal. Une possibilité inexistante pour les victimes des autres attaques terroristes. Mais parler des attentats dans un hebdomadaire qui venait d'en être victime se révéla un handicap bien plus qu'un atout. Une certaine objectivité nous obligeait à la retenue. Si on avait laissé parler nos tripes, *Charlie Hebdo* aurait été beaucoup trop violent. De fins observateurs reprochèrent à notre journal de consacrer trop de place au terrorisme. Il fallait presque s'excuser de donner notre avis sur des questions d'actualité dont les autres médias étaient remplis. À *Charlie Hebdo*, la moindre ligne sur le sujet pesait dix fois plus lourd qu'ailleurs. Dès qu'on voulait évoquer le terrorisme et l'islamisme, la gravité terrestre n'était plus la même. Car la parole de *Charlie Hebdo* est marquée au fer rouge par une histoire qui n'est pas celle des autres médias. Procès des caricatures en 2006, incendie des locaux en 2011, massacre en 2015, la légitimité de *Charlie* pour parler de ces problèmes était au moins aussi grande que celle des autres médias, sinon plus.

"Moi aussi j'ai une protection policière. Et toi, elle est plus lourde ou moins lourde que la mienne ?" me demanda le journaliste d'un autre média, également sous protection. Élégant procédé pour me dire : "Moi aussi je suis très courageux, alors je n'ai pas de leçons à recevoir de *Charlie*." Le message était clair. *Charlie* ne devait pas trop la ramener. Vous êtes encore là ? Vous êtes encore vivants ? Alors ne vous plaignez pas et ne faites plus les malins !

Quand parfois des proches nous signalaient des articles de presse qui déformaient la réalité sur *Charlie Hebdo*, ils ne comprenaient pas notre silence. Les raisons en étaient pourtant simples. D'abord, nous étions épuisés. Et puis je me disais que nos explications n'auraient convaincu que les convaincus mais n'auraient pas le moindre impact sur ceux qui nous détestaient. User notre parole pour répondre à ces médisances n'aurait fait que l'affaiblir. Il fallait la réserver à des enjeux plus cruciaux que notre susceptibilité.

Car *Charlie* n'est pas habilité par la profession à donner des leçons à la profession. *Charlie* devait retourner au plus vite dans l'oubli. Et avec lui son histoire embarrassante.

Dans les années 1990, alors qu'en Algérie les islamistes égorgeaient quotidiennement, *Charlie Hebdo* publia toutes les semaines une rubrique intitulée "Embauchez un intellectuel algérien" avec la notice suivante : "Si vous lui trouvez du boulot, il pourra rester en France. Sinon, la préfecture le renverra se faire tuer en Algérie." L'idée était d'accueillir un Algérien menacé par les islamistes. En créant cette rubrique teintée d'humour noir, les membres de la rédaction n'imaginaient pas que, vingt ans après, ce serait *Charlie Hebdo* tout entier qui demanderait asile au journal *Libération*. D'abord en 2011, après l'incendie des locaux, puis une deuxième fois en 2015, après l'attentat du 7 janvier.

Durant la même période, le Front national prenait de plus en plus de place dans la vie politique française. Pour contrer l'ascension apparemment inexorable de ce parti d'extrême droite, *Charlie Hebdo* lança en 1995 une pétition qui réclamait sa dissolution. Nous estimions que les valeurs du Front national étaient incompatibles avec celles de la République et qu'il était suicidaire de le laisser impunément diffuser ses discours racistes et xénophobes. Avec générosité et naïveté, la démocratie donnait des droits à un parti qui, selon nous, avait pour seul objectif de la faire disparaître. 168 196 lecteurs signèrent cette pétition.

Vingt ans après, la même escroquerie réapparaissait avec l'émergence en France de l'islamisme, dont les militants cherchaient à profiter au maximum des libertés fondamentales de notre démocratie, pour mieux l'affaiblir et l'étouffer à petit feu.

Les dessinateurs et rédacteurs assassinés un matin de janvier 2015 furent de toutes ces luttes. Leur combat pour sensibiliser le lectorat de *Charlie Hebdo* à ces causes prit la forme de reportages, d'interviews, de dessins et de soutien à d'innombrables associations. Leur disparition laissa derrière eux un vide aussi vaste que furent leurs engagements.

Avec Antonio Fischetti, Tignous réalisa une série de reportages dessinés sur les sectes afin de dénoncer leurs méthodes totalitaires. Honoré se rendit à Turin pour dessiner la foi aveugle des pèlerins se prosternant devant le supposé saint suaire. Cabu sillonnait et croquait sa France des Beaufs, Wolinski se rendait au Chiapas pour rencontrer le sous-commandant Marcos et Charb, dans la bande de Gaza. Toutes les semaines dans sa chronique "La vie des grands fauves", Bernard Maris traînait dans la boue les prédateurs du capitalisme, banquiers incompétents et hommes d'affaires bidon.

Un mercredi matin, Cabu arriva au journal pour la conférence de rédaction, essoufflé. Son sac en bandoulière, alors qu'il se dirigeait vers sa chaise, ne prenant même pas le temps de s'asseoir, il nous interpella. "Vous avez vu ce qui se passe à *France-Soir* ?" Empressé, il nous expliqua que le directeur de la publication de ce journal venait d'être licencié pour avoir reproduit des caricatures réalisées par des dessinateurs danois. Des caricatures du prophète Mahomet. Sans même les avoir vues, les membres de la rédaction de *Charlie* furent indignés par une telle décision. Ces caricatures avaient déjà été publiées dans un journal danois et un journal égyptien sans que cela ne provoque de problème particulier. Aussi, lorsque la question se posa de savoir s'il fallait les reproduire à notre tour, tous autour de la table de rédaction répondirent que c'était un devoir. Quoi de plus naturel pour des dessinateurs que de défendre leur mode d'expression.

Quoi de plus évident pour un journal qui s'était toujours dressé contre la puissance des religions. Quoi de plus logique de la part d'un journal qui n'avait jamais hésité à s'attirer les foudres des extrémistes, politiques ou religieux. Quitte à en subir les conséquences : en se retrouvant poursuivi en justice par des catholiques intégristes, en se faisant casser la figure par des militants d'extrême droite comme son rédacteur en chef Philippe Val à la sortie d'une émission de télé, ou en se faisant embarquer, comme Luz, par la police militaire croate en pleine guerre de Yougoslavie.

Le procès des caricatures en 2006 intervint dans une histoire de *Charlie Hebdo* déjà bien remplie, où ses membres savaient depuis longtemps qu'il fallait parfois donner de sa personne et ne pas avoir peur de prendre des coups, au propre comme au figuré. Pour eux, la publication des caricatures de Mahomet était logique. Seuls ceux qui ne connaissaient pas Tignous, Cabu, Charb, Honoré, Bernard et leurs compères du journal furent surpris par cette décision. Il n'y avait pourtant rien d'audacieux à publier ces caricatures de Mahomet somme toute bien timides, quand on les revoit aujourd'hui.

Dessiner ou écrire dans *Charlie Hebdo* a toujours été un acte politique, et si leurs dessins peuvent déclencher les rires, les dessinateurs du journal ne sont ni des comiques ni des humoristes. Chacun de leurs dessins est l'affirmation de leurs convictions et la violence de leur trait n'est que l'écho de celle du monde qui les entoure.

Car contrairement à ce que beaucoup s'imaginent sans jamais l'avoir ouvert, *Charlie Hebdo* n'est pas un journal de “blagues”. L'humour est un moyen, pas un but. Un moyen pour emmener le lecteur là où il n'aurait pas eu l'idée d'aller seul. "Peut-on rire de tout ?" est une question stupide. On ne peut pas rire de "tout" pour une raison simple : qui peut prétendre connaître "tout" pour ensuite décider d'en rire. À part Dieu puisqu'il est le créateur de ce "tout" ? Lui seul est donc capable de rire de "tout". Mais quand on constate à quel point les religions exècrent le rire, l'existence de Dieu redevient, une fois encore, une hypothèse bien fragile.

Finalement, on ne rit que du peu que l'on connaît et même du très peu que l'on comprend. Par essence, rien n'est drôle dans la vie. Une banane, ce n'est pas drôle. Un piano, ce n'est pas drôle. Mais un type qui glisse sur une peau de banane et reçoit en même temps un piano sur la tête qui tombe du douzième étage, c'est drôle.

Provoquer le rire est avant tout un choix, pas une performance. Un choix toujours politique qui implique qu'on n'ait pas envie de faire rire systématiquement avec tout. Car les dessinateurs de *Charlie* ne sont pas des robots programmés pour faire s'esclaffer à n'importe quel prix la foule abrutie qui veut rigoler de tout sans jamais réfléchir à rien. Rire, c'est d'abord réfléchir. Ceux qui n'ont pas compris ça ne comprendront jamais rien à *Charlie Hebdo*.

Ils ont tué Tignous parce qu'il était Tignous.

Ils ont tué Cabu parce qu'il était Cabu.

Ils ont tué Charb parce qu'il était Charb.

Ils ont tué Wolinski parce qu'il était Wolinski.

Ils ont tué Honoré parce qu'il était Honoré.

Ils ont tué Bernard Maris parce qu'il était Bernard Maris.

Ils ont tué Elsa Cayat parce qu'elle était Elsa Cayat.

Ils ont tué Mustapha Ourrad parce qu'il était Mustapha Ourrad.

Plus d'un an après, un ouvrage consacré au terrorisme intitulé *Qui est Daech ? Comprendre le nouveau terrorisme** publiait une liste des attentats commis ces dernières années à travers la planète. Arrivé au mois de janvier 2015, je m'attendais à voir logiquement répertorié l'attentat contre *Charlie Hebdo*. Il n'y en avait aucune mention. L'attentat contre l'Hyper Cacher était signalé mais pas celui contre *Charlie Hebdo*. Selon ce document, il ne s'était rien passé le 7 janvier 2015 à Paris, 10, rue Nicolas-Appert. La raison de ce choix était assez fumeuse. Cette liste ne répertoriait que les attentats commis par l'État islamique. Or l'attentat contre *Charlie* avait été revendiqué par al-Qaida. Pour celui qui avait conçu cette liste, il ne méritait donc pas d'y figurer. Pas de bol les amis, vous n'aviez pas été tués par les bons tueurs.

Comment interpréter un tel oubli ? Ma première explication fut de m'accuser moi-même. La description des troubles post-traumatiques qu'on me fit dans les jours qui suivirent l'attentat devait me rendre vigilant. C'était peut-être la paranoïa qui me poussait à voir des actes malveillants partout. Ma réaction à cet oubli était probablement due à mon état psychologique toujours à vif. Le sentiment de culpabilité de la victime est tel qu'elle préfère encaisser les coups en silence et s'agresser elle-même en se répétant qu'elle est le problème,

* Ouvrage collectif sous la direction d'Éric Fottorino, éditions Philippe Rey / Le 1, 2016.

plutôt que d'affronter les autres. Retourner à la bataille exigerait une énergie que nous n'avions plus, et qui demanderait encore du temps avant qu'elle retrouve sa puissance d'avant 2015.

On se convainc que la terre entière veut se débarrasser de nous. Tout devient suspect. Un oubli devient une trahison, une erreur devient une agression. Sentiment d'autant plus facile à réveiller que *Charlie Hebdo* a souvent été accusé d'être seul responsable de son sort. Procès, incendie, attentat, c'est nous qui avions jeté de l'huile sur le feu qui nous avait consumés, nous expliquèrent quelques journalistes et hommes politiques supérieurement intelligents.

Si nos habituels détracteurs n'ont jamais eu d'états d'âme à piétiner *Charlie Hebdo* quand il était à terre, espérant le voir succomber et disparaître du débat public, les membres du journal n'ont pas toujours osé leur répondre avec la même agressivité. Quand on a la chance d'être vivant, mais entouré de morts, les mots mal choisis pourraient blesser les morts eux-mêmes. Auraient-ils accepté qu'on parle au nom du journal, dans ces termes-là ? Souvent, je préférais m'abstenir de répliquer aux accusations les plus vulgaires déversées sur le dos de *Charlie Hebdo*. Il nous a fallu du temps pour retrouver le courage de faire entendre à nouveau notre voix, entre le mutisme des vivants et le silence des morts.

Un dessin dans *L'Express* montrait une succession d'attentats et l'intérêt que l'Occidental moyen leur portait en fonction de leur éloignement géographique. Plus les attentats étaient lointains, moins le public s'y intéressait. Le dessin commençait avec l'attentat du Bataclan, puis celui de Bruxelles, de Nice, de Saint-Étienne-du-Rouvray, et finissait avec un dernier à Kaboul légendé ainsi : "Désolé, trop loin." Curieusement, aucune trace du 7 janvier. Aucune ! Il fallait s'y préparer. Plus le temps nous éloignerait du 7 janvier, et plus on l'oublierait. En effaçant le 7 janvier, ce dessin participait à l'indifférence qu'il prétendait dénoncer.

Début août 2016, quarante et une personnalités musulmanes interpellèrent l'opinion publique pour marquer leur désapprobation à l'égard des attentats perpétrés au nom de leur religion sur le territoire français. Une polémique vit le jour car dans la liste des crimes répertoriés par cet appel, les victimes juives de l'Hyper Cacher avaient été oubliées. De même, le massacre de *Charlie Hebdo* devenait un attentat commis contre des "dessinateurs", sans préciser le nom de leur journal. Comme si *Charlie Hebdo* était trop difficile à écrire pour les élites musulmanes et incommodant à lire pour des lecteurs de la même religion. Un rectificatif fut publié qui réparait l'injustice faite aux victimes de l'Hyper Cacher, mais pas celle sur le nom oublié de notre journal assassiné. Il semblait impossible pour beaucoup de musulmans d'admettre que *Charlie Hebdo* n'avait été coupable d'aucun crime en publiant les caricatures de Mahomet.

L'idée que *Charlie* ait commis une faute existe aussi chez les croyants non musulmans. En religion, on appelle cela le blasphème. La loi et les tribunaux ont beau avoir martelé que ce délit n'existait pas dans le droit français, pour beaucoup de femmes et d'hommes de foi il survit dans le secret de leur conscience. Comme les chouettes qu'on clouait à la porte des granges pour éloigner le mauvais sort, comme une superstition honteuse, le blasphème est toujours présent, dans beaucoup plus d'esprits qu'on ne l'imagine.

On parle souvent du "travail de mémoire". On parle moins du "travail d'oubli", un travail lent et silencieux par lequel on expulse des mémoires les souvenirs encombrants. Pour *Charlie Hebdo*, ce "travail d'oubli" a peut-être déjà commencé. De la part de journalistes, agacés par le procès des caricatures et la position d'avant-garde dans laquelle *Charlie* s'était retrouvé en dénonçant la montée de l'islamisme en France. De la part d'intellectuels qui ratèrent le train de l'histoire, n'ayant pas compris l'enjeu de ce procès. L'orgueil les poussa à rabaisser *Charlie* plutôt que reconnaître leur manque de clairvoyance. Car c'est un trait de caractère partagé par beaucoup d'intellectuels et de journalistes en France : ils n'ont jamais tort. Même quand les faits démontrent leurs échecs, ils ont sans vergogne l'insolence d'affirmer qu'ils avaient raison et que c'est vous qui étiez dans l'erreur. Leur confort intellectuel ne saurait être remis en question par un ratage passager. Jamais ils n'admettront qu'ils sont complètement passés à côté de l'affaire des caricatures. Jamais ils n'admettront que *Charlie* les avait prévenus depuis longtemps. Jamais ils n'admettront qu'ils doivent quoi que ce soit à *Charlie Hebdo*. Jamais jamais jamais. Comme sous l'ère stalinienne où en silence disparaissaient des photos officielles les visages des gêneurs, celui de *Charlie* sera effacé méticuleusement de l'histoire de la résistance contre le totalitarisme islamiste.

MAHOMET… AUJOURD'HUI

Honoré était un grand monsieur à la mine pincée mais qui se déridait à la première plaisanterie. Sa moustache généreuse lui donnait des airs de XIXe siècle alors qu'il était de la génération de Mai 68. Il était né à Vichy et aimait nous raconter que sa mère le promenait non loin de l'Hôtel du Parc où séjournait le gouvernement du maréchal Pétain. "Peut-être ai-je croisé le Maréchal dans mon landau avec ma mère ?" s'amusait-il, le sourire en coin.

Dans ses dessins, l'humour était à son image : il ne fallait pas se fier aux apparences. Derrière l'élégance de son trait se cachait toujours une pointe d'ironie. Son graphisme classique était séduisant et moins agressif que celui d'autres dessinateurs de *Charlie*. Mais c'était pour mieux piéger le lecteur, en l'invitant à être moins méfiant. Souvent, Honoré redessinait des images d'actualité et mettait dans la bouche des hommes politiques des dialogues cyniques qui révélaient leur véritable pensée, loin de leur langue de bois habituelle. Un de ses dessins, choisi pour faire la couverture du journal, montrait Chirac trônant devant l'Élysée. Mais Honoré avait ajouté un petit détail : Chirac brandissait sa main en direction du lecteur et avec son majeur levé vers le ciel lui faisait un doigt d'honneur.

Son trait épais et noir pouvait laisser penser qu'il gravait ses dessins avec une gouge sur un bloc de bois. Alors qu'il n'utilisait qu'un banal feutre noir avec lequel il noircissait des feuilles blanches de croquis et d'esquisses pendant les conférences de rédaction. Pour nourrir sa documentation, il découpait les photos dans les journaux et les classait dans des boîtes depuis des années. L'arrivée d'internet ne changea rien à ses habitudes et, d'après sa description de son appartement, il semblait vivre chez un bouquiniste submergé de coupures de presse. Comme Cabu, c'était un amoureux de la presse papier. Il nous racontait avoir été horrifié de dénicher un soir, dans une benne à ordures, comme un enfant abandonné dans ses langes, des piles de journaux datant de la Seconde Guerre mondiale. Comment pouvait-on jeter de tels trésors ?

Honoré était toujours très calme mais si la discussion s'envenimait en conférence de rédaction, il pouvait hausser le ton et faire passer sa voix par-dessus celle des autres. Issu de cette génération formée par le dessin sans parole, il publiait régulièrement dans la revue *Lire* des rébus qui témoignaient de son habileté à parler au lecteur sans prononcer un mot. Aujourd'hui la plupart des dessinateurs débutants encombrent leurs dessins de dialogues inutiles qui masquent leur incapacité à maîtriser cet art du "montrer sans rien dire". Car le dessin sans parole, c'est la Rolls du dessin d'humour. La langue du dessinateur est d'abord celle du regard, et chaque dessin doit transmettre au lecteur autant que les mots.

Un mercredi, une jeune dessinatrice se présenta au journal pour nous montrer son travail. Aucun de ses dessins n'était convaincant et tous avaient le défaut de bavarder à tort et à travers. Par acquit de conscience, je les soumis à Honoré qui eut vite fait d'aboutir à la même conclusion. La jeune femme était effondrée de constater le gouffre qu'elle devrait franchir avant d'être un jour publiée dans *Charlie Hebdo*. Pour la réconforter, Honoré lui raconta que lorsqu'il avait apporté pour la première fois des dessins dans un journal, lui aussi était persuadé qu'ils étaient excellents. Il redescendit vite sur terre quand le directeur artistique qui les avait examinés les lui rendit tous. Sans ménagement, il dit au jeune Honoré que son travail n'était pas publiable et que, selon l'expression consacrée, il lui fallait "encore travailler et revenir dans six mois". Honoré expliqua à cette jeune dessinatrice que ce directeur artistique lui avait rendu le meilleur des services en lui disant la vérité. Six mois plus tard, Honoré revenait après avoir retravaillé son style, ses idées, et ses dessins commencèrent à être acceptés. Ce récit mettait en lumière un problème souvent rencontré dans la presse. Depuis les débuts d'Honoré, quelque chose avait progressivement disparu des rédactions. Le directeur artistique. En principe, il y en avait dans tous les journaux, et c'est lui qui décidait quels dessins, illustrations ou photos méritaient d'être publiés. Avec l'aggravation des difficultés financières, la fonction de directeur artistique s'est raréfiée et, aujourd'hui, les dessinateurs débutants n'ont souvent plus personne à leurs côtés pour juger leur travail et les aider à progresser. À part des journalistes qui n'y connaissent rien. Or il n'y a rien de pire qu'un journaliste qui croit avoir une bonne idée pour un dessin.

Le déclin de la presse papier a entraîné dans sa chute tous ceux qui la fabriquaient. Pour les débutants que nous étions au début de ces années 1990, la longue silhouette d'Honoré évoquait une époque où dessinateurs et illustrateurs travaillaient comme des artisans et étaient respectés comme des artistes.

En 2006, dans le numéro de *Charlie Hebdo* où avaient été publiées les caricatures danoises de Mahomet, Honoré avait dessiné le prophète de l'islam. Il avait légendé son dessin ainsi : "Peut-on représenter Mahomet… tel qu'il est aujourd'hui ?" Et on voyait un crâne et quelques os épars. Un dessin imparable. Peut-être un des meilleurs dessins d'humour sur Mahomet. Ironique et incontestable. Mais les fanatiques ne pouvaient supporter une telle légèreté. Ils n'acceptent de perfection que celle de Dieu. Quand elle vient des hommes, elle est suspecte et ils ne rêvent que de l'éliminer. La finesse d'Honoré était au-dessus de leurs forces.

NOS P4

1988

Un jour je reçus l'ordre d'aller chercher un malade. J'effectuais mon service militaire comme infirmier et il était courant de transporter à l'hôpital des appelés pour quelques examens. Certains d'entre eux étaient frappés de troubles qui avaient affecté leur santé mentale. On les appelait les "P4". La sélection des trois jours qui précédait le service militaire faisait passer des tests aux futurs appelés du contingent. Les aptitudes physiques et psychologiques étaient résumées par ce symbole : SIGYCOP. S pour les membres supérieurs. I pour les membres inférieurs. G pour l'état général. Y pour les yeux. C pour vision des couleurs. O pour otorhino. Et P pour psychisme. Pour chaque lettre, le bidasse était noté de 1 à 4. Quatre étant une note éliminatoire. Un G4, c'est-à-dire avec un état général très dégradé, pouvait donc être réformé. Comme cet appelé avec un diabète si élevé que, durant le trajet pour le transporter à l'hôpital militaire, il fallut s'arrêter tous les dix kilomètres pour qu'il pisse les litres d'eau qu'il buvait en permanence. La notation la plus convoitée était P4. Même après avoir été incorporé, un appelé avec des comportements asociaux, voire dangereux pour les autres, pouvait être déclaré P4 par une commission de psychiatres et renvoyé dans ses foyers.

C'était un brave type qu'on remarquait à peine. Il ne disait jamais rien, ne protestait jamais. On lui avait dit d'aller faire son service militaire. Alors il était parti faire son service militaire. L'idée de se faire réformer pour fuir son devoir ne l'avait jamais effleuré. C'était un bon citoyen, comme toutes les nations en rêvent : obéissant, dévoué, soumis. Rien ne le destinait à se faire réformer. Rien ne le destinait à sombrer dans la dépression.

Dans son escadron, il y avait un con. Un véritable connard doublé d'une belle ordure. Un militaire engagé. Ce soldat professionnel ne sortait pas d'une école prestigieuse comme Saint-Cyr ou le Prytanée de La Flèche. Il était un simple homme du rang, n'avait pas de grade mais seulement la distinction d'être soldat de première classe. Rien de déshonorant mais après avoir signé son contrat d'engagement avec l'armée il s'était retrouvé entouré d'appelés du contingent qui avaient des grades supérieurs à sa distinction, ce qui le mettait dans une situation d'infériorité hiérarchique. Cela lui était insupportable. Il devait absolument trouver quelqu'un à dominer, un larbin qui lui obéirait, sur lequel il pourrait crier et essuyer l'humiliation d'être en dessous des autres.

Des bruits se répandirent. On racontait que dans un escadron un type bizutait un appelé. Il le traitait de tous les noms, lui donnait des ordres absurdes, le réprimandait pour un rien, et en avait fait son souffre-douleur. La caserne était toujours emplie de rumeurs parfois imaginaires, parfois réelles.

“Radio Bidasse”, comme on disait, propageait toutes sortes d’histoires aussi invérifiables les unes que les autres. Tel adjudant était un gros pédé. Tel autre volait dans les cuisines la nourriture destinée aux appelés. Tel capitaine avait tenté de pénétrer dans l’armurerie, ivre mort. Tel officier avait perdu son arme pendant un bivouac après un gueuleton trop arrosé. Ces rumeurs fantaisistes avaient pour principal intérêt de nous distraire de la vie monotone de la caserne, en attendant le jour béni de la libération. L’histoire de ce militaire qui humiliait un appelé était inquiétante mais difficile à prouver.

Un jour, se présenta à l’infirmerie, pour auscultation, un groupe de bidasses. Les deux protagonistes en faisaient partie. Chacun attendait patiemment d’être appelé par le médecin. Les chaises de la salle d’attente étaient rares et la plupart patientaient debout en s’appuyant contre les murs. Le première classe engagé s’adressa à l’appelé du contingent dont on disait qu’il le martyrisait. “C’est quoi cette position ? Tenez-vous droit, arrêtez de croiser vos bras. Vous êtes pédé ou quoi ? Vous voulez que je vous le répète combien de fois ?” L’appelé n’osait pas lui répondre. Il essayait de se tenir le mieux possible pour que son persécuteur lui épargne ses sarcasmes, mais chaque fois ce dernier trouvait un prétexte pour déverser sur sa tête des seaux de remarques déplaisantes. Personne ne disait rien. Personne n’osait prendre la défense de la victime. Le première classe engagé avait enfin trouvé le bouc émissaire idéal qu’il pouvait piétiner allègrement pour atteindre une hauteur que sa médiocrité lui interdisait.

Il faut dire qu’il n’était pas aidé. Le capitaine de l’escadron auquel appartenaient à la fois le souffre-douleur et son bourreau avait une réputation exécrable. À en croire Radio Bidasse, cet officier convoquait dans son bureau les appelés en fin de service pour les convaincre de contracter une année supplémentaire, comme la loi le permettait. Celui qui refusait cette offre devait supporter les remarques du capitaine, du genre : "Ben quoi, vous êtes pédé ? Vous n'avez pas les couilles de signer ? Vous êtes une gonzesse ?"

Si ce capitaine parlait aux appelés avec autant d'élégance, pourquoi le première classe engagé n'aurait-il pas fait la même chose ? La victime des injures n'avait aucune chance de s'en sortir, car le règlement imposait aux soldats qui voulaient se plaindre de respecter la voie hiérarchique. Et la seule autorité devant laquelle il aurait pu déposer sa requête était cet odieux capitaine. L'appelé harcelé se retrouvait seul, prisonnier comme un poisson dans un filet où il commençait à étouffer.

Un jour, il ne revint pas de permission. Il déserta.

Quelques semaines après on retrouva sa trace. Il avait été interné dans le service psychiatrique d'un établissement civil. Je reçus l'ordre d'aller le chercher en ambulance et de le ramener à la caserne pour le transporter ensuite vers l'hôpital militaire qui le réformerait P4.

Quand j'arrivai sur place, on me conduisit dans sa chambre. Je le revoyais pour la première fois depuis sa désertion. Il était assis sur son lit, prostré, en position fœtale, comme pour se protéger de tout ce qui l'entourait. Je lui expliquai notre trajet, en précisant que nous ferions halte à la caserne pour remplir des papiers, avant de reprendre la route pour notre destination finale. "NAN, NAN,

NAN, J'Y RETOURNERAI PAS, J'Y RETOURNERAI PAS. NAAAANNN !" me hurla-t-il à la figure, secoué de tremblements et de frissons alors que je n'avais pas terminé mes explications. La simple idée de repasser dans la caserne où il avait été traité comme un chien lui fit péter les plombs.

Celui que j'avais devant moi n'avait rien à voir avec certains simulateurs qui se faisaient passer pour fous en se pissant dessus au lit, en se mutilant, comme l'un d'eux qui infectait régulièrement un énorme abcès qu'il avait au cul pour qu'il ne se referme jamais et qu'on le réforme. Lui était un vrai P4. Lui qui était venu faire son service national l'esprit sain allait quitter l'institution militaire transformé en loque humaine. Je réussis à le convaincre de me suivre en lui donnant l'assurance qu'il ne retournerait pas dans cette caserne qui le terrifiait. Pendant que j'entrerais à pied dans l'enceinte militaire, lui resterait à l'extérieur, seul dans l'ambulance garée dans la rue. Après avoir effectué les formalités administratives, et conformément à notre marché, nous reprîmes la route vers l'hôpital militaire qui le déclarerait P4, et le libérerait de son calvaire. Durant les deux cents kilomètres du voyage qu'il passa assis à mes côtés dans l'ambulance, pas un mot ne sortit de sa bouche.

Vingt-sept ans après, je me retrouvais dans une ambulance. Cette fois c'était moi qui en étais le patient et qui me demandais si je n'étais pas en train de perdre la raison. Pendant que le véhicule tressautait sur les irrégularités de la chaussée, je parlais sans cesse. Pour rester éveillé car j'étais hanté par la certitude que si je perdais connaissance, je ne reviendrais jamais à la vie. Pour ne pas m'évanouir, j'adressais tout ce qui me passait par la tête aux deux secouristes à mes côtés. L'un d'entre eux, sur ma gauche, était une femme militaire comme l'indiquait son treillis kaki. Je lui parlai de l'école du Service de santé des armées où j'avais été formé pour devenir infirmier dans mon régiment. Ce que je disais n'avait pas d'intérêt sauf celui de combattre le silence de la salle de rédaction qui semblait me poursuivre dans l'ambulance, suivi de près par le spectre de la folie.

Je n'avais aucune idée de la gravité de ma blessure et j'étais incapable d'imaginer ma situation, dans un mois, dans six mois, dans un an. Je croyais que les dégâts ne seraient que physiques. Je n'imaginais pas à quel point ils seraient aussi psychologiques. Aussi impitoyablement que par les balles d'une kalachnikov, votre cervelle peut être emportée par la démence.

Durant les mois de rééducation qui suivirent, je pénétrai dans l'univers étrange des blessés de guerre. Je me retrouvai dans une pièce, entouré de soldats rescapés du Mali ou d'Afghanistan. Tous faisaient leurs exercices sans poser de questions à leur voisin. Une pudeur silencieuse interdisait de demander aux autres ce qui leur était arrivé. Chacun était seul propriétaire de son histoire. Lui avait un morceau de crâne en moins, qui semblait avoir été découpé soigneusement avec une pelle à gâteau. Un autre courait comme un dératé autour de bancs recouverts de mousse sur lesquels il prenait appui avec une de ses jambes coupée, afin de fortifier son moignon. Celui-ci avait désormais une merguez à la place du visage et le feu avait remplacé ses mains et ses doigts par deux petites saucisses de chair presque identiques aux pinces du Pingouin de *Batman*.

Aidé d'une poulie pour soulager mon épaule, j'exécutais consciencieusement mes exercices, pendant qu'à mes côtés, un mutilé faisait de même, mais seulement avec la moitié de son avant-bras. Une ingénieuse prothèse électrique avait été enfilée sur son moignon. Grâce aux contractions des muscles qui lui restaient, il pouvait exercer une pression sur des capteurs fixés à l'intérieur de sa prothèse, ce qui activait de petits moteurs électriques qui ouvraient et fermaient des doigts en plastique. À l'aide de cette fabuleuse main articulée, je le voyais gonfler son bras pour que ses doigts artificiels se referment sur un gobelet posé devant lui. Aussi concentré que pour un jeu d'adresse, il évaluait l'effort juste, puis tentait sa chance, comme dans les fêtes foraines quand on essaye d'attraper un objet au moyen d'une grande pince laborieusement guidée. Il jouait avec ce qui restait de son bras comme s'il était à la foire. Seule la décence des autres estropiés autour de lui le préservait d'être dévisagé comme une attraction. Respectueusement, tous se concentraient sur leurs exercices respectifs. Il tenta sa chance. Il donna une impulsion. Mais trop forte, et ses doigts électriques écrasèrent d'un seul coup le gobelet. Il se mit à rire de sa maladresse pour se convaincre que tout cela n'était qu'un jeu. Puis il reprit courage, et recommença le geste. Encore et encore.

Dans cette pièce, personne ne s'est jamais plaint. La concurrence des victimes n'a jamais existé. Sa laideur n'a jamais pu entrer dans l'enceinte fortifiée de cet hôpital protecteur. C'est aussi pour cette raison qu'il fut difficile de le quitter. Car à peine sorti du système hospitalier, je retrouvai sur mon chemin, triomphante et sans limite, l'obscénité des insupportables pleurnicheurs, geignards, chialeurs, toujours sur la ligne de départ pour chouiner à la moindre contrariété. J'avais envie de les gifler. Leur nombrilisme était odieux d'égocentrisme infantile. Moins ce qu'ils avaient vécu était grave, plus ils faisaient chier le monde pour attirer l'attention. Un passage dans un hôpital militaire leur aurait enseigné ce qui leur manquait cruellement : l'humilité.

Mais le spectacle le plus perturbant dont je fus témoin, dans ces salles où chacun réunissait chaque jour ses forces pour apprivoiser son corps brisé, ne concernait pas un mutilé.

Il était entier. Il avait ses deux mains, ses deux bras, ses deux pieds, ses deux jambes, ses deux yeux, n'était pas défiguré et son crâne n'avait pas été tranché par un éclat. On lui présenta un questionnaire. C'était simple. Il suffisait de cocher les cases et d'inscrire les bonnes réponses en face des questions. Il se pencha sur la feuille et lut très attentivement les énoncés. Mais à mesure que son regard s'enfonçait dans les lignes du questionnaire, il tordait entre ses doigts son crayon de plus en plus frénétiquement. L'exercice était plus difficile que prévu. Au bout de cinq minutes, il n'avait rien rempli. Son visage s'était refermé, comme une huître qui sent le danger. Une thérapeute revint vers lui, pensant que l'exercice était terminé. Elle comprit qu'il n'avait répondu à aucune des questions. Elle lui donna un petit coup de pouce pour qu'il reprenne confiance en lui :

“Quand vous montez dans le bus, qu'est-ce que vous faites ?”

Lui ne bronchait pas. Il hésitait mais ne parvenait pas à esquisser une réponse.

Elle l'aida à nouveau :

“Vous achetez…

— Ah oui, un billet !

— Très bien, c'est ça, un billet. Et ensuite qu'est-ce que vous faites dans le bus ?”

Le patient s'enfonça de plus belle dans son silence, incapable de dire ce qu'il devait faire pour se rendre d'un point à un autre en bus.

Elle l'aida à nouveau :

“Vous compostez le…

— Ah oui, le ticket… je composte le ticket !

— Très bien, vous compostez le ticket ! Et ensuite, comment faites-vous pour savoir à quelle station vous devrez vous arrêter ?”

Il cherchait, cherchait. Se grattait la tête, sans pouvoir fournir la moindre réponse à cette question pourtant simple. Désespéré, il se tourna vers la soignante et lui proposa une réponse qui me glaça le sang :

“Je… je demande à ma fille de me dire quand je dois descendre.”

Sa fille ! Lui, un homme adulte, militaire de carrière, revenu de théâtres d'opérations lointains et sanglants, ne savait pas comment se déplacer en autobus, et appelait à l'aide sa fille pour le sauver de son naufrage.

“Non, là, votre fille n'est pas avec vous. Vous êtes tout seul. Vous devez vous débrouiller tout seul pour trouver votre chemin.”

Voyant qu'il ne parvenait pas à trouver la réponse, elle lui jeta une bouée de sauvetage :

“Vous passez en revue les stations indiquées dans l'autobus et vous descendez quand vous êtes arrivé à la vôtre.

— Ah, oui, oui… », marmonna-t-il, un peu gêné.

Depuis mon arrivée à l'hôpital, on me posait souvent des questions pour vérifier si j'étais victime de troubles post-traumatiques. On me parlait de ce truc bizarre, mais en vérité je ne comprenais pas très bien ce que c'était, un trouble post-traumatique. Ce jour-là, en observant ce patient assis à quelques mètres de moi, je saisis le sens de cette expression froide et technique. Trouble. Post. Traumatique. L'organe le plus fragile du corps humain n'est ni les jambes ni les bras, ni les yeux, ni tout le reste, mais l'esprit. Même les plus forts peuvent s'effondrer psychologiquement après une épreuve terrible. Le spectacle de cet homme qui avait été sous-officier, avait dirigé d'autres hommes et qui, aujourd'hui, appelait sa fille au secours pour prendre le bus ouvrait devant moi des perspectives inquiétantes qui allaient bien au-delà du traumatisme physique.

À la fin de l'exercice, il se leva, remit son manteau, dit au revoir à ses thérapeutes et prit le chemin du retour. Pas en bus. En taxi. Il était incapable de rentrer chez lui tout seul.

Quelque temps plus tard, un patient nous rejoignit dans la piscine où chacun faisait des mouvements adaptés à son handicap. La piscine dévoilait les corps. Les cicatrices sur les membres, le dos, le crâne, les cuisses. Personne ne posait de questions à personne. L'intimité exhibée des chairs tailladées était suffisamment édifiante pour interdire à notre curiosité d'en demander plus. Ces cicatrices, il fallait se contenter de les observer discrètement, sans autres indices que leurs tailles et leurs formes pour imaginer les tragédies qui les avaient provoquées. Un patient était cependant plus bavard que les autres.

Il prétendait avoir été victime d'un grave accident en Afghanistan dont il était l'unique survivant. Ses propos étaient un peu confus et il était difficile de savoir s'il disait vrai. Peut-être avait-il simplement envie de parler, d'être écouté, et de se sentir moins seul avec son histoire. Un jour il s'adressa soudainement à moi :

"Vous, je vous connais.

— Ah bon ? lui répondis-je. Pourtant on ne s'est jamais vus avant.

— Si, si. Vous ne vous souvenez pas de moi, mais moi je me souviens de vous. J'ai monté la garde devant chez vous.

— Je ne crois pas.

— Si, si, j'étais devant chez vous pour vous garder."

Il y avait eu effectivement des gardes en faction devant mon domicile durant les mois qui suivirent l'attentat du 7 janvier, mais je n'avais pas le moindre souvenir de son visage. Et cela me semblait d'autant plus improbable qu'à la même période, il était à l'hôpital. Lui aussi était manifestement sous les effets d'un trouble post-traumatique. Il devait mélanger beaucoup de choses dans sa tête et elles jaillissaient par à-coups, soudaines et incontrôlées. Je ne voulais pas le contredire de peur de le vexer et le laissais croire ce qu'il me racontait.

Pourtant, tout ce qu'il disait n'était pas totalement absurde. Alors qu'avec d'autres patients nous étions dans la piscine, il nous interpella :

"Est-ce que vous savez nager sans faire aucun bruit ?"

Il prétendait être capable de progresser dans l'eau sans produire aucun clapotis ni aucune vaguelette. Il affirmait avoir appris cela dans les forces spéciales.

Pour convaincre son auditoire dubitatif, il remonta la longueur du bassin. Sa tête était positionnée juste au-dessus du niveau de l'eau, son nez à l'air libre. Miraculeusement, aucun bruit ne parvint à nos oreilles. Ce spectacle était impressionnant mais surtout, il nous démontrait que ses propos pouvaient être parfois sensés et cohérents. On ne savait pas ce qu'il avait fait dans sa vie d'avant et lui-même ne semblait pas très bien se souvenir de celui qu'il avait été. La médecine répare les corps, rafistole du mieux qu'elle peut les blessures, mais elle est impuissante à reconstruire l'esprit humain quand il a été trop écorché. Je ne sais pas ce qu'est devenu cet homme. Je ne sais pas si lui ou tous les autres ont pu retrouver leur chemin, dans le labyrinthe cruel où leur esprit avait été jeté.

Des années auparavant, à *Charlie Hebdo*, quand certains faisaient un peu n'importe quoi, j'avais l'habitude de dire : “Ce journal, c'est vraiment un journal de P4.” J'avais l'impression que la rédaction de *Charlie Hebdo* était composée de tous les P4 que j'avais emmenés à l'hôpital psychiatrique du Service de santé des armées. Je pensais m'en être débarrassé, et voilà que je les retrouvais à la rédaction, à ne pas respecter les délais de bouclage, à ne pas venir aux réunions, à partir en vacances quand bon leur semblait sans s'occuper des conséquences pour les autres. Combien de fois ai-je pu fulminer contre ceux que j'appelais “les P4 du journal”. Mon jugement était sévère et caricatural comme souvent à *Charlie*. À cette époque encore en paix, le sympathique bazar qui y régnait était enviable comparé au malheur qui s'abattrait sur nous.

Car derrière la décision de la majorité des membres du journal de continuer de faire *Charlie Hebdo* après l'attentat, certains avaient de plus en plus de mal à surmonter les failles qui grandissaient en eux chaque jour davantage. Arrêts maladie, crises de nerfs et de larmes témoignaient d'un épuisement moral et physique qui impactait beaucoup d'entre nous et certains plus que d'autres. Mais presque tous étaient convaincus qu'ils étaient capables de continuer. Leur attachement viscéral au journal aveugla parfois leur discernement au point de nier leur état psychologique réel. En 2015, les P4 du journal étaient nombreux et bien peu demandèrent à se faire réformer. Par leur obstination, au mépris de leurs propres traumatismes, ce sont eux qui ont sauvé le journal.

La folie est le deuxième nom donné à la mort. Au-dessus de vous, elle fait des ronds dans le ciel comme un vautour qui attend le moment où vous poserez genou à terre, avant de descendre lentement pour vous crever les yeux et picorer votre cervelle molle à coups de bec. La folie est l'autre porte qui s'est ouverte devant nous ce 7 janvier. La moitié de nos vies a été emportée comme un morceau de crâne percuté par un éclat d'obus. Autour de nous les dépressions s'accumulaient et, à l'hôpital, on côtoyait des traumatisés qui semblaient chanter à nos oreilles comme des sirènes, "Viens avec nous, tu seras bien là où nous sommes, viens, viens, viens...". N'allais-je pas me réveiller un jour en ne sachant plus qui j'étais ? N'allais-je pas, moi aussi, me retrouver un beau matin ne sachant plus comment me laver, comment m'habiller, comment manger, comment me déplacer ? N'allais-je pas, à mon tour, me retrouver muet devant une feuille blanche, incapable de répondre aux questions qu'on me poserait ? Cette deuxième mort pouvait encore me frapper et m'emporter. J'en étais convaincu et pendant des mois je fus contraint de vivre avec cette hypothèse menaçante. Aujourd'hui encore, je ne suis pas sûr de ne pas me réveiller un beau matin, l'esprit vidé, aspiré dans la nuit par le gouffre noir de la mélancolie.

"Mais comment fais-tu pour traverser tout ça ?" m'a-t-on souvent demandé.

Suspect d'être vivant. Suspect d'avoir traversé les cercles de l'enfer sans être devenu fou. Les blessures mentales atteignent les tréfonds de votre existence, enfouies dans une grotte que nul psychiatre ne pourra jamais atteindre. Aucun produit toxique ne doit se répandre et se mélanger à la nappe phréatique de votre inconscient. La folie est un poison sans retour. Une fois votre esprit contaminé, votre sort est scellé.

"Mais comment fais-tu pour traverser tout ça ?" m'a-t-on souvent demandé.

Je n'ai aucune réponse à cette question de procureur. Et si j'en avais une, personne ne la croirait.

LES DEUX MESSIEURS

Je fis la connaissance de Wolinski à un âge où je ne savais pas qui il était. Au début des années 1970, alors que j'étais gamin, passait à la télévision une publicité pour une barre chocolatée. La pub utilisait un mode d'expression aujourd'hui devenu rare, le dessin animé. On voyait un petit personnage qui tapait sur une grosse caisse et qui s'effondrait au bout d'un moment, épuisé par son effort. Alors il croquait la friandise qui, telle une potion magique, lui redonnait aussitôt une énergie illimitée. "Mars, et ça repart", claironnait le slogan de la marque. Des années après, j'appris que Wolinski en avait été l'auteur. Wolinski avait beau être de gauche, proche du Parti communiste, travailler à *Charlie Hebdo*, il n'avait pas d'état d'âme à gagner de l'argent avec la publicité. Adolescent, je voyais *Charlie Hebdo* comme un journal très engagé, très militant, revendiquant une intransigeance voire une hostilité à l'égard de la société de consommation et de ses manifestations les plus vulgaires, au premier rang desquelles la publicité. En lisant les textes et les dessins des membres de l'équipe de *Charlie Hebdo* des années 1970, je m'interrogeais sur l'adéquation entre leurs convictions et leur mode de vie : "Mais comment font-ils pour vivre, eux qui critiquent tout sans arrêt ?" Je m'amusais à imaginer les dessinateurs de *Charlie Hebdo* vivant dans des cabanes, mangeant des fruits cueillis dans la forêt et se déplaçant toujours à pied, jamais en voiture pour éviter de générer la moindre pollution. Évidemment il n'en était rien, et quand je fis leur connaissance, je compris que la contestation n'est pas forcément synonyme de fanatisme et de pureté.

Car souvent, à gauche, les discours politiques radicaux prennent vite des airs d'inquisition. À force d'exiger qu'on ait une vie parfaite, libérée de toutes contradictions, les militants de gauche finissent par ressembler à des ermites perchés sur leur colonne, diffusant leur foi inébranlable comme des chefs religieux et vouant aux flammes de l'enfer ceux qui dévient du droit chemin. La foi, encore elle, en religion comme en politique, produit toujours des aberrations. La politique se met à fonctionner comme une religion, et la religion peut alors se mêler de politique.

Mais *Charlie Hebdo* est un journal athée. Le doute est le compagnon de route du journal, ce qui explique pourquoi aucun texte divin ni aucun manifeste politique n'en sera jamais le directeur de conscience.

À *Charlie Hebdo*, il n'a donc jamais été interdit de bien manger, de bien boire, de bien fumer, de rouler en bagnole et de gagner sa vie par son travail et son talent. On peut consommer tout en sachant que c'est une nécessité mais jamais un but. Le plaisir de posséder, l'excitation de l'achat compulsif sont des pulsions primitives qui rendent agressif, violent et con. Si l'obsession pour l'acquisition de biens matériels et la jouissance de plaisirs infantiles n'était pas si grande chez nos contemporains, nos sociétés dites modernes seraient moins violentes. Pour consommer des conneries et acquérir des gadgets débiles, les humains sont prêts à mentir, trahir, frauder, violer la loi, humilier leurs semblables et même, tuer.

En janvier 2015, *Charlie Hebdo* reçut de nombreux dons et ceux qui les envoyaient précisaient parfois dans leur courrier qu'ils devraient bénéficier aux membres du journal, mais aussi aux autres victimes de cette vague de terrorisme, comme celles de l'Hyper Cacher. Il fut donc décidé de rassembler la totalité de ces dons et de les répartir entre toutes les victimes des 7, 8 et 9 janvier. Soit en tout 4,7 millions d'euros de dons. Mais au moment de leur répartition, on entendit certaines voix suggérer de distribuer ces sommes exclusivement aux victimes de *Charlie Hebdo*, ce qui aurait permis d'augmenter leur part. Cette proposition n'eut évidemment pas de suite, mais en l'entendant, il fallait se pincer pour être sûr qu'on ne rêvait pas.

Qu'aurait pensé Wolinski d'un tel spectacle ? Il aurait certainement écrit des dialogues irrésistibles avec ses deux messieurs. "Monsieur" était une bande que Wolinski a dessinée pendant des années dans les pages de *Charlie Hebdo*, et qui mettait en scène, assis l'un en face de l'autre, deux bonshommes qui devisaient sur l'actualité. La trouvaille comique était le dialogue de sourds permanent entre les deux personnages. Aucun ne tenait compte de ce que disait l'autre et chacun s'écoutait parler, enfermé dans sa propre logique. Si le premier monsieur s'interrogeait avec gravité sur les malheurs du monde, le second les abordait de manière très terre à terre. Si l'un parlait de la condition féminine, l'autre lui parlait des jolies fesses de sa voisine. Si l'un parlait du déclin de la France, l'autre lui parlait de son opération de la prostate. Ces deux personnages étaient peut-être aussi les deux faces de Wolinski. Un Wolinski philosophe, traversé par des questions existentielles profondes voire tragiques, et un autre Wolinski assumant ses fantasmes et les plaisirs de la vie. Tout comme *Charlie Hebdo*, journal parfois écartelé entre ses utopies et les contraintes de son époque.

Si Wolinski était si fort, c'est parce qu'il acceptait de livrer en pâture au jugement des lecteurs ses désirs, ses obsessions et ses contradictions. Ce que beaucoup de dessinateurs et écrivains moins honnêtes n'ont pas le courage de faire. Pour se vendre plus facilement au public, ils élaborent des personnalités factices. Conçus comme des produits de consommation, ils suivent le même destin. Un jour on s'en lasse et on les jette.

La marque de fabrique des dessinateurs de *Charlie Hebdo* est qu'ils se fichent de plaire au plus grand nombre et ne craignent pas les critiques. Ceux qui pensent comme eux les suivront. Tant pis pour les autres. Comme le disait une jeune femme dessinée par Wolinski en couverture de *Charlie Hebdo* aux moments des vœux : "Bonne année à nos lecteurs. Les autres, vous pouvez crever." Le contrat moral entre *Charlie Hebdo* et la société est simple : "Dites ce que vous voulez sur nous, et en échange nous ne nous priverons pas de faire de même sur vous." Le 7 janvier 2015, un duo de fascistes islamistes a tenté de détruire ce pacte. Wolinski est parti avec ses deux messieurs, sans pouvoir leur donner une dernière fois la parole pour commenter tout ce qui s'est déroulé ensuite de risible et de pitoyable.

LE CHASSEUR À CHEVAL

Février 2015

La musique m'ennuyait. Gary Cooper aussi. De retour de l'hôpital, je reprenais possession de mon domicile. Pratiquement à l'identique depuis le matin du 7 janvier. Les retrouvailles avec ce lieu familier diffusaient en moi la saveur aigre-douce des premières fois, celle des émotions inédites, dont ne sait si elles seront délicieuses ou déplaisantes. Le petit pincement au cœur qu'on éprouve quand on glisse la clef dans la serrure de son petit monde et l'oppressant souvenir de tous ceux qu'on ne reverra plus jamais. Deux émotions inextricablement enlacées qui ensemble en forgent une troisième, comme la nausée d'une maladie inconnue. Un haut-le-cœur qui témoignait que j'étais toujours vivant et que les autres ne l'étaient plus.

Ce retour avait la solennité d'une fouille archéologique. Quand on ouvre un tombeau inviolé et qu'on y découvre des objets que personne n'a touchés pendant des siècles. Je réapparaissais chez moi comme un revenant sur les lieux de sa vie passée. Je contemplais, alignés sur leurs étagères, livres, CD, DVD et les bibelots qui les entouraient. Ils n'avaient pas bougé. Ils avaient attendu mon retour. C'est ce que je me disais pour me convaincre que j'avais encore ma place parmi eux. Mais je savais en les observant qu'ils se fichaient pas mal de moi. Les sentiments qu'on éprouve pour les objets sont rarement réciproques.

J'allumais la télévision, espérant me changer les idées avec des programmes distrayants. Sur l'écran gesticulaient et gloussaient toujours les mêmes animateurs, les mêmes films, les mêmes séries, les mêmes génériques, les mêmes publicités, la même vulgarité, le même ennui.

Tout me faisait chier.

À part nos copains tués, tout avait survécu. Nous seuls avions été nettoyés de la surface de la terre. Il n'y avait rien à reconstruire car tout était intact, inébranlable de certitude, d'arrogance et d'aveuglement. Écouter de la musique, regarder des films, lire des romans, tenter de faire revivre la vie d'avant grâce à la compagnie des Arts avait un goût amer. Finalement, on pouvait continuer de jouir de l'existence sans les copains disparus. Mais pas sans le cinéma, pas sans la littérature, pas sans les notes de musique. La culture pouvait donc se transformer en complice des criminels en nous redonnant la joie de vivre, au milieu des décombres causés par leur barbarie. La quantité phénoménale de chefs-d'œuvre produite depuis des siècles par l'esprit humain avait le pouvoir de nous faire oublier qu'une poignée de dessinateurs et de journalistes venait de s'évanouir dans l'immensité de l'univers. À chaque seconde qui s'écoule, disparaissent des étoiles, se désagrègent des galaxies, et personne ne le sait et personne ne s'en soucie. Alors une poignée de rigolos d'un journal programmé pour mourir, comme le prétendirent quelques commentateurs abjects... Dans ce combat inégal, ils ne pèseraient pas bien lourd.

Je ne pouvais plus entendre aucun des disques que j'avais sous les yeux. J'avais écouté ces albums des milliards de fois. Leurs morceaux étaient associés à l'époque où je les avais découverts : ma première chambre d'étudiant, les révisions pour les examens blancs, les regards des étudiantes croisés dans l'amphithéâtre. Je n'osais pas les faire retentir à nouveau car je craignais qu'ils ne m'étonnent plus. En les laissant enfermés dans leur pochette, je pouvais continuer de croire qu'ils étaient toujours aussi formidables. J'avais trop peur qu'ils me déçoivent et que je comprenne à quel point ma vie avait été bâtie sur des émotions superficielles. Pour ne pas risquer de faire ce triste constat, je préférais les laisser dormir les uns contre les autres.

Certains de ces disques m'avaient été offerts par une des victimes du 7 janvier. J'avais en mémoire la joie que leur musique lui procurait dès que résonnaient les premières notes. Mais je ne me sentais plus le droit de prendre plaisir à les écouter, sachant que je ne le reverrais plus jamais. Cette musique serait désormais la sienne pour toujours.

Les livres de ma bibliothèque aussi n'osaient plus me parler. Je les avais abandonnés et mon absence avait creusé entre eux et moi une distance inattendue. Je ne savais plus quoi leur dire. Au bout d'un moment, je pris conscience que je les examinais avec les yeux d'un brocanteur appelé pour vider l'appartement d'une personne décédée. J'évaluais ces bouquins comme si je devais les revendre, et ma vie avec eux. Que valait-elle après tout ça ? Et celui-là ? Pas grand-chose, à peine 5 euros la pile chez un soldeur. Peu méritaient finalement d'être conservés. Non pas qu'ils fussent mauvais, mais parce qu'aucun ne répondrait plus jamais aux questions que je me posais aujourd'hui. À dix-huit ans, ces ouvrages me semblaient vitaux pour y voir clair dans la vie qui s'ouvrait devant moi. À quarante-neuf ans, après plusieurs mois à l'hôpital à côtoyer des estropiés, à trébucher tous les jours sur le souvenir de nos morts, ces livres m'encombraient. Comme désormais presque tout ce qui m'entourait.

La musique, les livres. Le cinéma. Le premier film sur lequel je tombai par hasard était un western. Pistolet à la main, Gary Cooper avec sa silhouette d'échassier poursuivait un malandrin planqué dans une cabane. C'était la première fois depuis le 7 janvier que je revoyais un être humain doté d'une arme, avec pour objectif d'en tuer un autre. C'est étrange de se distraire en regardant des types qui se tirent dessus. Sur les écrans de cinématographe, les spectateurs s'en délectent depuis des décennies, avec de grandes vedettes pour les séduire à coup sûr. Les gens y croient et sont même contents d'y croire. Armé de son pistolet de cow-boy fourni par les accessoiristes d'Hollywood, Gary Cooper tire sur son ennemi. Puis est touché à son tour. À l'épaule. Alors, il fait ce que tous les acteurs blessés par balle font depuis D. W. Griffith et Buster Keaton. Il prend un petit chiffon, son mouchoir le plus souvent, et l'applique sur le trou de la balle qui vient de traverser son corps. Tel un roi thaumaturge, par la seule imposition des mains, son mal disparaît instantanément. Et le voilà reparti de plus belle dans la bagarre. Et que je te foute des coups de poing dans ta gueule et que je te tire dessus encore une fois. La vie est belle au cinéma.

Sur un ordinateur de l'hôpital, on me présenta l'image virtuelle de mon épaule, photographiée par un scanner. Je ne connaissais rien à l'anatomie et encore moins à celle d'une épaule. C'est plein d'os. Petits ou gros, épais ou fins. Comment faire passer quelque chose là-dedans sans abîmer quoi que ce soit ? Le corps humain n'a pas été conçu pour être traversé par des bouts de ferraille. Le chirurgien qui m'avait opéré ne perdit pas son temps à m'expliquer comment fonctionnait une épaule, et résuma l'état de la mienne par ces mots bien choisis : "C'est comme si on avait pris une assiette et qu'on l'avait laissée tomber par terre." L'image était efficace pour faire comprendre au profane l'étendue des dégâts. Je lui demandai ce qu'il avait vu quand il avait examiné l'intérieur de mon épaule. "C'était du petit bois", répondit-il.

Je n'avais jamais été opéré. C'était la première fois que mon corps était modifié de l'intérieur. Même si on vieillit, même si on perd ses dents, même si nos testicules se ramollissent, même si on se voûte, ce n'est pas la même chose d'être amputé d'un morceau de soi-même, présent dans son corps depuis la naissance, volé, emporté par une balle. Les blessures obligent celui qui les supporte à entamer le commencement du deuil de sa vie. Dès cet instant, il faut s'accoutumer à l'idée de sa propre disparition. Personne n'est éternel, clame le bon sens populaire. Mais cette lucidité banale est trop théorique. En une minute et quarante-neuf secondes se sont évanouis un morceau de mon corps et vingt-cinq ans de ma vie. La mort cesse de n'être qu'une idée, après que sur votre visage elle a fait glisser le vent froid de la fosse commune. Elle n'est plus qu'une question de temps. Combien de jours, de mois et d'années reste-t-il avant de rejoindre les copains ? Dans la salle d'attente, avant le départ final, on dessine, on écrit, on va au cinéma, on visite des musées, on lit des livres. Les arts ne sauveront personne. Tout juste rendront-ils l'attente moins longue.

Les peintres, les musiciens et les écrivains étaient pour moi des magiciens qui avaient le pouvoir d'entraîner mon esprit vers l'inconnu. Ils détenaient le génie de voir ce que les autres ne voient pas, de sentir ce que les autres ne sentent pas, de déceler ce que les autres ne soupçonnent pas. Virtuoses, ils maîtrisaient la puissance de créer des œuvres capables d'exprimer et de communiquer au plus grand nombre leurs visions illuminées de l'humanité.

Gamin, j'étais fasciné par *Le Chasseur à cheval* de Géricault *(Officier de chasseurs à cheval de la garde impériale chargeant)*. Ce n'était pas son uniforme tarabiscoté et coloré qui m'attirait, mais l'œil écarquillé de son cheval, traversé par la peur ou la folie. Celui aussi de son cavalier, impassible, visiblement blasé par le carnage qui l'entourait. Dans le décor, on devinait les restes d'une pièce d'artillerie pulvérisée par la canonnade, et au fond, les lueurs d'un feu témoignaient de la dévastation en cours. La tête de panthère, dont la peau servait de selle à ce hussard de la mort, aurait pu être celle d'un de ses ennemis, transpercé sur le champ de bataille.

Je m'étais exercé à dessiner ce tableau quasiment par cœur. J'avais pour seule reproduction à ma disposition celle, minuscule, de mon petit dictionnaire Larousse dont j'adorais les illustrations. En classe, lors de l'exercice hebdomadaire de dessin du jeudi après-midi, je reproduisis de mémoire le hussard sur sa monture, le coloriant de manière catastrophique avec des pastels en plastique bon marché. Cette désastreuse mise en couleur n'avait pas d'importance. L'enjeu était autre. Comment un gosse de mon âge pouvait-il avoir la prétention d'effleurer le génie du maître Géricault ? Oser copier un tableau aussi fabuleux était sacrilège. Mais enfant, on n'est pas conscient des codes qui réglementent le monde adulte. Enfant, rien n'est sacré. C'est peut-être pour cette raison que les dessinateurs de *Charlie Hebdo* ont publié les caricatures du prophète Mahomet sans l'ombre d'un doute. Parce qu'ils avaient gardé de leur enfance la candeur et l'audace.

L'univers pictural du Greco m'intriguait aussi. J'avais remarqué ce peintre hors norme grâce à ma collection de timbres, dont un spécimen reproduisait le visage étrange et longiligne d'un haut personnage espagnol. Bien qu'il fût imprimé sur un modeste timbre, j'adorais ce portrait énigmatique et ténébreux. D'autres tableaux croisés au hasard des encyclopédies et des dictionnaires m'incitaient à persévérer dans le projet de percer les mystères du dessin et de la peinture. Goya et son Saturne dévorant un de ses fils. Jérôme Bosch et ses bestiaires chimériques tout droit sortis d'un film d'épouvante. Au cinéma, Fay Wray attachée à des poteaux, le regard blanc de peur quand, devant elle, les arbres de la forêt s'effondrent un à un sous les pas d'un grand singe qui vient la dévorer.

Ces chefs-d'œuvre avaient tenté de me faire entrevoir l'inimaginable, de me rapprocher du bord du précipice, au-dessus du gouffre de la mort et de la folie. Mais en réalité, depuis les événements, j'y décelais tout le contraire de ce que ces tableaux prétendaient être. Ces œuvres, virtuoses et somptueuses, étaient des voies sans issue.

On les suit avec confiance, on se laisse envoûter par leur magnétisme. Mais au-dessus d'elles, s'étend un royaume invisible. Un plafond de verre invincible contre lequel se brisent toutes les tentatives pour le franchir. L'indicible peut-être. Tout ne peut pas être dit, tout ne peut pas être écrit, tout ne peut pas être peint ou dessiné. Non pas qu'il soit interdit de le faire mais parce que aucune intelligence n'en est capable. Même les plus grands artistes n'ont pu dépasser cette frontière impalpable, et leurs œuvres exposées, devant lesquelles trottine, sur les parquets grinçants des musées du monde entier, le public aveugle, expriment le désarroi de l'humain bien plus que sa puissance.

L'expérience ultime de la mort déploie autour de vous d'autres mondes inimaginables et leurs horizons obscurs. Qui peut peindre ça, l'écrire ou le décrire ? Comme au moment du réveil dont je n'avais pas compris qu'il en était un, l'esprit humain vacille à l'instant où les repères de sa vie terrestre sont bouleversés. Que l'au-delà existe ou non, les impuissants artistes ne sont pas davantage capables de le représenter que les infortunés croyants de l'imaginer.

Le cinéma fut l'autre désillusion. Et Gary Cooper, l'involontaire coupable. Je le voyais se débattre avec son épaule en sang, comme si de rien n'était. Les films et les livres n'ont pas à s'encombrer du réel. Mais devant ces acteurs, ces décors, ces plans, ces cadrages, ces lumières, une phrase redoutable s'imposait : "Tout ça pour ça." Des histoires écrites en deux lignes, des scénarios prévisibles du début à la fin, des rebondissements dont on se fout totalement, des dialogues bavards et prétentieux. Je n'arriverai plus jamais à regarder ces tableaux animés avec l'émerveillement qu'ils me procuraient hier. Car il n'y a plus rien à découvrir au-dessus de ce que j'ai entrevu ce mercredi matin de janvier. Il est impossible de revenir en arrière, d'effacer ce qui a eu lieu, d'expulser ce qui m'a envahi, de désapprendre ce que j'ai appris. Il ne sera plus jamais possible de jouer cette farce de la vie qui continue comme avant.

Des années auparavant, je participai à une émission télévisée où les invités se retrouvaient autour d'une grande table au milieu du public. Avant d'être appelé pour rejoindre le plateau, on me fit patienter dans les coulisses. Je découvrais l'envers des décors que des millions de spectateurs voyaient sur leur écran de télévision. Ils avaient été construits au moyen de vulgaires planches de contreplaqué probablement achetées au magasin de bricolage du coin. Tout était bidon, en toc, fait de carton-pâte. Un coup de pied dans ces paravents de fête foraine aurait suffi à les faire s'effondrer. Depuis, je ne vois que ça. Les grosses ficelles du décor de nos vies.

Un film n'est qu'un tas de façades bricolées, les acteurs des perroquets qui répètent des phrases apprises par cœur, les réalisateurs des illusionnistes qui font sortir des lapins de leur chapeau, le public un marché de consommateurs à essorer. On fait semblant d'y croire. Alors que tout est superficiel et creux.

On n'est pas près de se débarrasser des religions, car l'humanité aura toujours besoin de croire en quelque chose. Si ce n'est en Dieu, ce sera en la Coupe du monde de football, la Bourse, l'économie libérale, la concurrence, les genres, l'identité, l'égalité, l'écologie, la fraternité, la famille, la patrie, le travail, la Palme d'or et tant d'autres choses bâties sur des illusions. Alors que tout ça finira un jour au fond d'un trou. Les vivants croient vivre et maîtriser leur existence. Mais en réalité, ils brûlent leur énergie à la remplir avec ce qui leur tombe sous la main, comme les pigeons au printemps qui ramassent toutes les cochonneries qu'ils trouvent dans les caniveaux et les poubelles pour bâtir le nid où ils baiseront, couveront et crèveront.

La seule arme qui peut combattre cette foi aveugle est le doute. Le meilleur titre de bouquin de toute l'histoire de la littérature, du cinéma, de l'art et de tout le reste, fut trouvé par un ancien dessinateur de *Charlie Hebdo*. Gébé. Il avait intitulé un de ses livres, publié en 1975, ainsi : *Qu'est-ce que je fous là ?* Sur la couverture, on voyait un énorme hibou au regard étrange et impénétrable, accoudé au comptoir d'un bistro, la cigarette au bec, et qui prononçait dans une bulle cette question fabuleuse : "Qu'est-ce que je fous là ?" Si au lieu de se taper dessus depuis des millénaires, les êtres humains se l'étaient posée, je ne sais pas ce qu'en retour cela aurait produit, mais le résultat aurait sûrement été différent. Les plus grands chefs-d'œuvre de la littérature auraient dû être titrés ainsi :

Qu'est-ce que je fous là, à tremper des madeleines dans mon thé avec cette bande de décadents ? par Marcel Proust.

Qu'est-ce que je fous là, à courir après une grosse baleine blanche ? par Hermann Melville.

Qu'est-ce que je fous là, à creuser ma vie entière dans une mine pour en sortir des bouts de charbon ? par Émile Zola.

Qu'est-ce que je fous là, à fantasmer sur ce grand con de Rodolphe ? par Gustave Flaubert.

Qu'est-ce que je fous là à écrire Mein Kampf *pour faire chier le monde, alors qu'il y a tant d'autres choses à faire dans la vie, bien plus intéressantes ?* par Adolf Hitler.

Qu'est-ce qu'on fout là, avec nos kalachnikovs à chercher dans les étages un journal satirique pour buter sa rédaction ? par les deux ignobles.

Combien de souffrances évitées par le miracle de cette question, qui installe le doute, déclenche la réflexion, et peut à elle seule lutter contre la nullité des bornés, la fatuité des pédants, la lâcheté des résignés et la folie des tyrans.

Malheureusement la culture populaire ne glorifie que les exaltés et les fanatiques. Comme le chasseur à cheval de Géricault qui, après avoir sabré toute la journée des types ayant le défaut de porter un uniforme différent du sien, ne peut plus faire marche arrière en se posant cette question qui aurait pu tout changer : "Qu'est-ce que je fous là ?"

Gébé m'avait raconté comment, un jour, dans un éclair de lucidité, il avait été foudroyé par cette interrogation. C'était à l'époque où il travaillait à la SNCF comme dessinateur industriel. Il avait suivi la voie rectiligne des études, puis celle des chemins de fer, lui qui avait grandi à Villeneuve-Saint-Georges, haut lieu du rail français, avec son imposant dépôt et son immense triage. Un matin, comme tous les autres de l'année, alors qu'il attendait sur le quai l'arrivée de son train de banlieue qui l'emmènerait vers son labeur, il se posa cette simple question : "Qu'est-ce que je fous là ?" "QU'EST-CE QUE JE FOUS LÀ ?"

Ce fut une illumination aussi fondatrice que celle de Claudel derrière son pilier de Notre-Dame. Alors Gébé se plut à imaginer une autre vie. Celle d'un homme totalement libre. Dans sa quête, il s'aperçut qu'il n'était pas seul et il croisa d'autres semblables qui cherchaient le même chemin que lui : Cabu, Cavanna, Reiser, Fred, Wolinski, Willem. Cette aventure prit le nom d'*Hara-Kiri*, *L'Hebdo Hara-Kiri*, *Charlie Mensuel*, *La Gueule ouverte*, et *Charlie Hebdo*. Chacune de ces créations avait commencé par cette question que les fondateurs de ces titres mythiques se posèrent à un moment de leur vie : "Qu'est-ce que je fous là ?" Cette interrogation modeste possède pourtant le pouvoir immense de transfigurer une existence. Elle donne à chacun l'audace d'imaginer autre chose que ce que la fatalité avait programmé pour tous. Elle démontre que le doute peut être plus créatif que la foi.

RÉVOLTÉE

Elsa ne me disait jamais bonjour, ou rarement. Elle venait vers moi et d'un coup de tête me lançait : "Alors ? Raconte !" Avant même que ne s'esquisse un dialogue entre nous, c'était à moi de parler, de lui exposer mes sentiments. Elle m'en intimait l'ordre. Psychanalyste, son métier était de faire parler les autres, pas l'inverse. Par jeu, je me soumettais à ses injonctions et répondais à ses questions. Puis à mon tour, je tentais d'inverser les rôles et lui demandais : "Alors ? Toi aussi, raconte !" Mais elle esquivait toujours la réponse par une pirouette. Je n'aurais pas fait un bon psy. J'aurais aimé qu'elle m'en dise plus sur elle mais n'y suis jamais parvenu. Elle avait travaillé des années en HP et avait très certainement des centaines d'histoires à raconter. C'est ce que je lui avais demandé en venant à *Charlie*, nous faire partager son expérience de la psychanalyse mais aussi de la psychiatrie.

Elsa vénérait sa fille et ne manquait pas une occasion de me le faire savoir. "C'est une merveille, c'est une merveille !" répétait-elle. Je repensais à cette curieuse phrase : "C'est une merveille, c'est une merveille !" La prochaine fois que je la verrai, je lui dirai la chose suivante : en réalité ce n'est pas ta fille que tu admires. Celle que tu admires, c'est toi-même. Tu n'en reviens pas d'avoir une telle fille et, à travers elle, c'est toi la mère que tu encenses. Tu prononces "merveille" mais tu penses "je suis la mère qui veille sur sa fille".

N'ayant aucune compétence en matière d'analyse lacanienne, j'avais envie de m'amuser un peu en la poussant dans ses retranchements. Qu'aurait-elle pensé de cette théorie à la mords-moi-le-nœud ? Je n'ai pas eu le temps de la lui exposer. Le 7 janvier est passé avant moi.

Si Elsa était réservée sur elle-même, cela ne signifiait pas qu'elle n'aimait pas se faire entendre. En réunion, confrontée à des arguments qui heurtaient ses convictions, elle n'hésitait pas à se lever pour occuper l'espace, et se mettait à parler fort, vraiment très fort. Ce qu'elle ne supportait pas, c'était qu'on parle des femmes et qu'on les traite comme des objets. Qu'on les réifie, comme elle nous le disait vigoureusement dans les oreilles. Ses réactions étaient d'une véhémence déconcertante. On avait envie de lui dire de se calmer, d'exprimer ses opinions plus posément. En la voyant fulminer et s'agiter sur son siège, je soupçonnais des mystères qu'elle ne voulait pas nous dévoiler. Au détour d'une discussion, elle explosait comme un volcan, submergée par une rage trop grande pour être retenue plus longtemps. Ses emportements me troublaient car elle semblait souffrir de sa propre colère. Elsa était une femme en révolte permanente. Ce n'était pas uniquement les débats autour de la table de la rédaction qui en étaient la cause. Il y avait certainement d'autres raisons, plus personnelles peut-être, qu'elle ne laissait pas transparaître. Tenter de la faire parler pour qu'elle m'en dise un peu plus était vain. Il ne me restait qu'à imaginer les épreuves qu'elle avait affrontées, à l'origine de ses révoltes. Des épreuves que seule une femme peut traverser et qu'un homme ne peut comprendre ou même imaginer. Les colères d'Elsa imposaient l'humilité.

"Pas les femmes, pas les femmes", avait dit un des tueurs à quelques mètres de moi, pendant le massacre. Que comprenaient-ils aux femmes, ces deux branleurs fanatiques ? Par cette phrase, ils se croyaient raffinés et civilisés. Par cette phrase, en réalité, ils transformaient les femmes en faire-valoir et les réifiaient. Tout ce qu'Elsa n'avait jamais supporté. Parce que, dans le projet de société primitif et débile pour lequel ils n'ont pas hésité à tuer, c'est le seul usage qu'ils destinaient aux femmes.

LES EMPRISONNÉES

Dans les années 1970, son père quitta son Maroc natal pour venir en métropole trouver du travail. Comme des milliers d'autres originaires d'Afrique du Nord, il fut affecté aux tâches les plus ingrates. Manœuvre sur les chantiers du bâtiment, par tous les temps, qu'il pleuve ou qu'il vente, lui et ses compagnons étaient ce qu'on appelait des "travailleurs immigrés". La loi sur le regroupement familial l'autorisa à faire venir sa famille. Il fut donc rejoint en France par sa femme et ses jeunes enfants, dont une de ses filles que je croiserais quelques années plus tard. La vie ensemble serait moins austère que dans un foyer Sonacotra où rien n'avait été prévu pour l'épanouissement sentimental de leurs occupants. Ces travailleurs immigrés n'étaient autorisés qu'à exprimer leur force de travail.

Dans les années 1990, presque tous les bidonvilles où avaient été parqués les travailleurs immigrés avaient disparu. Ils avaient été rasés et remplacés par des cités HLM équipées de l'eau courante et du chauffage, ce qui n'était pas rien quand elles furent édifiées dans les années 1960. Il en existait encore un à Fréjus, pas très grand, qu'on me proposa de visiter comme les vestiges d'une époque barbare. Dans un dédale de cabanes construites avec des matériaux de récupération, briques, parpaings, tôles en guise de toit couvertes de pneus, vivaient une vingtaine de travailleurs immigrés. Deux d'entre eux m'accueillirent dans leur masure. À l'intérieur, un lit de camp permettait de s'allonger en espérant y trouver le sommeil. La seule fenêtre était une vitre de voiture fixée au mur, donnant sur les voies du chemin de fer qui passait à deux mètres de la cabane. En contrebas des rails, le locataire pouvait voir, par cette ouverture, les roues des trains et apprécier leur bruit de ferraille et toutes les vibrations qu'elles provoquaient. Au-dessus du lit étaient suspendus des costumes recouverts d'un plastique censé les protéger de la saleté ambiante. Repassés, prêts à être enfilés, ils donnaient à leur propriétaire l'aspect élégant qui l'autorisait à descendre dans le centre-ville et se mêler aux autochtones. Car l'immigré sait qu'il n'est pas toujours le bienvenu et que pour avoir une petite chance d'être accepté il doit se faire discret.

Le sol était en terre battue et l'occupant des lieux me proposa un café qu'il versa dans un verre qui avait dû être lavé pour la dernière fois en 1972 ou 1975. La politesse m'imposait de ne pas faire la fine bouche et d'accueillir cette offre avec le sourire. Il me montra des boîtes de médicaments qu'il tenait difficilement dans ses mains, tant il y en avait. Des traitements contre les rhumatismes. L'humidité de sa cabane sans chauffage en était la cause. Puis, comme un trésor qu'il conservait à l'abri de la lumière et des curieux, il sortit une pochette transparente qui protégeait des papiers importants. Au milieu des ordonnances de médecins, des formulaires de la Sécurité sociale et d'autres paperasses mystérieuses, il sortit le document le plus précieux à ses yeux. C'était un certificat de l'armée française qui attestait que son père avait combattu pour la France comme soldat dans la 2e DB de Leclerc. Aujourd'hui, ce fils d'un ancien combattant de la France libre vivait dans une cabane qui ressemblait à une niche et travaillait sur les chantiers de construction des grosses entreprises du BTP. À lui comme à bien d'autres, la France avait beaucoup demandé mais, en échange, peu rendu.

Sur l'immense triage de Vaires-sur-Marne, à l'est de Paris, travaillaient des immigrés d'origine nord-africaine. La plupart étaient enrayeurs, autrement désignés par le terme de caleur. Le caleur faisait un travail difficile et dangereux. Au sommet d'une butte appelée la "bosse", les wagons avançaient lentement, puis étaient détachés un à un pour être redirigés vers une autre voie où ils formeraient une nouvelle rame. Lorsque le wagon redescendait de la bosse, il prenait de la vitesse et il fallait le ralentir pour éviter qu'il n'arrive trop brutalement au contact de la rame et ne cause des dommages à la marchandise transportée. Un cheminot actionnait à distance d'énormes pinces situées au niveau des rails, qui serraient les roues du wagon pour le freiner. Mais cela était encore insuffisant pour obtenir le ralentissement désiré. C'est là qu'intervenaient les caleurs. Ils posaient sur les rails des pièces métalliques qui, au contact des roues, diminuaient la course en douceur. Les caleurs se glissaient entre les rames, alertés par des haut-parleurs fixés au sommet de pylônes qui illuminaient d'une lumière orangée l'immense triage grâce à d'énormes projecteurs, donnant à ces lieux, au milieu de nulle part, dans la nuit, des airs de décors de film de science-fiction. Les caleurs passaient ainsi de rames en rames au gré des ordres braillés par les haut-parleurs qui leur indiquaient le numéro de la voie où arrivait le prochain wagon. Circuler entre des wagons susceptibles de bouger à tout moment était hautement dangereux et on les voyait jongler entre les rames comme des acrobates sans filet. Quand l'activité ralentissait, les caleurs se reposaient dans une guérite en tôle, pas plus grande qu'une cabine téléphonique, où se consumait un feu malingre sur lequel bouillait une cafetière, seule source de chaleur dans le froid de l'hiver et de la nuit.

L'immigration est impitoyable. L'homme ou la femme qui prend la décision de quitter son pays d'origine fait preuve d'un courage qui force le respect. Ils s'arrachent de leur univers familier, quittent leurs amis, les paysages, les bruits et les odeurs qui ont façonné leur imaginaire depuis leur enfance, pour une destination inconnue. Cet arrachement, qui exige qu'on abandonne derrière soi la première partie de sa vie, n'est pas à la portée de tous.

Cette amie me raconta sommairement le périple de sa famille venue du Maroc. Elle était arrivée en France vers l'âge de trois ans. Installés dans une ville de province, logés dans une petite maison, loin des barres de HLM malfaisants, ses frères et sœurs firent une scolarité exemplaire. Sa mère ne savait ni lire ni écrire. Pourtant ses enfants avaient obtenu le baccalauréat et poursuivaient des études supérieures. En une génération, le niveau d'instruction était passé de l'analphabétisme à bac +5.

Je n'ai jamais rencontré ses parents. Ni son père, ni sa mère ne comprenaient pourquoi leur fille n'avait toujours pas trouvé un homme pour se marier. Ils s'en étaient mêlés et, à l'occasion d'un voyage au Maroc, sans l'avertir, ils lui présentèrent un jeune garçon choisi pour elle. Cette union était idéale car il était aussi le fils du voisin et, par ce mariage, les domaines des deux familles pourraient s'agrandir avantageusement. L'opinion de leur fille était secondaire. Elle fit montre de beaucoup de courage pour dire non et s'extirper de ce traquenard. Ses parents ne comprenaient pas son refus car ils pensaient lui rendre service tout en concluant une bonne affaire foncière. Lors d'un autre séjour, on lui présenta un deuxième postulant. Elle refusa de nouveau. Depuis, elle craignait de retourner là-bas.

La vérité, c'est qu'elle n'était pas seule. Elle avait des copains. J'en savais quelque chose. Mais elle ne pouvait pas le dire à ses parents, car la plupart des hommes qu'elle avait fréquentés avaient tous le même défaut. Ils n'étaient pas musulmans. Elle m'expliqua que sa famille ne l'aurait pas accepté. Selon eux, elle devait construire sa vie sentimentale à l'intérieur de son milieu familial et culturel. Mais l'existence n'est pas aussi simple. Aujourd'hui, la diversité des origines des individus est telle qu'il est impossible d'empêcher la mixité culturelle. À un moment ou à un autre, on rencontre autrui. Celui qui n'est pas comme soi, celui qui vient d'un ailleurs mystérieux.

Dans ma propre généalogie, mes ancêtres se sont mariés pendant des siècles dans un périmètre qui ne dépassait pas six kilomètres. Au-delà, c'était l'inconnu, les gens étaient des "étrangers". La notion d'étranger est passée du canton voisin, à la région voisine, puis au pays voisin, et maintenant au continent voisin. Lorsque mon père a présenté ma mère à sa famille, c'était une "étrangère". Elle était originaire d'un autre département que le sien. Quand, à mon tour, j'ai présenté mon épouse à ma famille, c'était aussi une "étrangère". Elle et moi étions nés dans des pays différents. Le même phénomène se reproduisait d'une génération à l'autre mais cette fois ce n'était plus entre deux départements du même pays, mais entre deux continents de la même planète.

Les parents de mon amie étaient d'origine marocaine et de confession musulmane. Ils étaient surtout originaires d'un autre siècle. Ils raisonnaient comme leurs grands-parents et leurs arrière-grands-parents, dans une mentalité très rurale, attachée à la terre, aux traditions ancestrales. Comment leur faire comprendre que leur fille vivait au XXe siècle et qu'aujourd'hui on ne peut plus rester recroquevillé dans sa coquille ? Sa mère, m'avait-elle dit, portait le voile. Pas elle. Certaines de ses cousines avaient accepté les propositions de mariage de leur famille. Son destin était écartelé entre la volonté de décider ce que serait sa vie et ses parents qu'elle aimait mais qui ne la comprenaient pas.

Elle m'avoua un jour : "J'ai des cousins qui sont à Fleury-Mérogis. S'ils apprennent que je suis avec un type comme toi, quand ils sortiront, ils risquent de nous causer des ennuis." Je trouvais qu'elle dramatisait un peu la situation. Quel intérêt de menacer une femme et un homme qui sortent ensemble pour une raison aussi futile ? Au bout d'un moment, je compris qu'elle ne plaisantait pas. Une telle chose était possible. Ce qui ne signifiait pas qu'elle allait avoir lieu. Mais qu'elle était juste possible. Comment avoir l'esprit serein, baigner dans la légèreté qu'on attend d'une relation sentimentale, si dans un coin de sa tête on pense qu'un malheur pourrait survenir dès sa révélation ? "L'amour clandestin", c'est un beau titre pour un soap-opéra, mais dans la réalité, c'est nul.

La cellule familiale, c'est d'abord une cellule. Celle d'une prison. Il faut du courage pour s'en échapper afin de vivre libre. Beaucoup de jeunes ne remettent pas en cause le modèle transmis par leurs parents car s'en écarter leur ferait prendre le risque d'être exclus de leur famille. Dans un pacte quasi faustien, ils choisissent de remettre leur destin entre les mains de la cellule familiale et, en échange, renoncent à partir à la rencontre d'autrui.

Une autre relation me fit entrevoir à quel point le poids des traditions culturelles étouffe les individus. Cette amie était issue d'un milieu bourgeois, son père était avocat et sa mère pharmacienne. Mais il n'était pas question de leur révéler qu'elle sortait avec moi. Elle était catholique pratiquante, faisait des études de droit pour suivre la voie de son père et, dans sa classe sociale, elle n'était pas destinée à entretenir des relations avec un type comme moi, athée, qui faisait des dessins abominables sur la Sainte Vierge et le petit Jésus dans un journal pas du tout sérieux. Officiellement, je n'étais qu'un ami. Alors que nous passions quelques jours sur une plage de son pays d'origine, elle était en permanence sur ses gardes, craignant qu'un membre de sa famille ne nous découvre ensemble. Nous étions de parfaits célibataires, mais il fallait se comporter comme un couple adultérin. Qui donc étions-nous en train de tromper ? Personne. Quelles lois violions-nous en passant quelques jours ensemble ? Aucune. Sinon celles des traditions et des conventions qui existent dans les têtes et emprisonnent les esprits.

Une autre connaissance me fit entrevoir, sans le savoir, ce qui m'attendait dans les années à venir. Nous marchions dans les rues de sa ville lorsque nous arrivâmes sur la place de l'église. Je décidai d'y entrer pour apprécier les ornementations et le style de cet édifice du Moyen Âge. Mon amie refusa obstinément de me suivre. Avec une véhémence, pour ne pas dire une agressivité, que je ne lui avais jamais vue, elle me dit qu'elle n'entrerait pas dans cet endroit car sa religion le lui interdisait. Elle était musulmane et bien que jusqu'à présent je m'en fusse à peine aperçu tant sa pratique était discrète, pour ne pas dire inexistante, je fus stupéfait par sa réaction qui me sembla totalement disproportionnée. Musulmane ? Et alors ? “Si tu entres là-dedans, il ne va rien t'arriver, le diable ne va pas te sauter dessus et tu ne finiras pas en enfer.” Elle ne semblait pas du tout apprécier mes remarques ironiques. Athée, j'entrai donc seul dans l'église, la laissant sur le parvis. C'est un des avantages d'être athée. Comme les personnes du groupe sanguin O^+, qui peuvent donner leur sang à tout le monde, les athées ne vénèrent aucun Dieu et peuvent donc mettre les pieds dans tous les lieux de culte.

La religion reprend peu à peu la place qu'elle a toujours enragé d'avoir perdue et cherche à retrouver sa puissance passée comme celle de reléguer au second plan les désirs des femmes et des hommes, derrière la volonté de Dieu, ou plus précisément, de ceux qui se prétendent ses représentants, clercs de tous poils et de toutes chapelles. Si tu ne penses pas comme moi, je ne peux pas être avec toi, ni même te suivre.

Au Louvre est exposé l'étrange *Sarcophage des époux*. Réalisé cinq cents ans avant Jésus-Christ, il représente, allongés sur leur tombeau, un homme et une femme étrusques. La terre rouge dont est faite cette sculpture et la pose figée des deux personnages donnent des indices aux spécialistes pour dater l'œuvre. Mais le nombre des années importe peu. Leurs visages souriants témoignent que le sentiment amoureux n'appartient à aucune époque, à aucune culture, à aucune religion. Il est intemporel et universel. Aujourd'hui, religions et traditions familiales se sont liguées pour entraver les relations entre les individus. On ne pourrait donc pas aimer celui ou celle qui vient d'ailleurs au prétexte que sa religion est différente. Cette femme et cet homme étrusques, par-delà les siècles, les continents, les dogmes et les interdits religieux, pourraient-ils aujourd'hui vivre en dehors de leur communauté ? L'image de ce couple, figé dans la terre cuite, est aussi celle de nos sociétés crispées : chacun emprisonné dans son identité comme des emmurés vivants.

Dans *Les Visiteurs du soir* de Marcel Carné, le diable métamorphose deux amoureux en statue. Mais quand il s'en approche, il rugit de colère, car malgré le maléfice qu'il vient de leur faire subir, il entend encore leur cœur battre l'un pour l'autre. Tel Lucifer dans *Les Visiteurs du soir*, les religions aimeraient transformer en pierre les hommes et les femmes épris, mais qui, par malheur, ne sont pas nés dans le même bénitier.

Parfois on entend des militants de gauche raisonner ainsi : “Moi, je ne peux pas coucher avec quelqu'un de droite." Étonnamment, religion et politique se retrouvent parfois côte à côte, pour éloigner les femmes et les hommes. Mais comment peut-on faire passer ses émotions et ses désirs après le programme du Parti socialiste, du Parti communiste, de La République en marche, des Républicains, de la LCR ou de la France insoumise ? Montre-moi la carte de ton parti politique et je te dirai si on peut sortir ensemble.

Les péripéties politiques ou religieuses ne devraient pourtant jamais entraver les sentiments car ils sont au-dessus de tout. Quand on a le nez entre les cuisses d'une femme, qu'est-ce qu'on en a à foutre de savoir si elle est de droite ou de gauche, si elle est juive ou musulmane, si elle est chrétienne ou athée, si elle est écolo ou d'extrême droite ? Il n'y a que dans ces moments-là qu'on peut atteindre l'universel et l'intemporel. À cet instant, on ne sait plus si on vit au XXe siècle, au Moyen Âge, à Rome, en France, au pôle Nord, aux Galápagos ou à Ouarzazate. Ça pourrait être ici ou n'importe où. Maintenant ou n'importe quand.

Lors d'un reportage en Cisjordanie, je rendis visite à une famille palestinienne qui vivait dans un trou perdu. À part des troupeaux de chèvres qui descendaient les collines de ce paysage biblique, il n'y avait pas grand-chose à voir. Le père avait gagné sa vie en Allemagne comme travailleur immigré. À sa retraite, il était revenu chez lui, en Palestine. Ses deux filles étaient aussi charmantes que brillantes. L'une d'elles était matheuse et se destinait à une carrière scientifique. Elle me montrait ses livres de maths auxquels je ne comprenais rien, ce qui n'avait aucune importance car cela me permettait d'être assis à ses côtés. Elle était vraiment séduisante, et s'aperçut que je m'en étais aperçu. Pour de jeunes Palestiniennes, les modèles masculins à leur disposition pour se construire un imaginaire romantique semblaient assez limités, car en tant que petit Français je constatais qu'elles étaient à l'affût de tout ce qui pouvait égayer leur quotidien. Ceci d'autant plus qu'il était extrêmement difficile pour elles de voyager à l'étranger, car Israël ne laissait pas sortir facilement les ressortissants palestiniens de sa zone d'influence.

Après avoir bu le café ultra-fort que tout bon Palestinien sert aux visiteurs, dans un verre si chaud qu'il manque de vous tomber des mains, il fallut reprendre la route. Au moment de se dire au revoir, elle se tourna vers moi et me demanda : "Tu reviendras ?" Je ne savais quoi lui répondre. De retour en France, il y avait peu de chance que je remette les pieds dans ce patelin perdu de Cisjordanie. Un peu honteux, je lui fis cette réponse optimiste : "Oui, si je peux, je reviendrai." Ce n'est pas bien de mentir aux femmes. Elle savait très bien que je ne lui disais pas la vérité. Poliment, elle m'a cependant souri.

CHERCHEUR D'OR

Mustapha était correcteur à *Charlie Hebdo* depuis des années. Le correcteur effectue un travail capital pour un journal comme pour la rédaction d'un livre : il corrige. Non seulement les fautes de français, de grammaire, de vocabulaire, mais il vérifie aussi les informations, les chiffres, les dates, et les lieux cités par l'auteur. Les textes qui nous sont rendus ont de la chance d'avoir des correcteurs pour les relire, sans quoi, ils seraient truffés d'erreurs de français, et d'inexactitudes. C'était le travail de Mustapha à *Charlie*. Lui qui corrigeait nos fautes de français n'avait toujours pas la nationalité française et avait introduit une demande pour l'obtenir, alors qu'il vivait en France depuis des années.

Mustapha parlait d'une voix douce et timide et il fallait tendre l'oreille quand il s'adressait à vous. Quand on l'interrogeait pour comprendre la signification de la correction qu'il nous proposait, il exposait les raisons de notre erreur avec la même prévenance que le médecin qui explique à son patient pourquoi il a un gros furoncle ignoble sur la fesse, mais sans jamais chercher à l'humilier. Mustapha aurait très bien pu se moquer de nous car les fautes d'orthographe dans les dessins comme dans les textes se sont toujours bien portées à *Charlie Hebdo*.

Lui, si discret, s'aventura un jour à me parler de son enfance en Algérie. Il m'expliquait qu'adolescent, il devait porter, dans certaines grandes occasions, un habit traditionnel sous lequel il crevait de chaud. Mais il ne devait pas se plaindre car les anciens du village n'auraient pas manqué de le réprimander. Comme bien d'autres, il avait suivi les usages imposés par son milieu familial, mais en le voyant avec nous à *Charlie Hebdo*, j'imaginai qu'il était parvenu à s'en écarter pour vivre la vie qu'il avait choisie. Son parcours personnel était énigmatique, et selon une règle non écrite au journal, quand un collaborateur ne vous parle pas de sa vie privée, on ne lui demande rien car elle n'appartient qu'à lui.

Incollable sur la grammaire et l'orthographe, il était inutile d'essayer de le prendre en défaut. Mustapha en savait toujours plus que vous sur les subtilités infinies de notre langue. Un jour pourtant, alors qu'il corrigeait un hors-série consacré au petit Jésus que je venais de réaliser, il me demanda ce qu'étaient des "éons", terme que j'avais utilisé dans certains dessins. Je lui expliquai que c'étaient des mondes célestes placés entre les humains et Dieu et que selon des passages des évangiles apocryphes il en existait sept. Lorsque Dieu voulait parler aux hommes directement, les sept éons s'ouvraient les uns après les autres, comme les portes d'un coffre-fort, et laissaient la parole divine descendre sur terre. C'est en tout cas ce que j'avais cru comprendre, sans être totalement sûr de ne pas m'être trompé. Il faut dire que ce n'est pas tous les jours, au bistro entre les cacahuètes et l'apéro, ni le dimanche midi autour du gigot familial, qu'on peut glisser dans une conversation "Tiens, ce matin j'ai vu les sept éons par ma fenêtre". Trois mois avant de se faire massacrer par deux fanatiques islamistes convaincus qu'ils seraient accueillis au ciel par un troupeau de vierges offertes à leurs turpitudes, les deux athées que Mustapha et moi étions devisaient sur la manière dont Dieu s'adressait aux hommes.

Mais le paradis de Mustapha était ailleurs. Le sien tenait dans les pages du dictionnaire. Chaque fois qu'il découvrait un mot inconnu de lui, il semblait aussi heureux qu'un chercheur d'or qui vient de repérer une minuscule pépite dans sa bassine. C'est bien la seule fois où j'eus l'occasion d'apprendre à Mustapha quelque chose qu'il ignorait. La seule et la dernière. Nous étions à l'automne 2014, et quelques semaines plus tard, Mustapha était au nombre des victimes de *Charlie Hebdo*. Il venait d'obtenir sa nationalité française.

CADUCS

La télévision de mon appartement reprenait vie peu à peu. Pour me distraire, je partais à la recherche de quelques films. Des films désuets en noir et blanc que je faisais semblant de découvrir alors que je les avais vus cent fois dans ma vie d'avant. Des films d'action, invraisemblables et prévisibles. Des films comiques, fatigués et fatigants. Des films de guerre. Les plus grotesques. Rien n'est plus pénible que les films de guerre avec leur prétention pathétique à peindre la violence. Datant des années 1950 ou des années 2000, en noir et blanc ou en couleurs, avec John Wayne sur une plage du Pacifique, ou Tom Hanks sur une plage de Normandie, la comédie est toujours la même. Quand est sorti *Il faut sauver le soldat Ryan*, les critiques furent unanimes. Jamais le cinéma n'avait montré la guerre de manière si réaliste. Le débarquement à Omaha Beach était vendu au public comme la plus grande scène de film de guerre de l'histoire du septième art, avec ses effets spéciaux, le bruit des balles en dolby stéréo, la surdité passagère du héros après une explosion, et les morceaux de corps humains qui voltigent sur l'écran.

En réalité, le cinéma démontrait son impuissance à transmettre la violence. Au mieux parvenait-il à reconstituer des situations : explosions qui explosent, mitrailleuses qui mitraillent, canons qui canonnent, bombardiers qui bombardent et soldats sacrifiés qui se sacrifient. C'est tout. Comment faire partager au public le moment furtif où se réveillent et s'entremêlent rêves et cauchemars, angoisses d'enfant et névroses d'adulte, premier souffle de vie et dernier souffle avant la mort. Le cinéma peut au mieux nous offrir la guerre en spectacle et nous mettre mal à l'aise avec des reconstitutions souvent plus proches du Grand-Guignol que d'une quelconque réalité. Presque chaque fois qu'il le tente, le cinéma de la guerre est impuissant à faire sortir le spectateur de son statut de spectateur.

Dans *Quatre de l'infanterie* de Georg Wilhelm Pabst, un soldat revient en permission pour retrouver sa fiancée. Il la surprend avec un autre homme. Elle veut se faire pardonner cette incartade mais il la repousse. Inconsolable, il retourne au front après avoir refusé de l'embrasser. Au combat, il est grièvement blessé. Dans un hôpital de campagne où sont alignés d'autres malchanceux comme lui, il agonise. Durant ses dernières secondes de lucidité, il revoit en songe sa fiancée qui lui demande de la pardonner. Puis il sombre, emporté par la mort. Pas d'effets spéciaux, pas d'explosion toutes les deux secondes pour vous faire sursauter sur votre fauteuil avec votre seau rempli de pop-corn. Pour vous retourner les tripes, des sentiments et rien d'autre.

Un dimanche après-midi, notre grosse télé en noir et blanc, avec son écran bombé des années 1970, avait diffusé *Les Croix de bois*, adaptation cinématographique de 1932 du roman de Roland Dorgelès, mise en scène par Raymond Bernard. Enfant, je n'étais pas sûr de comprendre tout ce que le film faisait passer devant mes yeux, mais une scène m'angoissa particulièrement. Perdu dans le no man's land, un soldat blessé attendait d'être emporté par la mort. Au-dessus de lui défilaient lentement des silhouettes de soldats portant chacune une croix, comme autant de Christ gravissant leur Golgotha. Le soldat à l'agonie voyait son âme le quitter lentement, pour rejoindre celles des autres poilus qui flottaient déjà dans les airs. C'est du moins ainsi que l'enfant que j'étais avait compris cette scène. Durant les cours de catéchisme de l'école catholique où j'étais scolarisé, on nous répétait que nous devions "faire entrer Jésus dans notre cœur". Cette perspective ne m'emballait pas beaucoup car j'imaginais qu'on allait nous l'enfoncer dans le cœur comme un pieu dans celui d'un vampire. C'était une métaphore, mais j'étais trop con pour la comprendre. À six ans, on est vraiment très con. C'est peut-être pour cette raison que la religion n'est jamais parvenue à me séduire. Je ne comprenais rien aux paraboles tarabiscotées qu'on nous enseignait. Pourquoi dire avec autant de complexité des choses simples ? Justement, parce qu'elles sont trop simples et même souvent simplistes. En religion, les paraboles et les métaphores servent souvent à cacher la misère. En voyant ce pauvre soldat mourir sur l'écran de notre grosse télé, je croyais qu'il allait recevoir dans son cœur Jésus-Christ son sauveur. Curieux raisonnement selon lequel pour être sauvé, il faut crever. Du haut de mes six ans, je n'en avais aucune envie et ce drôle de Jésus dont on me rebattait les oreilles allait devoir attendre longtemps avant d'"entrer dans mon cœur". Mon cœur, c'est mon cœur et j'y fais entrer qui je veux.

Un livre de catéchisme accompagnait ce chemin vers le Christ qu'on proposait de suivre aux gamins de mon âge. Je détestais ce livre pour une seule raison : j'avais horreur des dessins qui l'illustraient. Les visages des personnages n'étaient pas achevés, ils étaient à peine évoqués par une tache rose, comme si la représentation de leur nez, de leur bouche et de leurs yeux était déjà un blasphème. Comme si, à l'instar de l'islam qui interdit de représenter le prophète Mahomet, le christianisme s'était imposé une nouvelle pénitence, celle de ne plus dessiner le visage des chrétiens. Je trouvais ces dessins lâches et faux culs. On me demandait de suivre une religion aussi aveuglément que ces personnages aveugles étaient sans regard et sans âme.

En ce début d'année 2015, pour me sentir moins seul, je me mis en quête d'une représentation qui se rapproche le plus de ce que j'avais vécu le 7 janvier. Une sorte de film témoin vers lequel je renverrais les curieux qui me demanderaient pour la énième fois ce que fut cette journée. Afin de m'épargner de répéter toujours le même récit, comme on le demandait à ce jeune Libérien miraculeusement en vie sous les cadavres de ses deux copains. Je me pris au jeu et commençai à chercher une séquence qui s'en rapproche. Dans quel film avais-je vu quelque chose de comparable ? *Les Trois jours du Condor*. Mais aussitôt, je fus gêné d'avoir trouvé une réponse et je regrettai d'avoir joué à ce jeu stupide. Il ne me restait plus qu'à vérifier la pertinence de cette hypothèse. Je retrouvai sur internet un lien vers le film et, devant moi, sur l'écran de mon ordinateur, commencèrent à défiler les premières images. Ce n'était pas exactement pareil. Mais on pouvait y trouver quelques similitudes. La rapidité de l'attaque, la sidération des victimes. Pas un mot, pas un cri ou si peu. Robert Redford, hésitant, qui pénètre sur les lieux et découvre pas à pas un spectacle inimaginable. Le silence. Presque le même que le nôtre. Des images sans paroles. Nous aussi étions devenus des figures sans visages et sans voix, comme dans mon calamiteux livre de catéchisme. Des ombres qui ne disaient plus rien et ne signifiaient plus rien. Nous avions rejoint les livres de ma bibliothèque. Dépassés, sans intérêt, caducs.

DEUX SECONDES

La protection policière fait énormément fantasmer. Souvent on m'interroge sur ma vie encadrée par la police sans même m'en demander la cause. Comme si l'islamisme et l'intégrisme religieux faisaient tellement peur qu'il ne fallait pas prononcer leurs noms. Comme s'il était plus prudent de ne pas trop s'intéresser à ces phénomènes menaçants et plus confortable de parler de gardes du corps et de gendarmes.

La première fois que j'ai découvert ce qu'était une protection, c'était après l'incendie de *Charlie Hebdo* en novembre 2011. Deux responsables de la police étaient venus nous en proposer une. Proposer, car une protection n'est pas une peine de prison, ni une sanction. On a parfaitement le droit de la refuser et il existe des personnes qui pouvaient en bénéficier qui ont décliné cette offre et préféré vivre sans. Car si un tel dispositif de sécurité implique des contraintes, dans un coin de sa tête, on sait qu'on a le pouvoir de le faire cesser. Il suffit de quitter définitivement la vie publique, de partir en Patagonie élever des vaches ou de s'exiler sur une île du Pacifique pour tresser des colliers de fleurs, et vous pourrez vivre à nouveau sans être accompagné par aucun policier. Tout simplement.

Je ne raconterai rien de précis sur ma protection car ce n'est pas un sujet qui a vocation à devenir public. Contrairement à certains qui en parlent à tort et à travers comme si c'était un honneur fait à leur personne. Une protection ne signifie pas que vous êtes quelqu'un d'important. Chaque individu est important. Elle signifie juste que vous avez des emmerdements importants.

Je ne me sens pas non plus le courage de m'en plaindre. Parce que je pense à toutes ces femmes et ces hommes qui ont enduré la clandestinité entre 1940 et 1944, se cachant, prenant mille précautions pour ne pas se faire arrêter ou tuer par l'ennemi. Si eux ont supporté ça pendant quatre ou cinq ans pour faire triompher leurs convictions, pourquoi ne serions-nous pas capables à notre tour d'accepter quelques contraintes pour servir nos idées ? Depuis des siècles, dans ce pays, d'innombrables inconnus ont vécu des épreuves bien pires, et les livres d'histoire sont remplis de leurs destins, de leur courage et de leur mort. On a fini par oublier que pour défendre sa liberté et les valeurs auxquelles on tient, il faut parfois savoir se sacrifier. À côté de ce qu'avant nous, des milliers d'anonymes ont enduré pour les autres, une protection policière est un modeste inconvénient.

Quelques jours après ma première sortie de l'hôpital, je retrouvai mes parents pour un déjeuner au restaurant. Alors que je m'extirpais de la voiture où on m'avait fourré, j'aperçus ma mère qui m'attendait en compagnie de mon père. Me voyant entouré de gardes, elle se mit à pleurer. C'était la première fois de ma vie que je faisais pleurer ma mère. Je pris conscience que je ne me rendais pas compte de ce qu'une protection signifiait pour les autres. Pour moi c'était devenu non pas normal, mais habituel. Je l'avais intégrée dans ma vie comme un remède qu'on doit prendre tous les jours à la même heure, scrupuleusement si vous tenez à ce qu'il vous soigne et vous épargne la mort. Pour mon entourage, c'était différent. Cette présence policière ancrait ma vie dans la violence que j'avais subie. Elle leur semblait encore proche de moi, prête à frapper de nouveau. Comment leur faire comprendre que le pire n'est pas d'être accompagné par des policiers ? Le pire, c'est de n'être entouré par personne. C'est de se retrouver seul sans rien pour se cacher ni aucun pour vous aider. Plus de table sous laquelle se jeter. Plus d'allié pour vous secourir. Plus rien pour vous donner l'espoir que vous aurez une petite chance de vous en sortir.

Le 7 janvier 2015 au matin, pour la dernière fois de ma vie, je pris le bus. Je me calais toujours sur le même siège bien chaud car situé au fond, au-dessus du moteur qui vrombit. Après quelques stations, je descendais et m'enfonçais dans les couloirs du métro. Les odeurs du métro m'ont toujours plu. Des odeurs que seul le métro est capable de produire. Odeurs de chaud, d'acier, de produits d'entretien, de pisses, de poussières, de transpirations, de parfums. Qu'importe, quand on sent ces odeurs, on sait où on se trouve. À Paris, et cela me suffit. Enfant, lorsqu'on m'emmenait à la capitale rendre visite à une tante, les trajets en métro m'excitaient car ils étaient mystérieux. On descendait dans les entrailles de la ville où le métropolitain avait creusé son terrier. J'approchais mes yeux contre la vitre, me protégeant de la lumière du wagon avec mes deux mains collées de chaque côté du visage, afin de réussir à voir dans l'obscurité les voies et les souterrains qui s'y cachaient.

Ce 7 janvier, je montai dans la rame de métro de la ligne 5. Pour la dernière fois. On ne sait jamais quand arrive la dernière fois. La dernière fois de ma vie où j'ai été au cinéma, la dernière fois de ma vie où j'ai bu un café en terrasse, la dernière fois de ma vie où j'ai embrassé une femme. Un jour arrivera la dernière fois de toutes les dernières fois. On ne sait pas quand ce jour surviendra car en vérité chaque jour est la dernière fois de quelque chose. Chaque jour est une petite vie qui meurt doucement quand arrive le soir.

À la station Richard-Lenoir, je me dirigeai vers la sortie et entamai l'ascension des escaliers qui me remontaient à la surface. Ce fut la dernière fois que je voyageais en métro. Liberté d'aller et de venir, de rames en autobus, au gré des correspondances, sous les aubettes ou le long des quais, tout cela était maintenant souvenirs. Parfois je croise la grande carte des transports en commun parisiens, et je ne reconnais plus rien. J'y découvre des lignes nouvelles, des arrêts supprimés et me sens perdu comme dans une ville étrangère.

Quelque temps après l'attentat, un rêve me permit de prendre à nouveau les transports en commun. Je montais dans un bus sans voyageurs. J'en compris la cause en voyant un SDF aux effluves pestilentiels qui avait fait fuir les usagers. Mais je m'en foutais. L'odeur de son vomi ne me dérangeait pas, tant j'étais grisé de me retrouver dans un bus. J'étais si euphorique de me déplacer à nouveau librement que le trajet n'avait aucune importance, je me laissais porter par l'inconnu du temps qui court et des lieux qui passaient sous mes yeux. L'incertitude est le plus précieux plaisir de la vie. Quand on me demandait quels étaient mes loisirs, je ne savais quoi répondre. Je m'aperçus que, souvent, ma principale distraction se résumait à jouir du hasard. Marcher dans la rue sans savoir ce que j'y découvrirai, croiser le regard des passantes sans savoir si l'un d'eux accrochera le mien, écouter les voyageurs dans le bus sans bien comprendre le sens de leur conversation. Le hasard m'amusait bien plus que toutes les distractions habituelles : télévision, spectacle, sport, où tout est déjà écrit d'avance. Le hasard fabrique nos vies. Et voilà qu'avec une protection, plus rien ne doit être fait par hasard car tout doit être anticipé. Avec une protection policière, on est toujours vivant mais au prix d'une victime : ce vieil ami le hasard.

Il y a toutes sortes de personnes protégées. D'abord celles qui le sont pour des raisons statutaires, comme le président de la République, les ministres et certains magistrats. Et puis d'autres, simples citoyens qui, par leur position publique, se retrouvent en danger et doivent être protégés. Ces personnes ont toutes un point commun. Elles n'ont jamais connu la violence.

Car il existe une autre catégorie de personnes protégées : celles qui ont déjà échappé à la mort. C'est pour cette raison que je ne me plains pas de ma protection. Je considère même avoir de la chance qu'elle existe, car dans bien d'autres pays, il faudrait me débrouiller seul pour me protéger.

La sensation d'avoir en face de soi la mort qui vient vous chercher ne peut se comparer à rien. Certainement pas à l'inconvénient d'avoir une protection. Cette sensation, je l'ai gardée en mémoire comme un trésor. Elle n'aura duré qu'une seconde ou deux. C'est le temps, furtif et brutal, qu'il m'a fallu pour découvrir l'émotion de la violence. Si demain j'étais de nouveau victime d'une attaque, je ne perdrais pas encore ces deux secondes précieuses pour réapprendre ce que je sais déjà. La prochaine fois, j'aurai deux secondes d'avance sur la mort. Deux secondes d'avance qui peut-être sauveront ma peau. Deux secondes d'avance qui seront ma meilleure protection.

LES ÎLOTS

Juillet 2015

“Est-ce que vous faites des cauchemars ?

— Non.

— Est-ce que vous avez des flashs ?

— Des flashs ? C’est quoi des flashs ?

— Eh bien des flashs ! Des choses qui vous reviennent d’un seul coup à l’esprit.

— Non.

— Vous dormez bien ?

— Oui.

— Vous savez, rien ne vous oblige à continuer de faire ce que vous faisiez avant. Vous avez le droit d’arrêter.”

Mais de quoi me parlait-elle ? D’arrêter quoi ? *Charlie* ? Le journal ? Le dessin ?

La psy qui m’interrogeait ne devait pas bien comprendre d’où je venais, ni ce qu’avait été ma vie, avant de me retrouver sur ce lit d’hôpital. Elle semblait me poser les mêmes questions qu’aux autres patients, selon un formulaire standard, sans rien connaître de moi. C’était assez contrariant et plutôt humiliant. Comme si ma vie d’avant pouvait être rayée d’un trait et remplacée par une nouvelle, comme on troque sa vieille voiture rouillée contre un modèle flambant neuf. Elle parlait de ma vie de dessinateur comme on parle à un cancéreux de sa tumeur. Il me suffisait de demander à être opéré pour qu'on m'en débarrasse.

Pour retrouver confiance en moi, c'était le prix à payer. À l'entendre, la décision de tout abandonner me donnerait la satisfaction de reprendre mon destin en main. J'aurais pu me laisser séduire par cette proposition car au fond de mon lit, en mille morceaux, on me faisait miroiter que j'étais tout-puissant et que je pouvais encore décider de tout. Même en faisant des choix débiles.

D'autres, avant moi, se sont peut-être laissé berner par cette prophétie de cartomancienne. Ce ne sera pas mon cas. Je poursuivrai ma vie de dessinateur, même avec un bras en moins.

Je n'étais pourtant pas sûr du tout de redessiner un jour dans un journal. D'abord parce que j'étais épuisé et que je n'arrivais pas à me projeter dans un avenir où j'aurais repris mes forces. Dans quel état serais-je dans un mois, dans six mois, dans un an ? Dans quel état physique, mais aussi psychique.

Je ne faisais pas de cauchemars et quand je l'expliquais au personnel médical, ils me dévisageaient comme un type qui vient de se faire tronçonner un bras par un obus et ne s'en est pas encore aperçu. Avec ce que j'avais vécu, *j'aurais dû* faire des cauchemars. Il ne pouvait pas en être autrement. C'était écrit dans les manuels. Eh bien non, je ne faisais pas de cauchemars. Je passais des heures à chercher le sommeil dans mon lit d'hôpital sur lequel mes draps glissaient comme une savonnette et que je devais régulièrement redresser. La chambre était illuminée en permanence par la lumière du couloir qui passait sous le jour trop grand de la porte. J'allais dans les WC et je tirais des mètres de papier hygiénique que je roulais et coinçais entre la porte et le sol pour masquer cette lumière intrusive. Mais à part ça, rien d'autre ne venait déranger mes nuits. Une fois endormi, je ne faisais aucun cauchemar. J'avais même des rêves plutôt agréables. Je rêvais d'eux.

Un de mes premiers rêves à l'hôpital me remit en présence de Cabu. Nous étions tous les deux penchés au-dessus d'une table où Cabu avait étalé une grande feuille, sur laquelle nous élaborions la maquette du journal. Le sujet n'avait pas d'importance, ce qui comptait, c'était de bricoler ensemble la page centrale, comme au moment de la reparution de *Charlie Hebdo*. Je revivais en rêve cette atmosphère primitive, quand tout avait commencé en 1992 et que, dessinateur de presse débutant, je m'étais retrouvé aux côtés d'une légende du dessin comme Cabu, qui m'expliquait avec ses ciseaux, son tube de colle et ses feutres qui puaient comment concevoir le prochain numéro.

Ce travail se déroulait autour d'une table, dans le coin d'une pièce étroite de notre premier local, près de la place Denfert-Rochereau. Vers midi, on commandait des pizzas livrées dans des cartons qu'on déchiquetait avec des couteaux en plastique, et dont Charb, Luz, Gébé et les autres se délectaient, dans un réduit minuscule improvisé en cuisine. La rusticité des lieux ne nous dérangeait pas, ni celle de cette nourriture bon marché. Le délice était ailleurs. L'aventure d'un journal qu'on lance en partant de rien vaut bien quelques pizzas bourrées de produits chimiques et des soirées passées à coller des bouts de papier sur des gabarits, jusqu'à deux heures du matin. Les premiers numéros de *Charlie Hebdo* nous plongeaient dans une incertitude grisante, quand on s'élance dans l'inconnu sans savoir où on atterrira. La compagnie de figures comme Cabu, Gébé, Cavanna, Wolinski et des autres faisait oublier toutes les inquiétudes.

Dans ce rêve où je goûtais de nouveau la saveur de ces temps aventureux, Cabu avait terminé sa tâche. Il reprit son carton à dessin car il avait un rendez-vous, et me demanda quel trajet il devait suivre. Je lui décrivis l'itinéraire le plus approprié. Alors il descendit la rue au milieu des passants. Arrivé au bout du trottoir, il tourna la tête vers moi, d'un air interrogatif. D'un signe, je lui fis comprendre qu'il était dans la bonne direction. Son carton à la main, il reprit sa marche et disparut derrière l'angle du pâté de maisons. Ce fut la dernière fois que je le vis. Ce fut en rêve.

Dans la réalité, j'avais refusé d'affronter la vue des victimes effondrées sur le sol de la pièce du crime. Pour le moment, les cauchemars m'avaient négligé et, par la magie des songes, je vivais la sensation extraordinaire d'être à nouveau avec eux. Je n'étais pas gêné de parler de ce que j'avais vécu. Évacuer à haute voix ces événements, plutôt que de les taire, de les refouler et de les voir resurgir par flashs ou sous forme de cauchemars, me semblait préférable. C'est du moins ce dont je m'étais convaincu.

Depuis sa reparution en 1992, *Charlie Hebdo* avait déjà été confronté à la disparition de quelques-uns des siens. Pas dans des conditions aussi atroces que celles du 7 janvier. Mais tout de même, il avait fallu se faire à l'idée que la durée nous mettrait à l'épreuve de voir certains nous quitter. Si personne n'a vocation à être assassiné, chacun sait en revanche ne pas être éternel. La longévité est une notion qu'il a fallu apprivoiser dans ce journal qui, dans sa première période, ne vécut que treize ans, de 1969 à 1982. Mais après sa résurrection en 1992, nous constations au bout de quelques mois qu'il était toujours en vie. Nous dûmes acquérir une culture de la durée qui n'existait peut-être pas dans le premier *Charlie*. Cinq ans après, le journal était encore là. Dix ans après, le journal était toujours là. Ce qui n'était au départ qu'une aventure devenait un destin. Le nombre des compagnons de route de *Charlie* s'étoffa d'année en année. En vingt-quatre ans, des centaines de personnes ont collaboré à un moment ou à un autre à *Charlie*. Contrairement à une idée reçue, *Charlie Hebdo* a été bien plus ouvert qu'on ne l'imagine. Ce qui implique aussi que, parmi tous ces collaborateurs, certains nous aient quittés, parfois fâchés, parfois en bons termes, parfois emportés par la mort. Nous vîmes ainsi disparaître François Cavanna, le père fondateur de cette aventure, Xavier Pasquini, Frédéric H. Fajardie, Michel Boujut, Michel Polac, André Adoutte, Patrick Font, et les dessinateurs Gébé, Siné et Bernar.

Ce n'était pas la première fois que je rêvais des disparus de *Charlie*.

Bernar dessinait une rubrique télé avec une précision chirurgicale. Il captait la moindre ride mal placée, la moindre dent de travers d'un animateur télé, la moindre moumoute d'un présentateur de JT. Mais il était possédé par le démon de l'alcool et on le voyait sombrer de jour en jour sans que rien ne puisse le rattraper. On découvrait chez lui une humeur ténébreuse difficile à déceler au premier abord. Un jour, on le retrouva chez lui, sans vie. Avec les membres du journal, nous nous rendîmes à sa crémation dans une petite localité de banlieue. Quelque temps après, je rêvai que j'étais devant le passage piéton qui menait au journal, quand soudain Bernar arriva sur ma gauche, attendant comme moi que le feu passe au rouge. J'en fus très surpris et lui demandai ce qu'il faisait là puisque nous étions présents à sa crémation. Il me répondit malicieux qu'il nous avait tous roulés en nous faisant croire qu'il était mort, et qu'en réalité, nous n'avions assisté qu'à l'incinération d'un cercueil vide ! Même son enterrement, il l'avait conçu comme un gag.

Ces retrouvailles morphéiques étaient d'autant plus agréables qu'elles n'étaient pas frappées par l'abomination du 7 janvier. Ces disparus nous avaient quittés dans des circonstances tristes mais pas sanglantes. Les rêves avec les victimes du 7 janvier étaient différents. Une nuit, je fus à nouveau avec Honoré. Il avait deux gros cocards sur les yeux comme s'il sortait d'une bagarre de bal du samedi soir. J'en fus assez surpris car Honoré était d'un calme inébranlable et je ne l'aurais jamais imaginé se battre avec qui que ce soit. Je retrouvai Bernard Maris discourant avec la même passion que pendant nos déjeuners le mercredi midi à la brasserie du coin, après la conférence de rédaction. Mais son visage était bouffi, comme s'il avait abusé des médicaments, et surtout il était d'une humeur exécrable, s'énervant sans raison contre le distributeur d'eau minérale. Je croisai Charb passant devant moi au guidon d'une bicyclette, lui que je n'avais jamais vu de son vivant sur un deux-roues. Et Tignous, assis par terre devant l'entrée d'une supérette comme s'il faisait la manche. En le voyant, je sentis monter en moi des sanglots. À cet instant, je me réveillai, comme pour m'interdire de pleurer. Même dans mes rêves, je me débattais contre mon propre chagrin.

Les cauchemars étaient pourtant bien présents. Dans la réalité. Je voulais réserver à mes rêves ce que justement je ne retrouvais plus dans la vie. Le plaisir, la douceur, la sympathie. L'ignoble et l'horreur avaient pris possession du réel, et il ne fallait pas laisser ces fléaux contaminer ces havres de paix qu'étaient devenus mes rêves. Car il n'y avait plus que là que je me sentais bien.

Il devint alors urgent pour moi de trouver des îlots. Des endroits coupés de tout, perdus au milieu de rien et dont l'existence ne serait connue de personne. Paris était entièrement contaminé par le 7 janvier. Chaque centimètre carré de Paris avait été associé à l'un de nos morts et à l'aventure du journal. En voiture, je glissais le long du boulevard Richard-Lenoir et du boulevard Beaumarchais, entre lesquels se cachaient les locaux de la rue Nicolas-Appert. Tous les lieux de la capitale que nous avions arpentés ensemble pendant vingt-cinq ans, théâtres, musées, bouquinistes, librairies, cafés, jardins publics, criaient le 7 janvier.

Avant Nicolas-Appert, *Charlie* avait trouvé un toit boulevard Davout. Un matin, Charb me réveilla au téléphone et me demanda de le rejoindre au plus vite. Le journal venait de brûler dans la nuit. Le long du périphérique, on passait parfois devant un grand bâtiment à l'allure soviétique qui aurait mérité d'être rasé tant il était hideux, et dans lequel *Charlie Hebdo* trouva refuge après l'incendie. Pendant les treize années précédentes, *Charlie* avait élu domicile rue de Turbigo. Bien avant encore, après sa reparution en 1992, ce fut à deux pas de la place d'Italie, avenue de la Sœur-Rosalie, une religieuse du XIXe siècle, charitable avec les miséreux innombrables de ce quartier. Un siècle plus tard, il y en avait encore. Dans la cour de notre immeuble, s'élevait une cabane où vivaient des clochards qui, de temps en temps, nous rendaient visite et demandaient à Cabu un petit dessin. Un de ces clodos sympathiques nous avait raconté comment il avait braqué une banque et comment il s'était fait attraper par la police : lui et ses complices avaient oublié de faire le plein d'essence et ils tombèrent en panne sèche pendant leur fuite. Devant la présidente de la cour d'assises qui s'appelait Mme Perdrix, nous avait-il dit, il crut opportun de faire un bon mot en s'adressant à elle dans ces termes : "Je n'ai pas de conseil à vous donner madame la présidente, mais avec le nom que vous portez, évitez de sortir en période de chasse." Il récolta six mois de prison supplémentaires pour outrage à magistrat. Avec humour, il nous racontait ses aventures calamiteuses, un grand sourire aux lèvres, dévoilant les dernières dents qui lui restaient. Par la suite, la cabane installée dans la cour du journal où il vivait avec d'autres miséreux de son acabit fut détruite par les services sanitaires de la ville. Ils avaient tous la gale. Après toutes ces années, eux aussi ont probablement tous disparu.

Le pire endroit était pour moi la place de la République. C'est pourtant là, le 11 janvier 2015, que des milliers de citoyens avaient convergé et manifesté leur solidarité avec les victimes des attentats.

Mais chaque fois qu'en voiture je passais devant la grande statue de la République, je ne voyais que les portraits de Cabu, Charb, Tignous et Wolinski, encore affichés des mois plus tard sur les flancs du monument. De là-haut, leurs yeux ne cessaient de me regarder fixement.

Il devenait urgent de fuir ce Paris devenu triste comme un catafalque. Revenir aux sources était la seule issue. Car avant le 7 janvier, avant Paris, il y avait eu une autre vie. Celle qui s'était écoulée tranquillement en province, dans des villes rassurantes, aux premières époques de l'existence, celles de l'enfance et de l'adolescence, quand la vie était encore devant moi.

Quelque part dans le bocage vendéen se nichait le décor de nos vacances familiales. L'été 2015 m'offrit la première opportunité de retrouver le cercle de famille depuis le carnage. Là-bas, tous me connaissaient depuis ma naissance et ils incarnaient cette première partie de ma vie où rien de grave n'était survenu. Je fus soulagé de constater qu'il y régnait toujours la même insouciance, qu'on n'y sentait pas l'odeur fétide du 7 janvier, et qu'il était donc possible de retrouver, un jour peut-être, une vie normale sur cette planète.

Fuir cette France ensanglantée par le terrorisme devait logiquement alléger l'atmosphère insupportable de cette année 2015. Au-delà, les choses seraient plus douces. Je m'autorisai un petit séjour à Prague. Je n'y avais jamais mis les pieds et l'exotisme d'une contrée nouvelle me ferait peut-être oublier la tristesse de Paris. Les ruelles du vieux Prague dégoulinaient de touristes comme la confiture à travers les trous d'une tartine de pain. Il y en avait partout.

Au détour d'une rue, je remarquai un homme qui m'observait. Il se pencha vers sa compagne et je les entendis parler en français. Ils m'avaient reconnu et je déguerpis aussitôt comme un voleur pris sur le fait. Même ici, au centre de l'Europe, il fallait être sur ses gardes. Le ciel de la ville s'obscurcit et nous enveloppa du même gris que celui de janvier à Paris, quand vient le temps des commémorations. Les statues du pont Charles devenaient informes, bien alignées, comme des corps calcinés par un incendie. À l'horizon, la monstrueuse cathédrale Saint-Guy qui domine la ville avait des airs de citadelle démoniaque d'où personne ne sortait vivant. Sur la place de la Vieille-Ville, la monumentale statue de Jan Hus se dressait comme un gibet destiné à ceux qui auraient l'audace de défier le divin. Prague, la ville qui transforme ses habitants en cafards, devenait repoussante.

L'Autriche n'était pas loin et on m'avait assuré que Vienne, avec ses décors d'opérette, avait le pouvoir d'enchanter les plus récalcitrants. Mais ses palais ridicules pour princesses dégénérées, ses sculptures baroques indigestes, ses bâtisses austro-hongroises gracieuses comme des casernes pour aristocrates décadents étaient aussi écœurants que les meringues et les pâtisseries qu'on y vendait. En plus d'un certain nombre de choses que nous n'aurons pas la place d'expliquer dans ces pages, Adolf Hitler fut souvent critiqué pour ses peintures de Vienne, réalisées à l'époque où il se rêvait artiste, quand il copiait des cartes postales de la ville pour les revendre aux touristes. Grave erreur. Hitler a peint magnifiquement la capitale autrichienne. Vienne est réellement aussi moche que dans les peintures ratées du futur dictateur.

Ce fut ensuite Varsovie qu'on me conseilla. Varsovie est peut-être le pire endroit de tout le système solaire. Les bâtiments d'après-guerre offrent à la vue des passants des bas-reliefs de l'époque soviétique, glorifiant des femmes solides empoignant des gerbes de blé, et des hommes aux bras épais brandissant de gros marteaux pour construire un avenir meilleur. Le monumental palais offert par Staline au peuple polonais a le défaut de ce qu'il symbolise mais l'avantage d'avoir une architecture qui tranche avec les gratte-ciel en verre que Varsovie la Parvenue s'est payés après la chute du Mur pour exhiber son mauvais goût de nouveau riche. Le pire n'est pas loin. Au coin des pâtés de maisons, on tombe sur de petites stèles égayées par des bougies qui brûlent jour et nuit, surmontées d'une plaque dont le texte laisse sans voix : "Ici ont été fusillées 150 personnes." À quelques centaines de mètres, un autre autel offre le même décorum avec cette fois des mots différents : "Ici 250 personnes furent assassinées par les nazis." Pour varier les plaisirs, on peut s'attarder sur des vestiges de briques qui indiquent qu'à cet endroit passait le mur du sinistre ghetto. Entre l'insurrection de 1944 et celle du ghetto, on est sûr, dans les rues de Varsovie, de marcher sur les cadavres de milliers de victimes. Ici le mot victime n'est pas un mot à la mode, comme parfois à Paris dès qu'un petit traumatisme pointe son nez. Ici, le mot victime a l'épaisseur des murs qui étouffent les cris et le poids de la terre qui recouvre ceux qui les ont hurlés. La Pologne est une fosse commune à ciel ouvert et l'Europe un cimetière de l'Atlantique à l'Oural.

Une escapade en Hongrie allait nous réconcilier avec la bonne humeur. À Budapest ont été disposées sur les quais qui longent le prétendu beau Danube bleu de très belles chaussures en bronze qui représentent celles que, durant l'été 1944, les juifs de la ville durent abandonner avant que les antisémites des Croix fléchées ne les poussent dans le fleuve, où ils se noyèrent par milliers.

Si Paris était devenu irrespirable, ailleurs on suffoquait d'horreur. Il était temps de retrouver un lieu épargné par ces cris qui traversent les siècles et résonnent partout sur le vieux continent. Dans ce bocage de l'Ouest de la France, où les vacances glissaient lentement vers la rentrée scolaire de septembre, il ne pouvait rien arriver de tel.

Tôt le matin, il fallait me lever et chercher au fond du jardin, en grattant les couches de végétaux en décomposition du dépotoir, des asticots roses et luisants, indispensables pour offrir aux poissons des appâts succulents. J'enfourchais ensuite ma bicyclette grossièrement repeinte à la main d'un bleu nuit, et dont les formes désuètes de la dynamo et des phares indiquaient qu'elle datait d'avant-guerre. Puis, je prenais soin de m'esquiver en silence, sans claquer le portail pour ne pas alerter les voisins. Le cliquetis du roulement à billes du pédalier était le seul murmure qu'une oreille aux aguets aurait décelé à cette heure matinale dans les ruelles du village. Le trajet vers l'étang où je lancerais bientôt ma canne à pêche pour tenter d'attraper quelques carpes était long de sept kilomètres. Après avoir suivi la route nationale encombrée de camions menaçants, il fallait, au prochain hameau, tourner à gauche pour m'enfuir vers des routes où personne ne circule si tôt, aussi surnommées "route à trois grammes" car on pouvait y rouler avec trois grammes d'alcool dans le sang sans craindre d'être dérangé par la gendarmerie. Sur cet itinéraire tranquille, je longeais des champs et des haies derrière lesquelles broutaient les bovins, surpris de voir si tôt âme qui vive. Au fur et à mesure du trajet, une bruine s'accrochait au guidon du vélo et, arrivé à destination, j'entrais dans la cour de la ferme, en contrebas de laquelle se cachait l'étang paisible. Sur ses berges, je déployais une grande canne à pêche coupée à deux pas, dans un bosquet de bambous dont les plus longues perches devaient bien faire cinq mètres. Il n'y avait plus qu'à patienter pour voir le bouchon s'enfoncer sèchement dans l'eau, d'où montait, comme à la surface d'une marmite de sorcière, la brume s'évaporant sous les premiers rayons du soleil montant.

Dans les livres d'histoire qu'à l'école on nous faisait apprendre par cœur, il était pourtant indiqué qu'ici aussi, il s'était passé des choses. À quel endroit exactement dans ce bocage, c'était plus difficile à savoir. Les guerres de Vendée, ainsi nommées par les manuels, avaient causé bien des malheurs mais semblaient lointaines. Même si les récits affirmaient que cette région familière avait été ravagée par une guerre ancienne, il était difficile d'imaginer ces paysages verdoyants sous nos yeux en flammes. Cela avait eu lieu, mais ailleurs, toujours ailleurs, chez les autres.

Je l'ignorais mais le trajet à bicyclette qui m'entraînait vers la ferme familiale était exactement le même qu'avait suivi, cent quatre-vingts ans plus tôt, la colonne Grignon. C'était l'une des douze colonnes infernales envoyées dans le département pour éradiquer les derniers foyers de résistance, mais qui tuèrent bien plus de civils et de paysans innocents que d'ennemis en armes qu'elles étaient supposées exterminer. En m'écartant de la route nationale pour m'enfoncer vers des chemins plus discrets, je suivais la même bifurcation qu'emprunta la troupe du général Grignon le 31 janvier 1794. Je passais non loin d'un premier hameau qui avait vu naître ma grand-mère et dont la maison familiale avait été incendiée ce jour-là, par les soldats de la sinistre colonne. Plus loin, en contrebas de la route, se nichait entre deux haies une ferme où avaient vécu les ancêtres de mon grand-père, réduite elle aussi en cendres. Quelques centaines de mètres plus loin, un petit bois, que la tradition orale désigne encore aujourd'hui comme le "bois de la guerre", avait accueilli des civils en fuite, pensant échapper à leur sort. Ils furent retrouvés et tous massacrés dans cette végétation où passent aujourd'hui les randonneurs du dimanche équipés de leur gourde et de leurs brodequins de marche achetés à "Décathlon-à-fond-la-forme". Je continuais mon trajet à bicyclette, la colonne Grignon à mes côtés.

Par chance, le général sanguinaire ne remarqua pas, caché par de grands arbres, un petit château du XVIIe siècle, où un de mes grands-oncles avait été métayer. Un peu plus loin, en arrivant dans la commune où était né mon père, je passais devant une ferme entourée de hauts murs, derrière lesquels une soixantaine de villageois furent passés par le fil de la baïonnette. En poursuivant sa marche sanguinaire, la colonne Grignon atteignit un autre ravissant château où ses soldats découpèrent à coups de sabre une Vendéenne pourtant patriote et sa fille.

Même ici, au fond de la campagne française, derrière les haies et les bosquets, des tueries avaient eu lieu, beaucoup plus sanglantes que celles de Paris que je fuyais. Il n'y avait donc sur cette terre pas un endroit qui n'ait connu l'horreur. Comme me l'avaient enseigné sans le savoir les adultes de mon enfance, la violence viendrait à ma rencontre un jour ou l'autre. Ici ou ailleurs. Aujourd'hui ou jadis.

Il ne restait plus qu'à revenir au point de départ, et à la même conclusion. Le seul territoire protégé de ces cauchemars éveillés était le sommeil lui-même. Chaque nuit paisible était une victoire sur les défaites de la journée.

La première nuit à l'hôpital, je ne parvins pas à fermer l'œil. J'étais convaincu que les tueurs étaient à la recherche des blessés pour les achever. Des témoins qui m'avaient vu le matin, allongé sur le sol ensanglanté du journal, ne savaient toujours pas à 17 heures si j'étais mort ou vivant. Mais au soir du 7 janvier, les télévisions et les radios avaient fini par établir un bilan à peu près exact de la tuerie et on m'avait classé sur la liste des vivants. En écoutant les médias, les tueurs allaient certainement se remettre en chasse pour retrouver les rescapés et les achever les uns après les autres. Y compris à l'hôpital. Cela ne faisait aucun doute pour moi. J'étais épouvanté de la confiance totale que le personnel hospitalier avait dans la sécurité des lieux. Ils n'avaient pas l'air de comprendre à qui ils avaient affaire. J'étais sûr qu'en cas d'attaque, les sentinelles en faction à l'entrée de l'hôpital se feraient tuer par les terroristes et que ceux-ci exécuteraient autant de personnes qu'il le faudrait pour nous retrouver et finir sur nos lits ce qu'ils avaient commencé le matin. Il n'était pas nécessaire de s'endormir pour faire des cauchemars. Il suffisait de rester éveillé. J'expliquai à mon chirurgien que j'avais déjà réfléchi à la manière de me cacher s'ils s'introduisaient dans le bâtiment. Je pensais que l'armoire de ma chambre était suffisamment petite pour que les tueurs n'aient pas l'idée de l'inspecter, mais suffisamment grande pour cacher un corps humain. Il m'écoutait poliment, interloqué. J'avais pensé m'enfuir par la fenêtre à l'aide d'un drap, oubliant au passage que j'avais un bras quasiment mort. Seule la hauteur excessive me dissuada de retenir sérieusement cette option. Par la suite, on me transféra dans une nouvelle chambre qui avait l'avantage de donner directement sur le toit d'un autre bâtiment, ce qui rendait envisageable une fuite en cas d'urgence. Des policiers avaient beau être postés devant ma porte jour et nuit, rien ne pouvait me rassurer totalement. Ils m'accompagnaient dans tous les services où je devais recevoir des soins, et leur présence à mes côtés intriguait les autres personnes hospitalisées. Parfois des truands étaient blessés pendant des règlements de compte et quand ils tombaient aux mains de la police, il fallait tout de même les soigner. À l'hôpital, ils étaient donc en permanence accompagnés par des policiers afin de s'assurer qu'ils ne s'échappent pas. Des patients que je côtoyais pendant mes soins ont cru pendant des mois que j'étais un délinquant surveillé et prisonnier de la police. L'un d'entre eux confia ses doutes à une soignante : "Il n'a pas l'air bien méchant votre brigand."

Dès mon arrivée à l'hôpital, on m'affubla d'un faux nom et d'un faux prénom sous lesquels j'existerais désormais, et qui me serviraient pour les formalités administratives ainsi que pour subir des examens. On me fit ainsi passer de l'électricité dans le bras pour vérifier mon système nerveux. Se faire enfoncer dans la peau une énorme aiguille ne fut pas très agréable, et moins encore de recevoir une décharge électrique aussi puissante que celle que les clôtures autour des champs envoient aux bovins désobéissants. Tout cela sous une fausse identité. La première fois que l'infirmière s'adressa à moi avec mon patronyme d'opérette, je crus qu'il y avait dans ma chambre un deuxième patient que je n'avais pas remarqué. C'était pourtant à moi qu'elle parlait et il fallut m'habituer à ce nouveau compagnon, qui me suivait désormais comme un ectoplasme.

Un mystère demeure, non résolu plus de quatre ans après. Dans la nuit du 7 au 8 janvier, j'étais sur mon lit d'hôpital, les yeux grands ouverts comme un hibou, attendant toute la nuit de voir débouler devant moi les deux tueurs. Ils ne sont pas venus. Mais alors, où les deux terroristes ont-ils passé cette nuit-là ? Malgré l'enquête, malgré des milliers d'interrogatoires, malgré des milliers de vérifications et d'expertises de la police, personne n'a pu localiser l'endroit où les deux tueurs avaient dormi le soir du 7 janvier. De quoi ont-ils rêvé cette nuit-là, pendant leur sommeil ? Aux vierges promises, là où ils se destinaient ? Depuis longtemps leurs songes n'étaient plus ceux de vivants. Notre mort était leur rêve et nos vies, leurs cauchemars. Leur foi tourmentée les avait déjà transformés en fantômes.

LES HOMMES VALABLES

1995
À quarante-huit ans on se prépare à vivre ce qu'on doit vivre à quarante-huit ans.

À quatre-vingt-dix ans on se prépare à vivre ce qui nous reste à vivre à quatre-vingt-dix ans.

À quinze ans ce jeune Vietnamien n'était préparé à rien de ce qu'il allait vivre. À quinze ans, vers 1944 ou 1945, il entra dans le Viêt-minh pour combattre les Japonais. Puis les Japonais disparus, c'est contre les Français qu'il poursuivit la guerre, et enfin, contre les Américains. Bang, c'était son nom, nous racontait à Philippe Val et moi, lors d'un reportage au Viêtnam, ce que fut sa vie presque entièrement consumée par la guerre. C'était un petit bonhomme sec qui ne payait pas de mine. Dans le Viêt-minh, il était correspondant de guerre et écrivait des articles qui mettaient trois ans à remonter la piste Hô Chi Minh avant d'atteindre leur destination. Un beau jour, ses camarades et lui tombèrent sous le feu d'une attaque américaine. Touché à plusieurs reprises, il perdit connaissance. Lorsqu'il revint à lui, il entendit des voix qui se répondaient entre elles. Des voix américaines. Les soldats américains avaient conquis la place et ils se reposaient, fumant et buvant de l'alcool au milieu des cadavres de tous ses copains. Bang était à quelques mètres d'eux, gisant dans un de ces petits canaux qui alimentent les rizières en eau. Transpercé par plusieurs balles, il eut la force de se glisser, centimètre par centimètre, hors de la vue du groupe des soldats américains. Sans gémir ni crier malgré la douleur des blessures qui le faisaient terriblement souffrir. "Je suis un lâche, concluait-il devant nous. Je ne suis pas mort. J'aurais dû mourir avec les autres mais je me suis enfui. Celui qui revient vivant de la guerre est un lâche. Ne parlez pas de moi. Je ne suis pas important. Les hommes valables sont morts."

Ces hommes qu'évoquait Bang, devenu par la suite colonel, c'étaient tous ces jeunes qui se firent tuer dans cette guerre démentielle. Des jeunes de sa génération. Des jeunes femmes et des jeunes hommes, étudiants en lettres, en sciences, en économie, en histoire et qui se jetaient sous les chenilles des blindés américains avec une mine antichar entre les mains pour être sûrs de les détruire, nous racontait-il. Ils sont tous morts, les copains du colonel Bang. Celles et ceux de sa génération qui auraient dû l'accompagner dans sa vieillesse. Bang et son pays avaient gagné la guerre mais à un prix qu'il n'avait pas imaginé : il était devenu un homme seul. Plus personne, ou si peu de ses amis, de ses copains, n'était là pour l'écouter, pour le comprendre, pour donner un sens à tout ce qu'il avait enduré. Il n'avait que sa mémoire et deux journalistes français en face de lui pour laisser une petite trace de ce qu'il avait vécu, lui et sa génération décimée.

Devant le pont Paul-Doumer, construit par les Français et bombardé par les Américains, nous étions entourés de centaines de vélos filant en silence, à peine dérangés par le bruit de rares cyclomoteurs. Je dessinais pendant que Val prenait des notes. Avec mon appareil jetable, je prenais aussi quelques clichés de ce pont monumental de Hanoï, pendant que le colonel Bang, notre guide, nous regardait faire.

De retour en France j'examinai ces photos. Le colonel Bang se laissait rarement photographier. Comme s'il avait décidé de s'effacer de toute mémoire. Pourtant sur l'une d'entre elles, je découvris sa silhouette furtivement capturée par la pellicule. Avec nous, il plaisantait et entrecoupait ses récits de petits rires, comme pour les rendre moins tristes. Sur cette photo, se croyant invisible, il avait laissé son visage reprendre son véritable aspect. C'était un masque sans expression qui ne souriait plus. Figé pour toujours par la tristesse. Autour de lui, plus rien ne le concernait. Les vélos, les passants, les enfants et les pousse-pousse glissaient sur lui comme si ce monde n'était déjà plus le sien. Il s'était battu pour des convictions et les avait vues triompher mais n'avait plus personne avec qui les partager. Il devait avoir soixante-cinq ans lors de notre rencontre. Mais dans sa tête, il en avait quatre-vingt-dix. Il était à la fois vivant et déjà presque mort.

C'est seulement en janvier 2015, que j'ai compris ce dont voulait me prévenir le visage triste du colonel Bang. Il faut apprendre à donner à son entourage l'apparence de son âge. L'illusion d'être celui qu'on attend de vous.

À quarante-huit ans, je me suis retrouvé à vivre ce qu'on vit à quatre-vingt-dix ans. Ceux que j'avais connus en 1992 avaient presque tous disparu. Les derniers témoins de cette époque aventureuse, je pouvais les compter sur les doigts d'une seule main. C'est à quatre-vingt-dix ans qu'on fait ce constat cruel, qu'il n'y a plus personne de votre génération autour de soi. À l'âge de quarante-huit ans j'ai dû apprendre à être un vieillard. Sans m'en rendre compte je raisonnais comme un homme de quatre-vingt-dix ans. Je pensais déjà à tout préparer pour le jour où je ne serais plus là. Comme autrefois, quand, avant de partir en reportage à l'étranger, je rangeais mon domicile au cas où je ne reviendrais pas. Je commençais à mettre mes affaires en ordre, au journal et dans ma vie. Je me débarrassais des objets que je jugeais superflus pour épargner à ceux qui me succéderaient d'avoir à le faire. J'évitais de m'encombrer de nouveaux, et m'interdisais de m'investir dans des passions trop dévorantes qui n'auraient plus aucun sens après ma disparition. Me projeter dans dix ou quinze ans me semblait vain, car ces années n'existeraient peut-être jamais.

On dit que les guerres sont des accélérateurs de l'histoire. Qu'un conflit redessine en cinq ans une société qui aurait dû se refaçonner en vingt ou trente ans. Il en fut de même de *Charlie Hebdo* et de moi-même. La destruction quasi complète du journal nous a violemment obligés à en accélérer l'horloge biologique. Il a fallu réaliser en un an ce qui aurait dû se dérouler tranquillement sur dix ans. Faire entrer de nouveaux collaborateurs et les jeter sans ménagement dans la chaudière du journal. Après 2015, *Charlie Hebdo* a dû se relever lentement et, en même temps, à toute vitesse. Cette accélération nous imposa à tous sa brutalité inouïe. D'un seul coup, les jeunes sont devenus aguerris, les débutants sont devenus des anciens, et les plus âgés sont devenus des vieillards.

QUARANTE ET UN FANTÔMES

Parfois il fallait s'en aller. On naît, on grandit quelque part et un beau matin il faut partir. La profession de mon père impliquait des mutations. L'inconvénient était que, du jour au lendemain, il fallait tout quitter. Mais c'était aussi l'occasion de découvrir d'autres horizons, en abandonnant une ville pour en conquérir une autre. En deux mois, il fallait organiser le déménagement, quitter nos écoles, s'inscrire dans de nouvelles, et abandonner nos copains de classe. Être capable de tourner le dos à des amis, sans avoir la faiblesse de se retourner.

Notre institutrice n'hésitait pas à nous tirer les cheveux quand elle n'était pas satisfaite de notre travail. Un après-midi d'hiver, quand le ciel est bas et que la lumière dans la classe est faible, elle m'appela au tableau pour tester mes connaissances. Je devais expliquer les litres, les décilitres et les centilitres. Je n'y comprenais rien. Plus elle m'interrogeait et plus je mélangeais décalitres et millilitres. À chacune de mes erreurs, elle pinçait et tordait la peau de ma joue avec ses doigts recouverts de poussière de craie, pour me forcer à mieux réfléchir. Mais plus elle me faisait mal et plus je perdais mes moyens et disais n'importe quoi. Les fins d'après-midi à l'école étaient parfois insupportables. Les élèves étaient crevés, la maîtresse aussi et on sentait qu'elle infligeait ce petit supplice davantage par épuisement que par conviction de sa valeur pédagogique.

Pourtant, quand sonna l'heure du départ et que je dus quitter définitivement la classe, elle se montra plus civilisée. Elle ne pouvait laisser partir un de ses élèves sans un acte symbolique. Elle m'offrit donc un livre, peut-être pour me faire oublier sa sévérité, mais aussi pour que le goût de la lecture ne m'abandonne pas dans cette contrée lointaine où j'allais poursuivre ma vie. Elle demanda à tous mes camarades de classe d'inscrire leur nom sur le livre, pour que je conserve leur trace. Ils étaient quarante. Quarante prénoms et patronymes écrits à la main, plus ou moins adroitement sur la page de garde de l'ouvrage : Stéphane, Franck, Bernard, Fabrice, Jean-François, Philippe, Serge et trente-trois autres comme ça.

Je ne me souviens plus de la dernière fois que je les ai vus. Celle où je pris le temps de leur dire au revoir alors qu'en vérité je leur disais adieu. Je ne les ai jamais revus. Les années s'écoulèrent et parfois j'avais l'impression que la mort les avait emportés après mon départ. Leur place dans ma vie était devenue celle de défunts. Je me rassurais en pensant que c'était une illusion et qu'ils étaient tous bien vivants. Sans m'en rendre compte, je faisais l'apprentissage de la disparition. J'appris à vivre avec le souvenir de la vie partagée avec eux. À vivre avec des fantômes. Pour eux aussi, j'étais probablement devenu un fantôme.

Dix-huit ans plus tard, le hasard m'accorda la permission de revenir sur les lieux de cette période de mon existence. J'allais revoir, pour la première fois depuis mon départ, ces décors qui m'avaient vu grandir. Avaient-ils eu la politesse de conserver l'aspect que je leur avais connu, pour qu'à mon retour je les comble de louanges d'avoir fait cet effort pour moi, comme une fanfare qui accueille à la gare un hôte de prestige ?

J'avançais sur des trottoirs que j'avais sillonnés enfant et je reconnaissais avec hésitation la topographie de la ville, m'égarant dans des rues que je confondais, passant devant notre ancien domicile à la façade toujours aussi blafarde, traversant le jardin municipal et son gravier que j'avais fait crisser si souvent sous mes souliers et les pneus de ma bicyclette, jusqu'au chemin de terre qui avançait entre les pelouses du parc, et que j'empruntais chaque jour pour me rendre à l'école. Elle était toujours là. Aucun bombardement ne l'avait rasée, aucun promoteur ne l'avait reconvertie en résidence hideuse. J'y pénétrai et fus étonné de constater que la grotte de la Sainte Vierge était toujours debout. Derrière elle continuaient peut-être de se cacher d'autres enfants téméraires.

Témoins silencieux d'une vie ancienne évaporée, les rues de la ville et les allées de mon école voyaient déambuler un spectre qui avait mon apparence. Personne ne semblait me remarquer. Être invisible et ne plus faire partie des vivants fut une découverte en vérité assez délectable. Aucune trace de mon passage ne subsistait. Après moi, la vie avait continué de s'écouler comme si de rien n'était. On rejoint les milliards et les milliards d'êtres humains passés ici avant vous depuis des milliards et des milliards d'années. Cette excursion achevée, je repris le chemin du retour, rassuré : le moment venu, disparaître et n'être plus rien ne sera finalement pas si dramatique.

L'ODEUR

1986, fin juillet

Le mois d'été passé dans l'agence de pompes funèbres d'une station balnéaire de la côte atlantique s'achevait lentement sous le soleil estival. Des assistants funéraires devisaient sur la taille d'un mort dont il fallait choisir le cercueil. Ils l'avaient évaluée à un mètre soixante-dix, pas plus. J'en fus étonné et jugeai leur calcul erroné, car on m'avait rapporté que ce jeune homme noyé, qui venait d'être repêché quelques jours auparavant, était entré difficilement dans le grand frigo de la morgue. Je leur fis part de mes doutes. Pour trancher cette question cruciale, il n'y avait qu'une solution. Retourner sur place et mesurer sa taille exacte.

Je retrouvais le lieu où quelques jours auparavant j'avais exhibé le corps de son mari foudroyé par une crise cardiaque à une veuve. À l'autre bout de la grande salle de la morgue, désormais familière, je remarquai un détail qui m'avait échappé la première fois. Une bombe aérosol posée par terre. La marque de ce déodorant était fameuse car souvent des publicités à la télévision en faisaient la promotion. Pour convaincre le consommateur, son fabricant avait fait appel à un grand nom de la chanson française : Charles Aznavour. Dans le spot publicitaire, il vantait les qualités du produit sur la mélodie d'un de ses succès :

Tu es Wizard, senteur, formi-formi-formidable.
Tu es Wizard, fraîcheur, véri-véri-véritable.
Tu es magique, tu recrées, pin, roses et lavande
je respire tes parfums je les désire,
tu es Wizard, odeur, formi-formi-dable.

C'est avec cet air de fête dans la tête que j'ouvris le frigo où reposait le défunt pour le mesurer. Immédiatement, je compris pourquoi cette bombe aérosol avait été disposée à portée de main. Une odeur insoutenable, d'une violence impossible à décrire, envahit aussitôt les lieux. La mort a de l'imagination et sait fabriquer des senteurs aussi démentielles qu'abominables, capables de défier tous nos sens. Je me précipitai vers le flacon et, son parfum une fois répandu, réussis à contenir les effluves de ce corps qui avait déjà cessé d'en être un. Il était désormais possible de l'approcher pour en prendre les mesures.

L'homme était lourd, il me fallut beaucoup de force pour l'extraire du frigo, et effectivement de grande taille. À cet instant retentit un grand bruit. "Boum !" Les deux roulettes qui assuraient le bon déplacement du tiroir sur ses rails arrivèrent en bout de course et sortirent de leur emplacement, entraînant dans leur chute la totalité du chariot. Cet imprévu ne devait pas interrompre ma mission. L'affaire finie, il suffirait de le soulever pour le remettre à sa place.

Il devait bien mesurer au moins un mètre quatre-vingt-dix. Et surtout, il était intégralement vert.

De la tête aux pieds. Ainsi se transformait le corps humain après avoir séjourné quinze jours dans l'eau salée de la mer. Je parcourais du regard la longueur du malheureux, étendu devant moi comme le duc de Guise devant Henri III. Dehors sous le soleil, les mères de famille baignaient leurs bambins dans la même eau où avait flotté pendant plusieurs jours ce corps devenu tout vert. De la plage, on pouvait observer une île qui semblait accessible en quelques brassées. C'est ce qu'avait dû penser le malchanceux allongé sous mes yeux. Il avait tenté cet exploit, mais avait surestimé ses qualités de nageur. À bout de forces, il se noya en ce beau mois de juillet, au son des cris des mouettes et du clapotis des vagues. Après quinze jours de recherche, son corps fut retrouvé en mer. Un séjour de deux semaines dans l'eau salée équivalait à un mois dans l'eau douce d'une rivière, nous avait expliqué un expert dont j'avais suivi à l'université le cours de sciences criminelles. Il avait dit vrai.

Ce nageur vaniteux était désormais recouvert d'un vert sombre tirant sur le brun et le sel avait donné à sa peau l'aspect cuivré des statues de bronze antiques que parfois les archéologues remontent des profondeurs de la Méditerranée. Ses cheveux luisaient comme s'ils venaient d'être enduits d'une couche de beurre demi-sel. À l'emplacement de son nez était posé un petit carré de tissu sale. Mais il était plat, comme si son appendice nasal avait disparu. On pouvait observer le même phénomène sur son sexe. Des créatures marines non identifiées avaient manifestement commencé à déguster les morceaux les plus facilement détachables de son corps. Les extrémités de ses doigts avaient trempé si longtemps dans l'eau, qu'elles commençaient à s'éplucher par couches, comme les oignons quand on les dépiaute. Contrairement à une idée reçue, ce noyé n'était pas gonflé comme une pastèque et sa corpulence était inchangée. Seule la couleur verte indiquait qu'il avait séjourné dans un endroit où il n'est pas prévu de laisser patauger plusieurs jours un corps humain.

L'odeur. Sa puissance vous sautait à la figure comme la créature d'*Alien* jaillissant de son œuf sur la face de sa victime. Impossible d'y échapper. Elle pénétrait par votre nez, s'enfonçait dans votre bouche, descendait dans votre gorge et parvenait à s'introduire dans toutes les alvéoles de vos poumons. Comment décrire une odeur que personne ne connaît ? Il n'y a pas une, mais plusieurs odeurs de la mort.

Quelques jours auparavant, j'avais accompagné un autre croque-mort dans une clinique privée pour installer une table réfrigérante sous un patient décédé. La glace carbonique utilisée autrefois pour conserver les corps avait été remplacée avantageusement par ces tables réfrigérantes en métal. Il suffisait de les brancher et elles transmettaient leur froid aux cadavres. À peine entré dans la salle du sous-sol de la clinique où reposait le macchabée, je reçus un coup de poing dans la gueule. Un coup de poing olfactif d'une brutalité inouïe. Une odeur de merde, de pisse, de graisse humaine et de vieillard mort. Elle était si épaisse qu'elle vous écartait les trous de nez. L'air était si gras qu'on aurait pu empoigner une fourchette et la planter autour de soi, elle se serait maintenue toute seule au-dessus du sol. Je sortis précipitamment de la pièce en poussant la porte battante pour absorber une bouffée d'air frais. Les poumons regonflés au maximum d'air sain, je retournai dans la salle des morts et poursuivis ma tâche, en prenant soin de retenir ma respiration. Quand j'arrivai au bout de ce que je pouvais supporter, je me précipitai à nouveau à l'extérieur pour refaire le plein d'air pur. Mon collègue ne semblait pas incommodé. Il n'éprouvait pas le besoin d'épargner à ses poumons le contact d'une telle saleté. Quelques années plus tard, lors d'un reportage en Pologne, j'eus la joie de visiter un élevage d'un million de poulets. L'odeur de ce lieu maudit n'était pas un problème pour le directeur de cette usine. Son précédent lieu de travail avait été une usine d'élevage de porcs et ses narines n'avaient plus peur de rien. Le corps humain s'habitue à tout. Mon collègue avait lui aussi acquis une résistance qui le dispensait de faire des allers-retours pour respirer un air plus civilisé. L'odeur de ce vieillard en décomposition, quoique intéressante, n'avait rien à voir avec celle de mon noyé.

La sienne avait quelque chose d'extraordinaire. D'à peine croyable : je l'avais déjà rencontrée ! Dès la première seconde où elle s'échappa du frigo, elle remonta à ma mémoire comme une bulle d'air coincée depuis des années au fond d'une mare croupissante. J'avais fait la connaissance de cette odeur fabuleuse durant un été identique. Sur une autre plage, à une époque plus lointaine, celle de mon enfance. J'avais ramassé sur la plage quelques coquillages, plats, longs, torsadés et deux ou trois petites étoiles de mer. À la fin de la journée, j'examinai les petites créatures capturées, étalées sous la vitre arrière de la voiture, où elles avaient cuit au soleil. La dernière prise était une chétive étoile de mer qui tenait dans le creux de ma main d'enfant. Je décelai un parfum subtil s'évaporant de ses entrailles. Je m'en approchai pour mieux l'apprécier. Arrivées à quelques centimètres du cadavre du petit animal, les parois de mon nez furent agrippées par une puissante odeur où s'entremêlaient celle de la mer et celle de la pourriture. Exposées aux rayons du soleil meurtrier, les chairs de la petite étoile de mer étaient entrées en décomposition, entraînant inexorablement son délitement intérieur. Ce fut le premier cadavre que je sentis de ma vie.

Les années avaient effacé de ma mémoire cet épisode lointain. Et voilà qu'à l'occasion de cette visite à la morgue municipale pour mesurer un cadavre, émergeait brutalement, du tréfonds de mon inconscient, cette journée à la plage. Ce noyé sentait l'étoile de mer pourrie de mon enfance. En se retirant de la vie, il avait fait réapparaître un fragment de la mienne. Je l'en aurais presque remercié.

Je pris le temps de l'observer. Il avait mon âge. Jusqu'à cet été fatal, nous avions vécu le même nombre d'années. Peut-être avions-nous appris à lire avec les mêmes livres scolaires ? Découvert et apprécié ensemble les mêmes images enfantines qui les illustraient. Répété tous les deux avec nos camarades de classe devant la maîtresse des passages de *Daniel et Valérie*, notre livre de lecture :

"Daniel et Valérie sont heureux."

"Le soleil brille, Daniel ôte son chandail."

"Valérie est à l'écurie."

"Viens vite, Bobi, mon bon chien."

"Plic ! Ploc ! dit madame la pluie sur la cabane."

Ce qu'il avait appris, je l'avais appris. Les récitations qu'il avait récitées, je les avais récitées. Les filles avec lesquelles il avait joué à la balle au mur, j'avais joué moi aussi avec elles.

Entre nous deux, tout avait été identique depuis le début. Jusqu'à aujourd'hui. Lui mort. Moi vivant. Son chemin prenait fin ici. Le mien se poursuivait. J'allais devoir apprendre à jouir de la vie quand d'autres en étaient brutalement privés. J'étais autorisé à continuer mon existence en laissant derrière moi ce gars de mon âge devenu intégralement vert, étalé sur son tiroir métallique. Comme il l'aurait certainement fait, si j'avais été à sa place, allongé dans ce frigo.

J'avais mesuré la longueur de son corps et l'avais soigneusement notée. Il ne restait plus qu'à le remettre dans sa situation initiale. Mais il pesait un poids que j'avais mal estimé. Peut-être cent kilos. Je me plaçai sur le côté, et tentai de le repositionner sur ses rails. Malheureusement, à chaque essai pour le soulever, le plateau sur lequel il reposait vrillait comme une hélice d'avion. Si la partie où je me trouvais parvenait jusqu'au rail, celle en face se tordait vers le sol. Impossible de réussir cette opération par la force d'un seul homme. Il aurait fallu être deux, un de chaque côté pour espérer le remettre dans la glissière, mais il n'y avait personne à l'horizon pour me prêter main-forte. Les minutes s'écoulaient, l'odeur du macchabée tout vert devenait insoutenable et il fallait d'urgence le remettre là d'où il n'aurait jamais dû sortir. Une seule solution s'offrait à moi. Profitant qu'il fût près du sol, j'enjambai le cadavre. Mes jambes de chaque côté de lui, j'avais maintenant deux appuis pour une nouvelle tentative. Je me penchai vers le corps et j'empoignai en même temps les deux côtés du plateau. Je le soulevai de toutes mes forces et réussis à le remettre dans sa position d'origine. Pendant cette manipulation, mon visage s'était retrouvé à dix centimètres du sien. Je tournai la tête pour augmenter la distance qui me séparait de lui afin d'échapper à ses vapeurs démoniaques. Durant cet effort ultime, l'odeur de l'étoile de mer de mon enfance que ce corps pourri crachait sur moi m'encercla, s'introduisit dans mes narines, mon nez, mes poumons et tous les pores de ma peau. Les effluves de ce grand couillon qui se croyait bon nageur m'enlacèrent une dernière fois. Je n'avais plus besoin de lui. Je repoussai bien au fond de son trou l'impudent macchabée. Une dernière fois, j'eus le temps d'entrapercevoir ses doigts de pieds tout verts, ridés par l'eau salée, avant de le faire disparaître sans regret en claquant sur lui la porte métallique du frigo.

LA DERNIÈRE PORTE

Les décennies s'écoulèrent sans bruit, et la senteur douçâtre de l'étoile morte s'endormit dans les ténèbres de ma mémoire. Un jour elle me viendrait en aide. Un jour elle se rappellerait à moi et je la remercierais de m'avoir préparé à traverser son empire, celui du silence et de la fin, de la mélancolie et de l'effroi, des morts et des fous.

Tout était déjà survenu. Depuis des jours innombrables, les peurs et les ombres m'avaient investi et, comme un vaccin qui se réveille au moment de l'infection, elles déployèrent autour de moi leur voile protecteur. J'avais échappé à la mort et, pour quelque temps encore, à la folie. Un nouveau fardeau avait pris la place des précédents.

Dans la voiture qui me transportait vers le journal, les façades des immeubles parisiens défilaient sous mes yeux et, sur les avenues, les passants se pressaient, occupés à des choses cruciales dont semblait dépendre leur existence. Ils marchaient et couraient en direction d'on ne sait qui, pour faire on ne sait quoi. Je me surpris à les observer comme je m'étais vu dans les rues de la ville de mon enfance. Des revenants. Ils étaient déjà tous morts et ne s'en rendaient pas compte. Ils bougeaient pour se convaincre de leur existence, mais leur présent était déjà leur passé. Leurs visages provenaient de toutes les époques, de tous les siècles et de tous les royaumes. La mort seule parviendrait à les réunir à travers les âges en les rendant tous identiques. Et moi avec eux. Un nom de plus sur la liste des victimes de janvier n'aurait rien changé à ce qu'ils se fatiguaient à faire. Ces rues n'étaient déjà plus les miennes. Derrière la vitre de la voiture, je regardais la foule dont il me semblait avoir été exclu. Sur moi s'était refermée la porte de ce véhicule devenu mon frigo.

Nos morts. Leur voix, leurs rires, leurs exclamations, leurs mots et leurs gestes disparus m'invitaient à accepter ce qui n'était plus.

Un noyé. Il était devant moi, et je m'en détachais déjà.

Les jours qui s'écoulent m'éloignent des adieux que je leur fis, et me rapprochent de l'accueil qu'ils me feront demain. Un jour, c'est sûr, on se retrouvera tous.

Mercredi 7 janvier 2015
Frédéric Boisseau
Franck Brinsolaro
Cabu
Elsa Cayat
Charb
Honoré
Bernard Maris
Mustapha Ourrad
Michel Renaud
Tignous
Georges Wolinski
Ahmed Merabet

Jeudi 8 janvier 2015
Clarissa Jean-Philippe

Vendredi 9 janvier 2015
Philippe Braham
Yohan Cohen
Yoav Hattab
François-Michel Saada

OUVRAGE RÉALISÉ
PAR L'ATELIER GRAPHIQUE ACTES SUD
REPRODUIT ET ACHEVÉ D'IMPRIMER
EN OCTOBRE 2019
PAR NORMANDIE ROTO IMPRESSION S.A.S.
À LONRAI
POUR LE COMPTE DES ÉDITIONS
ACTES SUD
LE MÉJAN
PLACE NINA-BERBEROVA
13200 ARLES

DÉPÔT LÉGAL
1re ÉDITION : OCTOBRE 2019

N° impr. : 1904938
(Imprimé en France)